淘宝运营速成指南
电商军规81讲

贾真 鬼脚七 著

电子工业出版社
Publishing House of Electronics Industry
北京·BEIJING

内 容 简 介

《淘宝运营速成指南：电商军规 81 讲》是贾真与鬼脚七联合完成的一本电商运营图书，本书最大的亮点是将电商的"战略规划"和"运营技术"完美结合。本书更注重如何引发读者的思考，帮助读者建立独立的思考模式，而不是简简单单地操作复制。

贾真是 3C 天猫 TOP10 卖家，白手起家，从一无所有，一路摸爬滚打，做到天猫店年销售额过亿元；他同时具有 7 年淘宝大学讲师经历，阅店无数，深谙店铺运营的方方面面。

鬼脚七在阿里巴巴做了近 10 年的管理工作，长期负责淘宝、天猫的搜索技术和产品，还接触了上千家电商企业，见证过很多电商企业的崛起和衰落，对电商团队管理和战略规划颇有心得。

两位实力作者强强联手，目的是希望通过本书的知识唤醒读者的智慧，从而使读者的运营业绩迅速上升！电商从业者和管理者不要错过这本书！

图书在版编目（CIP）数据

淘宝运营速成指南：电商军规 81 讲 / 贾真，鬼脚七著. —北京：电子工业出版社，2018.5
(2025.9 重印)

ISBN 978-7-121-33948-6

Ⅰ. ①淘… Ⅱ. ①贾… ②鬼… Ⅲ. ①电子商务－商业经营－中国－指南 Ⅳ. ①F724.6-62

中国版本图书馆 CIP 数据核字(2018)第 061837 号

策划编辑：张彦红
责任编辑：葛　娜
印　　刷：河北虎彩印刷有限公司
装　　订：河北虎彩印刷有限公司
出版发行：电子工业出版社
　　　　　北京市海淀区万寿路 173 信箱　邮编 100036
开　　本：720×1000　1/16　印张：20.75　字数：288 千字　黑插：1
版　　次：2018 年 5 月第 1 版
印　　次：2025 年 9 月第 12 次印刷
定　　价：79.00 元

凡所购买电子工业出版社图书有缺损问题，请向购买书店调换。若书店售缺，请与本社发行部联系，联系及邮购电话：(010) 88254888，88258888。

质量投诉请发邮件至 zlts@phei.com.cn，盗版侵权举报请发邮件至 dbqq@phei.com.cn。

本书咨询联系方式：010-51260888-819，faq@phei.com.cn。

前言
做电商，不仅要重视运营技术，
更要注重战略规划

"那些真正把店铺做到顶级的，很少是因为运营技术上的领先，可能是无意识地选对了行业和产品。"——贾真

这句话将电商成功的原因归功于"意识"，强调方向和选择的重要性，警醒世人不要过于重视实操技术，不要只顾埋头钻研运营技术。

贾真在很多场合中说过类似的话，一个以运营技术为人熟知的讲师，却不断地强调运营技术的"不重要性"。

有的人会说，贾真是不是傻，他这样说谁还会听他的课买他的书，这不是自断后路吗？

不是的，贾真的本意并非轻视运营技术，而是要注重战略规划和实际运营技术相结合，战略规划是公司或店铺的灯塔，而运营技术就像是渡往灯塔的船只。如果没有灯塔，船只只会没有方向地到处漂荡；如果没有船只，即使有灯塔也到不了目的地。

鬼脚七也一直在强调"战略规划"的重要性：

"看十年，做一年，我觉得这是最好的战略解读，所有做企业的人都应该重视，把眼光放得更加长远些。看十年，不只是看淘宝、京东、天猫，而是整个社会科技的发展。当你这么看的时候，判断某些趋势会更准确一些。"

关于战略规划和运营技术，市面上少有电商书籍或课程能够同时兼顾二者，要么教你操作层面的技术，要么教你理论层面的知识，甚至谈不上"战略"这一格局和高度。

《淘宝运营速成指南：电商军规 81 讲》是少有的能将"战略规划"和"运营技术"完美结合的书，这也是本书吸引人的亮点。

鬼脚七在阿里巴巴做了近 10 年的管理工作，长期负责淘宝、天猫的搜索技术和产品，带几百人，死磕电商最核心的工作。搜索是电商最核心的业务，决定了买卖两端数亿流量的分配——用户每天要通过搜索找东西；商家每天要根据用户数据调整卖点。这让鬼脚七真正地吃透了电商背后的逻辑，成为中国电商黄金 10 年的核心参与者。

鬼脚七在阿里巴巴任职期间，还接触了上千家电商企业，见证过很多电商企业的崛起和衰落。后来，他成立了知名电商社群"七星会"，很多做电商的朋友都愿意跟他分享自己的经验和教训。他也接触了大大小小近百家企业店铺，听了很多企业老板的故事，了解了他们的起起落落。

如果要讲解战略规划，讲解电商的核心规则恐怕没有人比他更适合（本书第 1 篇由鬼脚七写作）。

贾真白手起家，从一无所有，一路摸爬滚打，做到天猫店年销售额过亿元，成为 3C 天猫 TOP10 卖家，更因其出色的业绩和专业的知识，受聘成为淘宝大学企业讲师和淘宝搜索客座专家。

12 年的店铺实操经验，让贾真深谙店铺运营的方方面面，由他来写运营技术再合适不过了（本书第 2 篇由贾真写作）。

电商圈两位顶尖的讲师，加起来超过 20 年的电商经验，历时 6 个月的时间，总结出了 25 条电商原则+56 条运营技巧，便形成了 81 条军规——《淘宝运营速成指南：电商军规 81 讲》，一本电商领域前所未有的淘宝运营指南书。

用知识唤醒你的智慧

"授人以鱼，不如授之以渔。"市面上大多数电商书籍内容或停留在理论知识层面，或停留在操作层面，一旦时间流逝、规则更迭，书籍内容便会过时，不再适用。

《淘宝运营速成指南：电商军规 81 讲》更注重如何引发读者的思考，刷新读者对于店铺管理及运营的认知，帮助读者建立独立的思考模式，而不是简简单单的操作复制。

技术可能会过时，但是思考方式不会。就如贾真所说的，最后你得到的不只是知识，更是如何通过知识去唤醒你的智慧。

注：针对本书视频版内容的评论，由作者整理后，安排到了本书相应章节最后的"学习感悟"位置，有些评论是学员的真实感悟，希望能够给本书读者带来一些启发。

目录

第1篇　电商军规　/ 1

电商行业的变数很大，你现在做得好，不代表以后也做得好，很可能几个月之内就倒下了。如果你的公司现在流量增长不错、客户评价不错、产品供应链不错、团队士气不错，你觉得很舒适，对未来充满信心和希望，那么我告诉你，你的公司现在很危险！这不是危言耸听，我来告诉你原因。

第2篇　运营技巧　／ 86

经常有外行的朋友问我：是不是做淘宝店铺就要刷单？

我不知道该怎么回答。

如果卖家把刷单作为日常运营的一种常规手段，则会有两种结果：一是他可能逃脱不了淘宝搜索对于虚假交易的稽查系统，没用还降权；二是就算他手段高明，在短时间内稽查系统没查到，他就会有了赌徒心态。

第 1 篇

电商军规

亲力亲为　　　守正出奇

好名字好生意　跳离舒适区

会打价格战　　心要仁慈刀要快

亲力亲为

大家都知道万达，全国各大城市都有万达广场，万达的老板王健林，也曾是中国首富。在电商疯狂发展的年代，万达也下决心做电商，开出了 800 万元的年薪，请电商公司 CEO。没想到，五年换了三个 CEO，我们一起看看万达电商的换帅历程（见下图）。

▷ 2012 年 5 月，万达电商开始组建；

▷ 2014 年 3 月，第一任 CEO 龚义涛离职；

▷ 2014 年 8 月，万达、百度、腾讯出资成立万达电商，首期投资额 50 亿人民币；

▷ 2015 年 6 月，第二任 CEO 董策离职；

▷ 2015 年 7 月，"飞凡电商"品牌正式亮相；

▷ 2016 年 8 月，腾讯百度退出，"腾百万"散伙；

▷ 2017 年 2 月，第三任 CEO 李进岭离职。

每一任 CEO 都不是泛泛之辈，万达不缺资源、不缺钱，但五年过去了，万达电商连前五名都算不上。原因到底在哪里？

有一个软件叫"在行"，在上面付费见专家，有时候也有人约我见面。

一天杭州某大服装市场的负责人约我见面，跟我讨论他的计划。他打算组建电商团队，第一年公司计划投资 1000 万元，还有各种渠道资源，准备挖一个从阿里出来的小二来总体负责。

我问他，你自己可以投入多少时间？他说四分之一吧。我说，你别做了，做不成的。

他问，为什么？我说这个项目做成有一个必要条件，就是你自己必须亲力亲为！

是的，做电商，大老板必须亲自参与，否则 99% 会失败。

太多的企业老板，有一种思维：我只要找到合适的人，全部授权给他，就能做好这个业务。在道理上讲得通，很多事情也都是如此，但电商不行。我见过太多的失败案例，老板不懂网络、不懂电商，花高薪请人过来，建了一个电商团队，一两年过去了，亏了几百万元，甚至几千万元，什么都没有得到。

反过来，我见到的电商做得好的公司，老板都是亲力亲为的。无论是一年卖几百万元的小卖家，还是年销售额几亿元的大卖家，无一例外，都是如此。大家熟知的韩都衣舍的赵迎光、三只松鼠的章燎原、小狗电器的檀冲、御泥坊的戴跃锋等，就算现在公司年销售额已经达十几亿元了，老板还是冲在一线。

2013 年我和一些朋友成立了七星会，里面有不少电商卖家，四年过去了，企业发展最好的，也是老板亲力亲为的，一直想找个人来做电商的，最终都没有做起来。

为什么做电商需要老板亲力亲为？

其一，不是请的人能力不强，也不是老板授权力度不够，而是电商行业变化太快。不只是电商变化快，整个互联网变化都很快，到了移动互联网更是如此。以前我们写信，后来我们发 E-mail，现在我们用微信，从等待变成了实时互动。这种快速的变化，如果没有老板参与，下面的人很难快速做决策。

其二，老板只有自己参与了，才可能了解人才、善用人才。电商领域发展快，以前的高手不一定适合现在，现在的高手，可能看上去很不起眼。到底应该用什么样的人才，老板不亲自参与一段时间，很难分辨出谁是真正的人才。还有一种可能，遇到一个能力强的负责人，很有可能因为老板自己的错误，让人家发挥不了作用。大公司、小公司都是如此。

其三，只有老板亲力亲为，整个公司的资源才能调动起来。电商要想做好，需要的是整体协作。公司资源再丰富，调动不了，也是白搭。这种事情，公司越大越明显。只有老板亲力亲为，员工才会重视电商这件事，才有可能成功。

有人说，老板不懂电商啊，如果老板来做，岂不是瞎指挥？

老板不懂电商，但老板懂生意，老板懂人。老板亲力亲为，可以一边做一边学，招合适的人来帮助自己。现在很多成功的电商企业家，都是"60 后"，也都是现学的。

老板亲力亲为，不是说所有的事情老板都要自己做，而是老板要全力参与其中，和大家一起来战斗，哪怕是做一些很细节的事情也都没关系，例如做文章的排版、产品的介绍文案等。这样做，电商成功的机会会大很多。等到公司达到一定规模，找到了真正的接班人、负责人，大家的沟通模式都清楚了，老板才可能退居二线。

学习感悟

三秦：电商做了这么多年，很多一起做的人都放弃了，我依然坚持在电商第一线，团队虽小，但我亲力亲为。还有就是老板一定要学习，只有亲力亲为才能发现问题并解决问题，感恩七哥。

注：学习感悟的评论，均由作者摘自本书视频版的线上留言，以学习者相互启发为目的，全书同。

2

学以致用

我有个朋友，以前做线下生意，看见电商很火，一直让我教他做电商。后来他自己慢慢入门了，两年后，生意做得还可以，一年也有一两千万元的销售额。一次我们喝茶，他说：做电商太苦了，以前觉得电商赚钱容易，现在发现电商赚钱比线下还难。

我问：为什么这么说？

他说：做线下生意，只要前期把店面装修搞好，产品不出问题，生意起来后，不会差到哪里去，持续几年都没问题。但电商不一样，你每天都要关注，看流量，看变化，提心吊胆，一不小心就会跌入低谷。

当然，做线下生意也有其难处，并不是那么好做的。电商是线上生意，并没有外面的人看上去那么容易。

有人说，活到老，学到老。这句话用在电商方面，是再合适不过了。

做电商，为什么要持续不断地学习？

（1）现在电商处于成熟期，平台依赖性很强。淘宝、天猫、京东、唯品会，每个平台规则都不一样，想要熟悉这些规则，就需要时间摸索。关键是，规则还有变化，各平台会不定期地发布新规则，搞大型活动，如果不了解，很可能就会失去一些机会，同时还会犯一些错误。

（2）淘宝、天猫上有各种促销推广工具，如聚划算、淘抢购、直通车、钻展、淘客，无论哪一项做好都不容易，但任何一项做好了，都可以让一个店铺快速成长。

（3）互联网变化快，移动互联网更是如此。各种渠道推陈出新，让人应接不暇。如 2014 年微信营销、2015 年微商、2016 年内容电商、2017 年直播……

知道了学习的重要性，但不知道该如何学习。下面针对电商学习给出几点建议。

（1）远离那些忽悠型的老师。什么是忽悠型的老师？就是名片上的头衔很多，看上去特别吓人的；每天晒和这个名人合影、和那个大咖吃饭的；每天发这个粉丝很崇拜、那个学生很喜欢的。以上三条，占据任何一条，就属于忽悠型的老师，他们的课不会有什么实质内容。

（2）每天花 20 分钟浏览电商文章。20 分钟，可以看四五篇文章，碎片化时间足够了。关于电商资讯、电商技巧都可以看，泛泛地看。

（3）找准一个方向，每天花至少半个小时研究。研究运营技巧、直通车钻展等，找一个方向，持续三个月的时间，你会发现自己很快会成为这方面的专家。有些人总觉得自己不行，其实是没有花时间，而且不专注。临渊羡鱼，不如退而结网。与其羡慕别人，不如自己去学习。

（4）线上学习是一条很好的途径。现在的线上学习，有音频和视频，可以在上班路上听，很方便，费用也不贵。有时候老师的一句话或者一个技巧，可以让你少走很多弯路。

（5）一年参加一两次线下课程学习。学习知识是一个方面，线下交流也是一个方面！有一个小圈子，看看同伴是怎么做的。你可以无私地分享，放心，不用担心别人学会了会超过你，市场很大，你越分享，你收获得越多。试试就知道了。

（6）学会看书。互联网节奏快，电商节奏更快，但生活需要一张一弛，看书会让你慢下来、静下来。少看热门书，多看经典的书，类似于《定位》《市场营销》《卓有成效的管理者》等。这些书，或许会让你明白事物的本质。当然，看修行的书也很好，例如宗萨仁波切的书，或者抄《心经》也不错。

（7）最重要的一点，就是学以致用。一定要实践，学到了，赶紧试验。每天都做，只有做了、体验了，才能真正变成你自己的能力。

学习感悟

绿野纸业：谢谢鬼脚七师傅，一语点醒梦中人，认清了自己。现在我清楚地知道了三要素：我有什么、要什么、舍什么。

三秦：亲力亲为，学以致用。

思考与落地

制定一份切合自己实际的电商学习计划，然后执行下去。

3

一人百万

我有个做职业经理人的朋友，以前当过大企业高管，跳槽出来自己创业做了一个男装品牌，从零开始。做了一年多，亏了几百万元。他过来请教我。我问了一下情况，他公司有 18 个人，年销售额才 500 万元左右。我们来一起看看他的人员配置：一个店长、一个运营人员、两个美工、一个车手、三个客服人员、两人负责仓库和发货、一个财务人员、一个出纳、一个行政人员、一人负责人事、两个新媒体运营人员、一人负责摄影、他自己。一个月的人力成本就要 20 多万元。

我问他为：什么要三个客服人员？他说有白班和晚班，售前、售后还不够呢。

我说你把人员砍掉吧。留四个人，一人负责运营，一人负责美工，一人负责客服，一人负责仓库和发货。

其他岗位怎么办？

让他们兼着。客服人员忙，运营人员可以帮助回答问题，单量大了，其他人一起过来配货发货。财务外包，行政自己人兼着。运营人员负责推广、做活动、数据分析等，还要负责文案，美工负责文案、详情页的设计。新媒体做不好，暂时不要做了，你自己摸索，等摸索出名堂来了，再招人。

对于大多数电商公司来说，公司越小，越要让员工身兼多职。等业务量上来了，再慢慢增加人。一个公司到底应该配多少人？我的原则是：一人百万！即一人一年的产值要 100 万元，才算合格。

如果你的公司上一年销售额有 400 万元，那么公司应该只有四名员工。如果你发现业务增长很快，每个月有 50 万元的销售额，那么可以增加一个人。这基本上是电商公司的标准产出。如果人均产值低于这个数，则说明还可以大大提高效率。

为什么是一人百万？我来给你计算一下。

一年 100 万元的销售额，意味着每个月大约有 $100/12 = 8.3$ 万元的收入。

假设毛利占 50%，推广成本占 15%，还要交 5% 的税，还剩下 30% 的利润。$8.3 \times 30\% = 2.49$ 万元。

一个人的工资 + 五险一金 + 提成 + 年终奖均摊+办公费用，平均成本应该为 1.5 ~ 2.0 万元，假设按 1.7 万元来算。

此时公司还剩下 0.79 万元的利润！一年有 9.48 万元的利润。

也就是说，在一人产出 100 万元的情况下，每人能给公司带来 10 万元左右的利润。这还不算其他意外情况，例如遭到投诉罚款、公司产品库存积压等。稍微有个波动，利润就没有了。

如果一个公司要盈利，一人产出 100 万元，这是必需的。如果人手不够，就尽量让员工身兼多职。

有人问，员工不愿意怎么办？

这时老板就要亲力亲为！我有个小公司，之前有人就不愿意做一些发货配货的事，我说没关系，我来做好了。后来大家再也不抱怨了。

如果人多了，产出不够，会很影响士气。而且每个员工为了证明自己的价值，会找事情做，做得不好，又会推卸责任。这样公司很容易陷入负面循环中！

员工身兼多职，容易培养综合性人才，员工随着公司的成长而成长，为以后公司越做越大做准备。所以，公司在起步阶段，一定要员工身兼多职，等公司有几十人时，再开始分工越来越明确。

学习感悟

716 宁静：电商运营的目的就是赚钱，我觉得赚钱有两种方式，一种是提高营业额；另一种是降低成本。我以前总是思考怎么提高营业额，忙起来就加人，但最后口袋里的钱呢？七哥讲的军规"一人百万"，让我有了更清晰的思路，不应以营业额为导向来赚钱，而应以利润为导向来赚钱。当然，除了提升营业额，还要节省成本。谢谢七哥分享。

林海天：一人百万，亲力亲为，身兼多职，培养人员的综合能力，值得我们反思很多问题。七哥之道使我感悟到人生中的每一个点，一步一个脚印。

尹磊：老师讲得很接地气，思路很清晰，而且能实地去思考，不错。

4

专注制胜

先给大家讲两个故事。

我有一个高中同学,辍学后去广州打工,后来开始做改装摩托车上的 LED 灯的生意,请了几个工人,只能混生活。由于这个品类太细分了,同类型的工厂纷纷转型,但他们坚持下来了。11 年过去了,市场越来越大,普通汽车上也需要这种灯,他们做到了全球第一,现在年销售额达几亿元。其公司的名字是广州九加一。

专注制胜,很多人懂这个道理,但一到实际操作时,就容易受到诱惑。

七星会的一个会员,做记忆睡眠枕头,做得还可以,一年销售额达四五千万元。但类目太小,利润也不高,那时微商很火,于是老板开始投资做面膜、代理保健品。几个月下来,亏了几百万元,公司发展遇到困难。老板意识到应该回归枕头本身,于是砍掉了所有其他业务,专注于做枕头,半年之后,公司增长非常快,2018 年销售额应该能突破 2 亿元。其公司的名字是佳奥枕头。

有人总担心自己的类目太细分了,只做一个小方向,市场不够大。确实也是如此。所以,在线下大商场,很难发现中式服装专卖店或者旗袍专卖店,毕竟客户群体太小。但在网络上,这种店铺比比皆是。网络没有地域的概念,再小的细分领域,市场都足够大到让一个企业活得很好。

公司业务做到一定的规模，会面临很多诱惑。横向扩充类目，是最容易赚钱的。例如做枕头的，做大了开始做床垫、做被子等；做银饰品的，做大了开始做黄金首饰。这样确实会让公司短期赚到更多的钱，但却不是提升公司核心竞争力的方式。

当一个公司在某个领域专注几年后，会越来越专业，无论是在产品、供应链上还是在应用场景上，这些就形成了核心竞争力。

专注制胜，专注会提升效率。不只是在产品类目上如此，在运营方法上也是如此。

我认识一个小伙子，对直通车特别精通，他帮别人代运营直通车，既能帮客户省钱，又能帮客户提高销量，自己的收入也很不错，一年有上百万元的收入。他只做直通车服务，也是一种专注。牛气学堂的那些老师，每个人都有自己最专注的领域，其钻研久了，就成了专家，也成了讲师。

一个公司做电商，有许多运营技巧和推广方式，掌握其中的一种，足以让公司发展得很好。例如精通直通车，或者钻展做得很好，或者淘宝客玩得很溜，或者直播卖得不错，都可以。通常一个店铺或者某种产品，并不一定适合采用所有的推广方式。例如，如果你想做高端品牌，聚划算就不应该经常上，淘宝客也不合适。

另外，现在市场上有多个平台，如淘宝网、天猫、京东、苏宁、当当网等，有的企业一开始就全渠道开展，其实这不是一个好的选择。最好的方式是先专注于某个渠道，做顺了，业务发展到一定程度，再考虑扩充其他渠道。

佛家讲修行有八万四千法门，每个人都有适合自己的修行之路。对于一个公司来说也是如此，有无数种成长的方法，找到适合自己的，持续钻研下去，用好了就行。要专注，不要贪多。

目前市场上，有太多的公司只是看中短期的利益，虽然嘴上说专注，但从来不是真正的专注，这也注定了那些公司在电商领域一直都是各领风骚三五年。

当然，一个公司也不会永远局限在某个领域，迟早会有所改变的，但这是战略的问题，而不是专注的问题，这和专注并不冲突。

专注是一种态度，如果能专注十年以上，市场上将很难有人能和你竞争；如果能专注百年，那就是一个伟大的企业！

总结：专注，能提升效率，提升核心竞争力。电商专注要关注的三个方面，一是公司专注。在网络上，任何细分市场都足够大；二是运营手段专注。精通任何一种工具和方法，都可以让公司得以发展；三是渠道专注。在起步阶段，专注做好一个渠道，即使发展大了，也要以一个渠道为主。

学习感悟

双狐：老师讲的内容真有用，专注于话题的相关问题长期困扰运营的发展，听了旁观者的观点，开朗了许多，也印证了目前的一些做法。

思考与落地

你公司现状如何？

如果要更加专注，需要砍掉哪些业务？

5

守正出奇

先讲两个案例。

朋友 A 曾是 IBM 公司的中层领导，典型的白领，是一个很正的人，为人正，做事也正。三年前离职做电商，他做了典型的 SWOT 分析：优势、劣势、机会、威胁，最后选择了做家居饰品。他懂团队管理，懂数据分析，重视服务，有合作伙伴了解供应链。三年过去了，他的公司年销售额稳定在 1000 万元左右，盈亏平衡。虽然团队很努力，但增长非常缓慢。

朋友 B 是一个"90 后"，B 是"野路子"，高中没毕业，就出来做电商，脑袋灵活，善于钻研，擅长利用淘宝搜索和直通车的漏洞来获取流量。三年前，他开始给别人做代运营，快速获取流量，一年能赚几百万元。2017 年自己做男装品牌，通过刷单、搜索和直通车来获取流量，月销售额一度达到 300 万元。半年前，淘宝规则发生变化，他的店铺流量一落千丈。持续了三个月，仍然没有起色。后来仓库有几百万元的库存，合伙人撤资，团队散伙，公司倒闭。

A 走的是正道，但走得很慢；B 出的是奇兵，走得很快，但一不小心就倒下了。

做电商，需要守正出奇。既要守正道，还要出奇兵。说得简单一点，就是做电商需要踏踏实实做好该做的事，同时还要利用规则，抓住机会。

以前总有人问我，做淘宝能不能刷单？要不要跟平台小二搞好关系？我的回答是，你看着办。中国提倡中庸文化，不能太左，也不能太右。做电商也是如此，不能太死板，也不能太投机。太死板，公司很难发展；太投机，公司风险很大。

最好的方式就是守正出奇：走正道，出奇兵。守正道，可以让企业走得远；出奇兵，可以让企业走得快。

下面首先告诉你什么是走正道。

走正道，包含下面五个方面。

（1）产品能力。选择什么样的产品，保证产品质量、产品创新、漂亮的外观、高档的包装等。有好的产品，是一切的保障。但目前是产品过剩的年代，只靠产品好，很难赢得市场。

（2）服务能力。线上服务有明确的要求，各种评分都是量化的。如客服人员的态度、售后服务、物流服务等，还有各种评价，好评、差评等，都是对商家的考验。

（3）运营能力。运营能力包括活动策划、数据分析、推广优化等能力。它是决定一个电商企业发展速度的关键能力。有不少电商企业，因为一个大活动，销售量太多，出现问题，从此一蹶不振。

（4）供应链管理。企业规模稍微大一点，供应链就很重要。如商品生产周期、库存管理、成本控制等，当企业规模大到一定程度后，这方面就显得非常重要了。

（5）团队管理。团队成员的积极性决定了企业工作的效率。团队管理是隐藏在企业背后的一只手，没有一个定式，但一定要重视。

这五项修炼，每一项都永无止境。在不同阶段，它们的重要性不一样。最开始重视产品和运营，等流量多了，就要搞好服务，激励团队；等公司规模大了，各方面就都重要了。

接下来讲什么是出奇兵。

既然是出奇兵，那么就没有定势。

电商要不要刷单？当然不能刷单，但在必要的时候需要有些手段。例如，在产品上新破零的时候，可以给某些老客户购物券，让他们过来买。产品在竞争搜索位置的时候，根据流量补单也是必要的。

要不要利用小二资源上活动？有资源为什么不用呢？但如果需要花很多的精力去和小二拉关系，这件事就不要做了。

如果有热点事件，则可以产品借势营销。如果规则有漏洞，则可以拿一些产品去尝试。团购网站、微信营销、直播合作、内容电商等，如果周围有这样的资源，或者刚好有这样的员工精通，那就抓住机会去试试。这些都可以是奇兵。

出奇兵，需要有猎人一般的眼睛，发现新的机会和模式；还需要有果断的魄力，快速出击，迅速决策。但出奇兵，需要节制，不能贪多，一旦成功，就快速撤退，不要恋战。

奇兵做好了，可以短时间让公司上一个台阶。但一定要警惕：出奇兵都是权宜之计，不可做长期打算。最开始讲的 B 的故事，就是 B 太依赖奇兵了，最后导致公司倒闭。

总结：

（1）走正道可以让公司长期发展，出奇兵可以让公司快速进步。

（2）走正道有五项修炼：产品能力、服务能力、运营能力、供应链管理、团队管理。

（3）出奇兵并没有定势，可以借助热点、探索模式、利用漏洞、与特定资源合作。但要记住：出奇兵只是权宜之计。

6

创新

创新的好处，不用多说。苹果公司设计出 iPhone，从此市值涨了几十倍；Google 改进了搜索引擎，从此成为世界上最大的互联网公司；支付宝解决了诚信担保问题，从此成了电商必备工具之一……

在互联网领域，创新几乎是每个成功公司都十分重视的方向。但在电商领域，却并不是如此。很多电商人不重视创新，总觉得创新离自己很远。

不重视创新，原因不外乎两种：一是觉得创新太难，自己是个普通人，怎么可能创新？二是认为那么多人做电商做了十几年，能创新的早就创新了，还轮得到我吗？

其实不然，创新没有你想象中那么难，在互联网时代，创新的机会很多。

现在共享单车很火，城市马路边上到处都是共享单车。而且现在的共享单车，比之前我们买的单车还要好骑得多：座位方便调节、车铃简单、轮胎不会破、有定位功能、密码开锁、链条不会掉……我经常思考一个问题，为什么过去那么多年单车没有什么改进，而最近两年创新点却层出不穷？答案是，单车和互联网结合起来了。这就是互联网+的魅力。

当买卖和互联网结合后，创新就没有你想象中那么难了，把不同类目的产品组合在一起，有时候就是很好的创新。

一个做小孩轮滑鞋的朋友，自己在轮滑鞋的刹车片上加了音乐，小孩子很喜欢。他们做成了产品，申请了专利，利润很高，公司因为这一款产品，赚了上千万元。

七星会中做银饰品的百年宝诚，做了一款心经手串，13 个珠子，把心经260 个字刻在纯银珠子上，非常漂亮。价格在 1000 元左右，很快卖成了爆款，利润相当可观。后来被模仿后，利润才降了下来。

一个做灯具的朋友，做了一款带音乐的灯，火爆了微信圈；因为这款产品，老板把座驾从千里马换成了大奔驰！

这些都属于产品创新。产品创新能带来直接的利润。在互联网行业，创新的成本都不高，然而一旦成功，收益很大！如何才能进行产品创新？这里有几点建议。

（1）跨类目组合。之前讲的几个例子都是如此。

（2）解决生活痛点。那个做灯具的朋友后来还做了一款专门供孕妇起夜用的柔光灯。孕妇起夜频次多，光线太亮又刺眼，光线太暗又容易摔跤。朋友通过这个痛点，设计了一款灯，一个台灯 298 元，还强调没有辐射。但两百多元的台灯和孕妇的安全相比，简直就不是个事儿，后来这款产品通过微信圈大卖。

（3）多找外行交流。问问用户有什么异想天开的想法，外行不懂，所以敢想。

（4）热爱你自己的产品。深度热爱自己的产品，你会有把它们用到生活中的欲望，然后会有很多创意出来。

（5）创新是可遇不可求的事，需要每天都琢磨，一旦有想法，就赶紧去找产品人员讨论。

除了产品创新，还可以考虑服务模式创新。

　　七星会中有个做羽绒被的会员叫百思寒，他们把客户都加到了微信中，通过微信个人号做老客户服务。后来他们推出新款，学生入学四件套，卖999元，通过微信做预售，几百套几分钟就卖完了，效果特别好！

　　这里有两个创新：通过微信做客户维护；通过微信做销售。

　　你可能会说，这不算创新，其他人已经做过了！

　　你错了。对于服务模式的创新，是可以借鉴和复制的，你和别人并不冲突。这对你的客户来说体验不一样，对于你自己来说，渠道不一样，销售方式不一样，就是创新。

　　针对服务模式的创新，我的建议是，多和同行交流学习，看见好的模式借鉴过来。

　　除了产品创新、服务模式创新，还有其他很多创新。例如供应链创新，我认识一个女装卖家，他们和工厂配合，能做到销售库存为零。

　　总结：今天讲了创新的重要性，以及如何进行产品创新和服务模式创新。对于电商来说，创新并没有想象中那么难。电商创新成本低，但收益高。

思考与落地

你公司有哪些创新，有哪些可以创新？

你们同行做了哪些创新？

7

好名字好生意

　　七星会有个会员，公司名字叫：采绎莱，是做个性化定制的。他们的定制很棒，所有定制的产品 24 小时内能发货，一件起订。一天有个朋友问我哪里可以定制，我告诉他 caiyilai。朋友问我，是拼音吗？我说不是，是汉字，我实在记不得他们公司名字的汉字怎么写了。

　　就算现在我告诉你这个名字，中间那个"绎"字，你也不一定用拼音打得出来，要找好久。我问这个公司的老板，当时为什么起这个名字？他说是很多年前起的，那时候他用五笔输入法……

　　七星会还有个会员，是做男士内裤的。他们做的内裤无论是在质量还是舒适度、款式、设计细节上，都非常棒！专业人士说他们的产品比 CK 还要好。但他们的业务一直不温不火。老板过来向我请教，我说你们的品牌名字是大障碍。他们的品牌名字是：Charles Lonjo（伦中），很拗口。为什么起这个名字？因为老板的名字就叫伦中！

　　还有个名字大家都知道：罗辑思维。罗振宇的自媒体，目前是影响力最大的，有几千万用户的订阅。这个"罗辑思维"与逻辑思维，一字之差！为什么取这个名字？罗振宇说：以前总想把自己标榜进去，我姓罗，想做点特色出来。后来，罗振宇说，其实后悔死了。每天都要花几秒钟跟人解释是"没有走之底的罗，不是逻辑的逻"。后来有人注册了"逻辑思维"，每天自然新增不少粉丝。

看了这些故事，你应该明白了名字的重要性。

名字，是每天都会用到的。我遇到的那些成功人士，对名字都很重视。企业名字、品牌名字及个人名字都是如此。

山西有个立恒钢铁，是民营钢铁企业中最大的。创始人告诉我，他最开始起企业名字的时候，斟酌了很久，把诸多因素都考虑在内，包括自己的生辰八字。

有人觉得太在意名字有点迷信。这不是迷信，而是每天你都听到这个名字，会对人有暗示。几千年来，中国人起名字都很讲究。

好了，现在我们回到电商上来。

很多人最开始做电商的时候，都是随便起了一个名字的。采绎莱的老板，就是典型的例子。我跟采绎莱的老板说，你要想做大，建议你赶紧改名字，否则事倍功半。他也陷入两难境地：不改吧，传播力度不够；改吧，以前积累的影响力要大打折扣。

关于起名字，我给出几点建议。

（1）最开始就要起一个好名字，越早越好。公司名字、品牌名字都是如此。

（2）可以考虑购买注册商标，挑一个好一点的名字，一般价格在两三万元左右。这是一劳永逸的事情。

（3）起名字有五个原则：有传播性、朗朗上口、少用生僻词、尽量简短、有寓意。类似于王菲、激活、脉动、娃哈哈、农夫山泉、三只松鼠、御泥坊、韩都衣舍等，这都是很好的名字。

（4）如果不知道怎么起名字，可以考虑用动物名字，例如天猫、三只松鼠、小狗电器、七匹狼、猫王音箱等，也可以考虑用植物名字，例如小米、土豆、豌豆荚、苹果等。动植物名字容易让人记住。和大品牌沾边的名字，虽然听起来山寨，但很容易让人记住。这里就不举例了，避免教你学坏。不过这类名字，不适合长期使用。

（5）不要起带煞气或不吉利的名字，例如名字中不要带鬼、杀、死、骷髅、黄泉等字眼。鬼脚七这个名字就起得不好，当时没有意识到。在图形商标中也要注意。顺便说一句，现在很多人穿戴有骷髅头图案的衣服，这很不吉利。你可以不信这些，但你的产品是要面向大众的。

（6）注意名字的发音。声音传递的信息，比文字更有冲击力！有没有谐音，是不是够力量。例如淘宝的发音比京东要好得多，因为淘宝的声调是平仄，京东的声调是平平，平仄念起来顺口得多。

（7）如果实在不知道该怎么起名字，则可以找朋友或者专业的机构咨询。名字确定之后，不要轻易改。

总结：今天主要讲了名字的重要性，人名、公司名字、品牌名字都很重要；也介绍了起名字的原则和要注意的地方。有道是：名字起得好，公司上市早！

学习感悟

Roking：这是一次雪中送炭，也是锦上添花，目前我正在准备新品牌注册的事情，在纠结时遇到了七哥的文章。谢谢七哥！

8

维护老客户

做电商，都希望销售额越多越好，利润越大越好。销售额＝流量×转化率×客单价。其中流量最直接，好衡量，看每天来了多少用户，一目了然；客单价也好算，单个商品价格越高、用户购买品种越多，客单价就越高；转化率不太好提升，因为涉及图片、详情页描述、客服水平、用户评价等。

人的头脑没有耐心，只习惯最直接的方式，所以绝大部分电商人每天关注的就是流量，找更多的流量。要想做好电商，流量是必需的，但这远远不够。没有其他做支撑，企业就没有竞争力，很容易被同行超越。

今天我要讲的维护老客户，做好了，就能让企业立于不败之地。

在网络上做推广，获取一个新客户的成本应该在 100~200 元之间。在淘宝网上成本可能会低一些，不同品类不一样。也就是说，你要想通过花钱做推广的方式来获取客户，那么每新增一个购买客户，你至少需要花掉 100 元钱。如果这个新客户以后再也不来购买了，那么你很可能就是赔钱的。

毋庸置疑，维护好老客户，可以获得低成本的流量，也可以提升转化率，还能提升客单价。维护好老客户，你不用太依赖电商平台，也不用太依赖推广。

有人说：我也做了老客户维护，每次活动我都发短信通知他们。

这完全理解错了，这种不叫老客户维护，而叫老客户营销，说得直接一点，叫消费老客户。一搞活动就发消息，久而久之，效果会越来越差，老客户也会不堪其扰。

这里有一个值得重视的数据，据统计，得罪一个客户，这个客户会对其周围的朋友、亲戚产生影响，相当于得罪了 250 人。同样，你维护好了一个老客户，他会愿意帮你推广，相当于赢得了 250 人。

如何才算做好了老客户维护？

每个行业都不一样，也有专门的培训和介绍文章，用百度搜索就能找到很多。如果你以前没有重视过维护老客户，那么建议你找几篇文章好好看看，一定会有所启发。

这里给你介绍一种和个人微信号结合的方法。

七星会有个会员，是做大码女装的，从 2015 年开始，他们用个人微信号承接老客户。每一个微信号有不到 2000 人，共准备了 30 多个微信号，有 60000 多个老客户。他们组建了一个 30 多人的服务销售团队，每人一个微信号，发朋友圈、评论、点赞、解决客户的问题，同时肩负销售任务。

后来他们设置了 VIP 卡，交 99 元，就可以成为 VIP 会员，提供一系列的服务：产品 85 折优惠、生日问候、特殊礼物、手写卡片等。因为他们的服务太好了，都是真人每天提供服务的，很快 VIP 会员达到 20000 人。

每次上新品时都在朋友圈发布，引导到淘宝店成交，这样淘宝店的销量会快速积累，同时又能从淘宝网带来新流量，在新流量中他们会转化为新客户，成为 VIP 会员。这样就形成一个良性循环。

在此之前，他们的淘宝店不温不火，但采用这种方式半年后，就增长迅速，2017 年通过老客户带来的销售额就达到 3000 万元，2018 年有望达到 5000 万元。

这种方式还有其他好处，几乎不需要去购买新流量，而且不依赖平台，不用和其他同行竞争，不用打价格战！

对于上新比较多的品类，这种方式非常有效。其他品类也可以借鉴。

不要轻易觉得自己的产品不合适。我的一个卖羽绒被的朋友，也采用这种方式，积累了 10000 多人，效果也很不错！

也不要轻易觉得自己就可以很容易做到跟他们一样。我也有一个做服装的朋友去尝试这种方式，后来没有效果，他们的老板根本就不重视。

做大码女装的这个朋友之所以取得这么好的效果，还有一个原因，就是他们两个创始人对这个项目非常重视，亲力亲为。

每个行业都有自己的特点，路是自己走出来的。

总结：维护好老客户，可以让企业立于不败之地；维护老客户是最有价值的投资，一个老客户可以影响 250 个新客户；不要把老客户营销和老客户维护混为一谈。利用微信个人号去维护老客户，这种方式值得借鉴。

学习感悟

Lin：看了很多关于老客户很重要的文章，我的思考是，维护老客户的核心是与老客户建立基于信任的情感联系，工具、方法等技术上的事情是次要的。如何与老客户产生"共情"，以及如何与老客户持久地互动，这才是维护老客户应该努力的方向。

9

不留退路

今天讲的不留退路，对每一个想进入电商领域，或者已经在电商领域做了一段时间的人，都有借鉴价值。

你需要思考一个问题：有没有给自己留退路？

老家有个亲戚在线下卖鸭脖，想进入电商，问我的建议。我问他：为什么想进入电商？他说就是看见别人卖得好，自己也想到线上卖一卖。试一下，能大卖就专心做；不能大卖，还是忙自己的线下好了。我说：要是这样你不用试了，肯定做不起来。

有太多的人进入电商，抱着试一试的态度。对于这一类朋友，我建议真的不要做了。

有一个观点，需要记住：电商已经进入成熟期。这意味着电商自身的红利基本消失，以前你听到过的那些随便进点货慢慢做淘宝生意，后来赚很多钱的故事，已经是过去式了。现在做电商，不要想投机取巧，而是要拼实力，找到自己的优势。

那哪些算优势呢？下面我给出几点，供你参考。

（1）产品优势。要么是低价的，取得价格优势；要么是独家的，取得垄断优势。

只说自己的产品有多好，这算不上优势。现在是生产过剩的时代，有工厂不能算优势。

所谓优势，是指同等商品，有线下知名品牌的货源或者代理，能拿到最低价，或者能做到独家发售。如果这种产品在线上不具备知名度，也不能算优势。

（2）人才优势。如果你自己精通运营或者能找到在运营方面很厉害的人才，这算优势，至少不会走弯路。

例如特别精通直通车，或者自己有一套打爆款的方法，或者善于报活动。人才优势，可以让你前期少走很多弯路，能够让业务快速步入正轨。

（3）选品优势。有人眼光独特，对商品很有感觉。

我认识一个朋友就是这样的，他特别善于发现好的商品，经常能找到一些有特色的、有个性的商品。他靠自己的两部手机，一个月能卖100多万元。选品能力无法培养，也无法模仿和复制，大多是自带的。

（4）粉丝优势。如果你是大 V 或者当红主播，这是很大的优势。

就像我做抄经产品一样，我有上百万个粉丝，做必经之路的抄经品牌起步就比较快，虽然不赚钱，但养活团队没问题。

（5）平台优势。具有平台优势，可以获得流量。

如果你和电商平台的负责人关系不错，你的产品能够经常上活动，有流量支持，这算优势。其他的专业论坛资源也可以。例如你认识知名母婴论坛的负责人，可以和你合作做母婴产品。但这种优势不可长期依赖。

还有人说：我有资金优势。在电商领域，有再多的钱，也很难形成优势。一年亏几千万元的企业也有不少。所以很难说资金是优势。但资金是必需品，一个店铺要想做起来，投入三五十万元是必需的。在具备其他优势的前提下，有更多的资金才会形成优势。

具有优势，还只是一方面，更关键的是有多大决心。如果你想做好电商，就不要给自己留退路。

不留退路的意思就是全力以赴，不要有别的选择，不要兼职，不要有做不好的想法。

以前线下连锁电器超市是国美和苏宁并驾齐驱，苏宁要转型电商时，我有点看不上，但是当看到苏宁老总张向东的决心时，我觉得苏宁有机会。

张向东说：在转型期间，谁反对，就把谁干掉。没有任何退路。相比之下，国美就抱着试一试的态度，现在国美在电商领域全军覆没；而苏宁既保持了线下龙头老大的位置，在电商领域也有了一席之地。

创业是这样，对电商从业人员也是如此。

如果你要做美工，就全力以赴做美工，不要想着美工不行我再做运营，运营不行再做车手。不要给自己留退路。当你全力以赴时，你会发现，事情变简单了。

不留退路！生活中也是如此，做任何事，如果能全力以赴，往往都会做得不错。

总结：电商已经步入成熟期，不要抱着试一试的态度做电商，不要想投机取巧，要凭实力，找到自己的优势。优势包括产品优势、人才优势、选品优势、粉丝优势、平台优势。最关键的是，有足够的决心，不留退路。

10

解决人才困境

做电商的朋友经常说的话是：电商越来越难做！

为什么难做？大家通常讲的原因无非三点。

- 平台问题，流量成本越来越高！

- 市场问题，竞争对手越来越多！

- 人才问题，我们没有厉害的人啊！

针对前面两个原因，就算抱怨一万次，也不会有任何作用。我们能做的是解决第三个问题：人才问题。做电商的朋友遇到我，最常问的一句话是：七哥，能帮我推荐几个优秀的运营人员吗？貌似所有做电商的，都缺好的人才！

如何解决人才困境？就像修行一样，要向内求！以下是我的五个观点。

（1）永远不要寄希望找到最牛的人来解决现在的问题。

优秀的人才，永远都是稀缺的。过去十年，电商创业成本不算高，厉害的人大多自己创业了，其他优秀的人也过得不错，不一定会想着到你这里来。

（2）要做长远打算。

你在寻找人才的同时，自己也要学习、要实践。如果你做电商超过三年，那么应该对各个环节都非常熟悉，应该擅长某一领域，自己应该成为"人才"！

如果还不是，就赶紧沉下心来学习。我说过，老板要亲力亲为，不只是在电商行业，在互联网行业也是如此。

赶紧行动，今天再晚也比明天强；否则过了两年，你还是这样的。

（3）重视内部培养。

电商发展到现在，需要掌握的技能都已经很明确了，发现上进的员工，要给他机会和空间，好好培养。现在聪明的年轻人很多，学好电商也不一定要大学毕业，关键是看有没有人引导。如果老板重视培养人才，那么不用半年，肯定有优秀的人才冒出来。

（4）遇到优秀的人才，要舍得花钱。

优秀的人才可遇不可求，一旦遇到，要舍得花成本请进来。我认识一个才读完小学就辍学的卖家，一年做几亿元，他说自己能做到现在，关键靠公司的十多个骨干人员，每个人都很厉害，工资也很高，年薪 40 万元起。

即使不能给高工资，也会给高提成。另外，更重要的是，对于内部培养的人才，要及时涨工资！这一点常常被老板忽视，往往好不容易培养出一个人才，但舍不得加工资，很快就被别人挖走了。事后老板往往抱怨现在的人不懂得感恩，公司培养了他，他不回报就离开了。殊不知根源在老板自己身上。

（5）建立好的激励机制。

马云经常讲的一句话是，平凡人做非凡事。靠一两个厉害的人做起来的业绩，不会稳定长久，但通过激励机制，把一群普通人聚在一起做出漂亮的业绩，那么这个公司一定能健康成长。

有人担心自己不会建立激励制度，没关系，只要你有这个意愿和想法，就能在网上找到很多可以实践和试验的方法。不要担心没有效果，多试验几次，你就会摸索出适合自己公司、自己团队的方法。

解决人才困境，关键看两点：意愿和耐心。

意愿，是指你愿意通过向内求的方式来解决人才问题。有了意愿，就可以多去尝试。互联网公司要敢于变化，敢于试错。

耐心或许比意愿更重要。人们习惯看眼前的事情，解决眼前的问题，不习惯为未来做准备。但人才这件事，是一件长期的事情。你重视得越早，以后的路就会越走越顺。

总结：今天讲的是如何解决人才困境，重点讲了五点，要向内求，要做长远打算，重视内部培养，舍得花成本，建立好的激励机制。关键要看意愿和耐心。

最后提醒一下，以上内容，不只对老板有用，如果你只是公司的一个运营人员，对你也同样有效。例如，你有长远打算吗？你可以设置某种激励机制吗？自己琢磨一下。

思考与落地

在解决人才困境方面，你公司有哪些措施可以改进？

你可以列出来给你的老板吗？

11

走品牌之路

我有个朋友小陈，是做宣纸生意的，老家在四川夹江。他在淘宝网上开店，卖文房四宝，做了 8 年。一次他跟我聊天，抱怨这个行业越来越难做、价格越来越低、利润越来越薄、竞争越来越激烈。其实，这种抱怨在每个行业都存在，做得不好的卖家都会这么抱怨。但每个行业都有做得很好、活得很好的卖家。

我跟小陈说：你做了 8 年，一直用的模式是低价进货，加点利润出货，这样当然会越做越辛苦，建议你做自己的品牌。另外，你的产品自己都不使用，怎么会知道用户的痛点？建议你开始练习书法，每天都用自己的产品。

一年多过去了，上次小陈给我留言，说很感谢我，品牌之路越走越顺，今年生意越来越好。

小陈的经历很有代表性，绝大多数做电商的朋友，都处在卖货阶段。虽然有人有自己的商标，但仍然是卖货的思路和模式。这种模式在最开始有市场红利时发展快，风险小，然而，一旦市场竞争激烈，卖货模式必然会走向低价、微利，甚至赔钱赚吆喝。

走品牌之路的公司，开始会困难一点：要开发自己的产品，要保证产品质量和服务质量，不偏离自己的主线，抵制各种可以赚快钱的诱惑。但这条路会越走越顺，越走越长久。

　　还有个朋友是做眼镜生意的，老家在浙江，最开始是利用自己的资源，卖各种潮流眼镜，后来注册了自己的品牌：音米眼镜，坚持走品牌之路。他们老板小李跟我说，公司的使命是：让眼亮，让心明！他们不只是卖眼镜，还做了不少公益的事情，"让心明"，是很大的愿力！他们的公司做得很好，一直是类目第一，年销售额有几亿元，有 IDG 投资，2017 年在"新三板"挂牌上市。

　　无一例外，做得好的、做得大的，走的都是品牌之路。做品牌，有三大好处。

- 能促进产品销售。

- 能拥有高忠诚度的用户。

- 在这个快速变化的时代，能抵抗风险，让企业走得更远。

　　有人说，我们早就有自己的品牌了，商标都是 R 标，所有的产品都打上了我们自己的商标。

　　这里有两点需要注意。

- 有商标不等于有品牌。商标只是一个用来标识产品的标志，而品牌是在用户心中的印象和定位。比如洗发水有很多种，有无数商标，但形成品牌的只是少数。

- 做产品不等于做品牌。做产品，只需要管功能、实用价值即可，但品牌不一样，除产品价值外，它还有一层附加值，例如情怀、信任等。所以品牌能卖出溢价，一般都能卖到产品成本的 3~5 倍。

　　那么如何做一个品牌？这个话题太大，肯定不是几句话就能讲清楚的。

　　这里举一个我做品牌的例子。我的公司做了一个品牌：必经之路（微信公众号 ID：必经之路精选），专注于抄经。与抄经无关的产品，无论多赚钱，都不做。目标是：抄 1 亿部心经，让 1 亿人抄经。使命是：给众生种下智慧的种子，引导人们向内求。

这个品牌才做了半年，未来的路还很长。下面分享我对做品牌的几个观点。

（1）有使命。这个品牌为什么存在？要解决什么社会问题？这就是使命。音米眼镜说要"让眼亮，让心明"，必经之路说要"向内求"。我有个朋友开了一个面馆，他们的口号是：在能力之内给出一碗好面。这也算是他们的使命吧。

（2）有个性。品牌要区别于其他产品，需要有自己的个性、有自己的风格，这样便于用户记住你。个性可以包括很多方面，例如外观、口味、使用体验等。

（3）有内涵。产品要传递的是功能，品牌要传递的是功能之上的价值。例如：奢侈品的品牌代表着主人身份；农夫山泉，有小时候的味道；必经之路，向内求。这些都是产品的内涵。

（4）建立信任。信任是一种预期。就像无论我们到哪个城市遇到肯德基，都知道它就是那个味道。之所以有很多产品会仿冒大品牌，就是希望借助品牌背书。这种信任的建立，需要一个长期的过程。

（5）一贯性。每个品牌都有自己的理念、有自己坚持的原则、有自己的使命，这些不会轻易改变。久而久之，这些都会形成品牌的内涵，会附加在产品上传递给客户。

（6）传播。品牌要用合适的方式传播自己，讲自己的理念，讲相关的故事，加深品牌在客户心中的印象，让更多的人知道。注意：品牌传播和促销完全不是一回事。

总结：做电商一段时间后，做品牌是必经之路。做品牌能促进产品销售，拥有忠诚的用户，抗风险，让企业走得更远。要真正做好一个品牌，商家需要有耐心，还要抵制住诸多诱惑。

12

跳离舒适区

互联网的历史很短，不过二十多年。其间很多公司昙花一现，风光了一两年就没落了。例如最早的 8848，后来的开心网、酷讯等。电商的历史更短，不过十五六年，其间也出现过不少风光的公司，例如易趣、麦包包、绿盒子等，还有其他不少淘品牌，现在都销声匿迹了。

讲这些，只是想告诉你，电商行业的变数很大，你现在做得好，不代表以后也做得好，很可能几个月之内就倒下了。如果你的公司现在流量增长不错、客户评价不错、产品供应链不错、团队士气不错，你觉得很舒适，对未来充满信心和希望，那么我告诉你，你的公司现在很危险！这不是危言耸听，我来告诉你原因。

当你的公司利润、评价、团队、产品等各个指标都很好，走得很顺的时候，说明你们使用的方法很适应现在的环境。但环境一定是变化的，热点在变化，平台规则在变化，客户习惯也在变化。从这个角度来讲，你们的"顺利"不可能长久。

同时，当你们很顺的时候，就成了别人模仿和攻击的对象。竞争对手正在想办法如何攻击你们、如何超越你们，只是他们还没有成功。你们一旦出现错误，很可能就被打击得一蹶不振！

最重要的是，当你们很顺的时候，团队会形成自己的经验和模式，过去的"成功"会让大家骄傲、自负，面对新的变化不会警觉，看不上竞争对手，不会去主动学习改进。

最后一点，不知不觉，最容易麻痹。

再看看那些淘品牌是如何消失的？当年淘宝网流量红利明显时，有些企业过得很舒适，高估了市场的能力，也高估了自己的能力，有的不思进取，有的疯狂扩张，后来传统品牌大举进入电商，竞争变得异常激烈，那些淘品牌想要变化已经来不及了……

不只是电商行业，科技行业同样如此，以前的摩托罗拉、诺基亚、柯达、索尼等，这些企业的产品当年风靡全球，但过了没几年，他们的产品就很少能看到了。

记住一点：要想做好公司，就没有舒服的时候。想要舒服，是做不好公司的。

知道了舒适区的危险，那如何跳离舒适区呢？

首先，要有危机感。

马云说过一句话：当别人都在说你好的时候，这是最危险的时候，一定要小心。阿里高层的危机意识很强，有一次阿里组织部开会，几十号人在一起，花了两天时间，讨论未来淘宝是如何死的。

华为的任正非经常会写很长的信来警告公司员工：华为的冬天来了。这就是危机意识。连华为和阿里这种国际大企业都是如此，我们有什么理由觉得没有危险呢？

其次，要创造变化。

阿里有很多子公司，子公司一会儿变成五个，叫达摩五指，一会儿变成七个，叫七剑下天山，还有一次变成了 25 个事业部。几万人的公司，每半年就会调整一次。

据了解,Google 也是如此,前两年他们把搜索业务变成了自己的子公司,搞出一堆子公司。除了组织结构的变化,还可以考虑进行人员轮岗。让核心岗位的负责人,调任到新岗位,一方面可以锻炼人,另一方面可以给老的业务带来新的思路。

总之,要主动寻求变化。这种变化看上去乱,但能让公司充满活力。

再次,不断探索。

做电商有很多环节,每个环节都有多种方法。当我们习惯一种方法时,容易待在舒适区。应该不断探索新的方法。

例如:你擅长直通车很久了,则可以去探索钻展;你与某工厂合作久了,过一段时间可以去看看其他供养商。这些都是探索。

探索还有一种方式,就是在一些重要岗位上招聘新人加入,他们也会带来新的活力和变化。

最后,重新定义竞争环境。

当年,阿里的电商份额一度占到 85%,外界有舆论说阿里垄断的时候,马云说:网络零售才占整体 GMV 的 5%,阿里这点份额哪能算垄断啊?

看懂了吧?假如你在热水壶类目是第一名,把自己放在整个家居类目,那你什么都不是;假如你在电视领域是类目第一名,把自己放在家电领域,你就成了小不点。只有当自己觉得自己卑微的时候,才会想办法让自己活下去,壮大自己。

做公司,时刻有危机感,不能待在舒适区。

有人说,这样做电商太苦了。确实如此,不只是电商如此,其他互联网行业都差不多,都不存在舒适区。越舒适,越危险。

做公司如此,做人又何尝不是如此。每一个很牛的人,成长的路径都是辛酸的!不说了,都是泪。

总结：今天讲了舒适区的危险，以及教你如何跳离舒适区——有危机感、要创造变化、不断探索、重新定义竞争环境。

学习感悟

双狐：只知道淘宝电商变化快，没想过舒适区的问题。做电商本身危机就大，也没舒适过。这个问题谈得好，提了个醒，提高了意识。

忠言：走出舒适区，需要自我革命，居安思危，如履薄冰。

思考与落地

反观一下你所在的公司，有处在舒适区吗？

反观一下自己，有处在舒适区吗？

13

别迷信"大神"

现在社会习惯"造神",各个领域都是如此。在电商行业,有很多"大神",他们有各种头衔,例如:搜索第一人、直通车第一人、各种一姐一哥等,包括鬼脚七,也被认为是电商大神。有的名副其实,有的名不副实。

我认识很多做电商培训的讲师,发现一个特点:至少有一半的讲师,是因为自己淘宝店做不下去了,才开始转型做培训的;还有 30%的讲师,根本没有做过淘宝!没做过淘宝,怎么可能讲课?当然可能了,比如鬼脚七。

当有人让我教他做电商时,我会很惭愧:其实,我没有做过电商,我连淘宝店怎么开都不知道。这是实话!但不否认,鬼脚七在电商圈里有不小的影响力,也确实是名副其实的"大神"。但如果你让我来替你诊断店铺,那肯定是瞎指挥。贾真是名副其实的"大神",而且有多年实操经验,但他从不帮人诊断店铺。他说:如果不了解他的市场、他的公司现状和竞争对手,凭自己主观给出来的建议,反而会害了他。

讲了这么多,只是想告诉你,不要迷信大神。一方面,忽悠型的"大神"太多了,相信他,很容易被带到沟里去;另一方面,就算是名副其实的"大神",也不能帮你解决实际问题。

插个题外话。我信佛,在佛教圈,有很多佛教徒喜欢追着那些高僧大德,高僧大德去哪里,这些人就去哪里,开示听了很多,合影留了不少,但修行没有长进。为什么？因为就算是名副其实的高僧大德，也不能替你来修行。

那是不是以后连电商课都不用听了？不是的，我的观点是：不迷信"大神"，可以利用"大神"。

如何利用"大神"？

我讲两个关键点。

第一，鉴别好老师。

做电商跟修行一样，老师很重要，老师可以让你少走很多弯路。但若遇到一个忽悠型的老师，则很容易就被耽误了。

我前面在"学以致用"中提过忽悠型老师的三个特点。

（1）名片上头衔特别多的。这些人之所以把那些头衔写出来，就是想用头衔来证明自己很厉害。如果真的厉害，还需要那些头衔来证明吗？

（2）在朋友圈经常晒和某名人、网红合影，或者介绍自己的某个朋友很厉害的。就是因为自己不厉害，他们才会想用厉害的"朋友"说服别人，相信他们也很厉害。

（3）经常说自己的学生如何崇拜自己、自己的学生有多厉害的。同样的道理，他们都是想说服别人相信自己很厉害。如果真是厉害的人，是从来不需要也从来不想去说服别人的。

以上三个特点，具备其中任何一个，则十有八九是忽悠型的老师。

判断一个老师是否合格，关键要看他的经历。不能只看表面，有的老师做过很多行业，看上去经历很丰富，但实际上是在每个行业都做不下去了。在一个领域专注时间比较长的老师，往往是不错的。例如牛气学堂的贾真、云鹤、三毛、宁静等老师。

如果这个老师不是忽悠型的，经历又证明他很厉害，讲课方式也不错，那么他是合格的，但还算不上一个优秀的老师。真正优秀的老师，会很谦卑，或表现得很有敬畏心。

在他擅长的领域，他可能会有点自夸，但他有边界，在其他领域绝不乱讲。真正优秀的老师，敢于承认自己的不足。电商一直在变化，只有承认自己的不足，才能不断进步！其实真正强大的人，从不担心别人认为他不强大。

有一次在电商军规专栏，贾真有一期专栏，有两个用户批评很尖锐，说贾真讲得太水。贾真在群里自我反省说，自己确实做得还不够，应该再深入一些。我当时很佩服。我觉得贾真是个好老师。

第二，借鉴老师的思路。

举个例子，贾真说不帮别人诊断店铺，但他提供了诊断店铺的思路：店铺如何做才能赚钱？

从三个方面来考虑：提高销售额、降低运营成本、控制库存。你可能会说，这很简单啊。道理都是简单的，但每一个老师的解读不一样。

建议你看看贾真的那篇文章《千万别让大神诊断店铺》，里面详细讲了他诊断店铺的思路。

再举个例子。有朋友说他的公司员工总是对着干，各种制度很难实施，问我有什么建议。

我说做管理，主要关注三件事：招聘人、辞退人、绩效考评。他问：你能不能帮我找几个运营高手？我说不能。他问：你能不能帮我建立绩效考评制度？我说不能。如何招人、如何做绩效考评、哪种类型的人应该辞退，我有自己的方法，但让我帮他做，我肯定做不了，因为每个公司的员工都不一样。如果他的公司存在问题那么久，我很快就能搞定，那不是我厉害，而是他太笨。

优秀的老师，见得多，思考总结得多，慢慢就形成了自己的一套理论体系。我们要学习的就是老师的思路。

对于学佛的人来说，找到一位聚德的师父很重要。首先，你要会分辨哪位是聚德的师父；其次，就算你找到了师父，他也无法替你修行。师父领进门，修行在个人。

讲了这么多，只是想告诉你，就算是真正的"大神"，能力也是有限的。如果拿一个店让贾真和鬼脚七来做，做不起来的概率也是很大的。所以，借鉴老师的思路，坚定走自己的路。

最后提醒：也有一些人，店铺做得一般，但从来看不上那些老师讲的理论，不只是不迷信"大神"，而且从不信"大神"！这样也不对，对这一类人，反而应该去"迷信"一下大神，或许会有突破。

这就像佛法中讲的"不二"，不执着两边。迷信"大神"不好，不迷信"大神"也不好。所有的平衡，都是动态的。

学习感悟

每日一只好包：通过老师的讲解，让我更全面地按照官方正确的手法操作我的淘宝店铺。感谢！

Ing：当店铺遇到瓶颈，自己很迷茫时，也想去相信各路"大神"，还好加入了牛气学堂，认识了真正的"大神"贾真等老师。

14

明确定位

之前有个朋友创业在天猫做中高端男装，让我帮助推荐他的店铺。我问：你希望怎么推荐？他说：你就说是七哥朋友的店。我哭笑不得。我想，他这次创业有点悬。果不其然，一年后，公司转型了。

有个专做营销策划咨询的朋友，毅然辞职创业，拿了投资，做了一款女士洗发水。一次他在朋友圈介绍这款洗发水，说了很多特点：保护皮肤、可以洗脸、去油、去屑、防脱发……我当时给他回复说，你这是灯下黑，不可能卖得好。果不其然，没多久这个项目就搁浅了。

问题在哪里？他们忽略了一个重要的因素：明确定位。

有人说，他们有定位啊，第一个店做中高端男装，第二个产品做女士洗发水，这就是定位。很多人对定位的理解，还停留在这个层面。如果在货品稀缺的年代，这个定位或许就够了，但现在是市场竞争激烈的年代，定位需要更细分和更明确。

细分到什么程度？最好只有一个卖点！

先看个例子：怕上火，喝加多宝。

加多宝，其作用、功能绝对不止一个，如快速解渴、有利于消化、补充人体必要的维生素……但人家每年花几亿元的广告，只说怕上火，喝加多宝。

上次贾真讲了一个案例，我觉得也挺有代表性的。

他的一个朋友调查了上千条购买洗衣机的评价，发现大家对洗衣机的工作噪声抱怨很多。于是他们设计了一款静音洗衣机，名字叫"静静"。发布会上的画面是，正在工作的洗衣机上睡着一只猫。发布会异常成功，很快就得到了巨额订单！

洗衣机的特点有哪些？干净、快速、美观、节水、安静……但人家只说一个卖点：安静。

很多卖家容易掉进一个误区：王婆卖瓜，自卖自夸。王婆把自己的瓜能夸上天，好吃、好看、新鲜、有营养、味道好……但对于用户来说，说这么多等于没说。如果王婆一直强调自己的瓜是最新鲜的，一定会对那些明确要求新鲜的顾客很有吸引力。虽然这是小众，但如果在网络上就会成为一个爆款！

再说一个贾真的店铺的例子，这是几年前的事情了。那时他卖苹果电脑的键盘膜，是很细分的商品。不少用户买完后，抱怨他的键盘膜太薄了，质量看上去不行，也有人反馈说键盘膜很薄、手感很好。贾真灵机一动，把商品标题改成了"超薄苹果电脑键盘膜"！后来销量大增，而且好评如潮。

看上去一个很小的举动，其实就是细分定位的典范。卖键盘膜的有几百上千家，大家的产品差不多，既能挡灰尘，也美观、漂亮、简单易用、价廉物美……但是当打出"超薄"这个特点的时候，自然会把自己的产品和其他产品区别开来。不要担心定位太细分，在网络上，再细分的定位都拥有很大的市场。

有人说，我的产品跟其他几百个商家的产品本来就差不多，怎么细分定位？

如果你的产品有特点，那么就直接找准一个最突出的特点来推荐；如果你的产品本身就是大众化的，也没关系，重点挖掘其中一个特点就行。

我有个做抄经产品的小品牌"必经之路"。抄经有什么用？静心、长智慧、练字、积福报、发朋友圈的素材……最近我们在研发一个产品：陪伴。小孩子做作业时，父母在边上陪着，一般都是在玩手机。如果这时候父母在抄经呢？明白了吧。抄经，很小众的产品，所有商家的产品都差不多。但如果重点推某个特定的场景，就是明确定位，和其他商品马上就区别开了。

说到怕上火喝加多宝，康师傅有绿茶，其降火功能应该同样有吧，但绿茶的定位是：健康好心情。雪碧呢？定位在"清爽一下"。还有可乐、芬达、七喜、味全、果粒橙……饮料市场的品牌数不清楚，其实饮料都差不多，但这些产品变着花样细分定位，从中你能领会到点什么？

老子说：少则得，多则惑。仔细想想，很有道理。

如何细分定位？给你提供一个思路：定位特定场景。

现在喝茶的人很多，卖茶具的不少，有各种花样，如何更加细分、明确定位呢？我的茶盘、茶壶大多是别人送的，但我自己买过两套茶具，都是旅行用的。小巧、方便携带。旅行用的茶具，就是细分定位。

最近我到了藏区，海拔快到 4000 米了，才知道在高原上煮饭是个问题，因为海拔高气压低，饭不容易熟，电饭煲不行。要用适合高原的电饭煲，这就出现了一个新产品：电压力锅。高原用的电饭煲，就是细分定位。

注意一点，定位不是从自身产品出发的，而是从用户应用出发的，要用用户听得懂的方式来描述。定位，是在用户头脑中的印象，这个印象越明确越好。市场营销，就是让印象在用户的头脑中更加清晰。这里不多讲了。

回到开头，朋友让我帮助推荐他的店铺，我怎么推荐呢？七哥朋友的店，这不是个好理由。能给出合适的推荐理由，也是定位。我有几百万的粉丝群体，朋友的店铺希望明确吸引哪一部分人？这就是店铺的定位。

产品有产品的定位，店铺有店铺的定位，其实每个人都应该有自己的定位。你的定位又是什么？这是个值得思考的问题。

15

会打价格战

线下线上各个行业，价格战都不可避免。价格战，几乎是所有商家都会面临的问题。有人说，降价是最简单、粗暴的营销方式。确实如此，无论是哪个类目的产品，价格都是用户最敏感的因素之一。价格战看似简单、粗暴，但到目前为止，还是各个行业最有效的营销方式。所以，如何降价促销、如何打好价格战，非常重要。

这里讲的价格战，既包括竞争对手间的价格战，也包括自己为了扩大销量采用降价策略。价格战的重要性就不多讲了，但价格战并不是看上去那么简单的。

有个做女装的卖家曾跟我抱怨：现在竞争太激烈了，他的店铺商品价格一降再降，但销量只能维持现状，现在是卖一件亏一件，不卖的话，考虑到运营成本、库存压力，亏得更多。我了解了一下现状，他完全是被自己的降价策略给整死的。具体原因后面会提到。

价格战，看上去只有调价这个动作，但如果不做充分的准备，很容易就会导致反向的结果：销量没上去，利润却越来越少，还会让顾客对产品的印象大打折扣。

下面我讲几个在电商行业打价格战的关键点。

（1）用户不是真要便宜，而是要占便宜。

很多人总是觉得价格便宜，就卖得多。道理没错，但所谓的便宜，一定是有比较的。一斤黄瓜三块五毛钱，一部 iPhone 8000 多元，黄瓜很便宜吧？但你看大家买 iPhone 不还价，但买黄瓜很多人都会讲价，要是还价能还到黄瓜一斤三块钱，心里挺开心的。为什么？因为别人都是三块五毛钱买的，我是三块钱买的，占便宜了。

用户要占便宜的反面也成立：用户不想做"冤大头"。

我平时买东西对价格不敏感，价格贵几十块钱、便宜几十块钱，我不会觉得心疼。但我还是会对比价格的，为什么？因为我不想做"冤大头"啊。并不是价格高了负担不起，而是心里不舒服，觉得被骗了。

明白了吗？打价格战的时候，是不是真便宜不要紧，而是一定要让用户觉得占便宜了。所以，所有的对应策略都要配合这个立场，包括：营销文案、宣传图片、商品包装、详情页介绍、客服话术、标题描述、图片的选取等，这些都要去暗示用户，现在买，占了很大便宜！

你看看在"双十一"期间，淘宝网、天猫网站的整体设计、各种促销策略、各种红包逻辑，其实都在导向一个目的地：你要是在"双十一"买东西，会占很大便宜！

我上次去超市买面包，其实不知道面包应该多少钱一袋，也不知道什么牌子好，超市有很多种面包，我挑了一种卖相还不错的面包。临走时发现有一种面包看上去不错，而且包装上写着：加量 50%，价格不变！我一看这个划算啊，于是就买了这种面包。

看见没有？并不是真便宜，而是觉得占了便宜。

（2）照顾好老顾客的感受。

很多人打价格战，确实吸引了一批新顾客，但伤害了一大批老顾客！最后效果反而不理想。我的那个做女装的朋友，就犯了这个错误。

一件毛衣，之前卖 198 元，后来搞活动只卖 98 元。新顾客是觉得占便宜了，但老顾客呢？虽然可以理解商家的策略，但还是会觉得自己成了"冤大头"，以后再也不来了。

所以，打价格战，一定要考虑老顾客的感受。可以采用很多种方式来避免伤害老顾客，例如换新包装、新增产品颜色、采用不同的剂量等。如果这些都实现不了，也要主动采取措施，例如给在最近一周内购买过的顾客退差价或者送礼品等，让老顾客觉得这个商家值得信任。

老顾客的重要性，我前面在"维护老顾客"中详细讲过，这里不再赘述。

（3）做好价格战背后的承接。

降价之后，除带来该产品的销量增长外，还能做什么？这比调整价格更重要；否则，价格战只发挥了一半的价值。

在淘宝网上搜索，第一眼看见的是图片、标题、价格。当其他的都差不多，但价格有明显差别的时候，会很吸引眼球。用户点击进去之后，如何转化就成了关键点。例如：如果你的客服人员不忙，在详情页就尽量引导用户跟客服人员沟通。这种转化率会提升很多，有些类目甚至会提升几倍。为什么？因为每个人都有惰性，只要开始咨询了客服人员，用户就花了时间成本，只要能搞定，大部分人是不会想着再换一个看看的。

这里需要注意的有很多，例如：如何让进来的用户购买更多的商品，如何让这些用户下次还会来重复购买，能否给这批用户打上标签……这些都是在价格战之后需要去关注的。这些做好了，价格战的作用才真正发挥完整。

（4）有防火墙，有利润款。

所谓的防火墙，是用来狙击对手的。举个例子，在淘宝网上，占搜索排名前三位很重要，点击量应该占搜索整体的 30%。防火墙就是用来占位置的产品。这个产品往往利润很薄甚至亏本，但对整体店铺的影响是正面的。所以店铺有利润款、有防火墙，多个产品配合一起来打价格战，让用户买了更多的东西，同时又觉得占了便宜。

还有一种在电商领域经常用的策略是，开始用低价销售，积累销量，获得好的搜索排名和销量展现，然后提价。给用户一个错觉，这个产品在新的价格下卖得很好。

- 关于价格战，背后的策略还有很多种。例如：

- 未来价格策略——最开始价格低亏本销售，但销量大了以后，商品生产成本大幅降低，利润自然就有了。

- 盈亏平衡点策略——对于那些行业第一名的商家，每次降价都是以自己的盈亏平衡点为参考点的，这样很快就拉大了和第二名的差距。

- 清理门户策略——这种策略在淘宝网上也用得很多，就是用超低价的方式，把竞争对手都挤出去，然后慢慢提价。当然，这种策略的风险也不小。

价格战，是一场综合性战役，会涉及企业的每个环节。每次价格战，都要做好战前、战中、战后的应对。每个电商从业者都应该好好研究，不只是老板，运营、美工、客服等各个岗位也是如此。

16

故事营销

先介绍一位年轻的书法家。

王老师，二十四五岁，从小练习书法，一天写十多个小时，功底非常好。我 2017 年跟王老师学书法，偶尔请他几幅书法作品。他的润格费不高，一平尺两三百元钱，但写得非常好。

我们要做硬笔书法的抄经产品，我找了一位硬笔书法家用钢笔写心经，对方收了 2000 元，等收到作品后，我发现不适合做抄经用。一个偶然的机会我看见王老师朋友圈的钢笔书法作品，我觉得很合适，于是向王老师请一幅硬笔《心经》作品，用作硬笔抄经产品模板。王老师很爽快地答应了。过了几天我收到作品后，很满意。我给王老师微信转账 2000 元，他死活不收。我问为什么？他说所有写佛经的作品，都不收钱，这是他的原则。我当时觉得这个小伙子真不错！内心很佩服！

我偶尔会请王老师写一些书法作品，一方面，是因为他的书法真的很好，小篆、楷书、行书以及篆刻都很不错，我们《必经之路》的《心经》笔记本上的抄经模板、logo 篆刻和包装上的文字都是王老师的书法；另一方面，我觉得他人品很好，有孝心，这么年轻有自己的原则，他的书法作品内涵就不一样了。我相信王老师以后一定会成为一个大书法家！

关于王老师的故事就讲完了。我相信有不少朋友跟我一样，对王老师很佩服。

我们回到今天的主题——故事营销上。

最近两三年，内容营销很火。内容营销的本质是什么？无非就是把自己的故事用别人喜闻乐见的方式表达出来，激发受众的阅读兴趣，搭建品牌产品和客户之间的桥梁。所以，会讲故事，内容营销就成功了一大半。

还记得几年前的褚橙吧？褚时健的故事，让普通的橙子卖了几亿元。

李宗盛的《致匠心》视频都看过吧？这个故事让 New Balance 的品位上升了一大截。

钻石恒久远，一颗永流传。就这么一句话的故事，让多少男人不得不给女友买一个钻戒。

可口可乐的秘密配方的故事还记得不？成就了全球价值最高的品牌。

我家的 A.O.史密斯热水器是父亲在 50 多年前买的……这个故事让 A.O.史密斯热水器家喻户晓。

看见故事的威力了吧？一个小故事，甚至能决定一个品牌的兴衰。

对于我们做电商同样有借鉴意义。电商，本质上还是生意，让顾客接受你的商品。如果顾客被你的故事打动了，自然就会接受你的商品。这种营销方式，比打价格战要高明得多。

再举个例子，大家对关于马云的很多故事耳熟能详吧？例如高考了三次才上大学，应聘肯德基被拒绝，阿里 18 个创始人最开始一起开会的视频故事……现在阿里成为中国最有影响力的品牌之一，这些故事也功不可没。

有人说，我们不是大公司、大品牌，也不是名人，哪有那么多故事可讲。不，每个人、每个公司都可以讲他们自己的故事。

营销前辈孔繁任老师说，每个人都自带故事。一个人，无论什么职业，无论什么身份，只要一出现，背后就传递着特有的故事。

一个匆匆上班的白领，他刚挤上北京地铁，本身就是故事：北漂、疲惫、奋斗、房贷、工作压力……

鬼脚七穿着僧服的照片，本身就是故事："成功"人士、剃度出家、事业挫折、看破红尘、普度众生……

每个人都有故事，每个商品都有故事，每个品牌都有故事，每个公司都有故事，关键看你怎么讲出来！

如何讲故事，才能打动人呢？这里我列出四大要素。

第一，要正能量的。当今社会，这个主题还是很有传播性的，而且会对产品和品牌加分。例如：善心、励志、忠诚、友谊、品德、亲情、爱情、孝心、真实……这些都是很好的主题。

第二，要真实的。让顾客觉得真实，贴近生活，才能打动人。有些细节可以做些调整，但至少故事的绝大部分是真实的。

第三，有个性的。可以是很平凡的人，但要有个性。有个性的人物，故事更容易传播，也更容易让人记住。

第四，有情怀的。

17

一张一弛

周朝时期，民间有一个祭祀百神的节日，一次，孔子带弟子子贡去看热闹。子贡担心百姓只顾玩乐而荒废了耕种。孔子给子贡解释道："百姓成年累月在田间劳作，让他们放松一下，有张有弛，这是周文王与武王定下的规矩，这样便于更好地生产。"

这就是一张一弛的来历。

有人说，一张一弛，不就是劳逸结合吗？跟做电商有啥关系？当然有关系。

我们先看看电商流量的规律。

每年 6 月，正常的网购流量开始下降，7 月处于低谷，客单价也处于低谷，8 月开始回升，"金 9 银 10"流量快速上涨，11 月、12 月是最旺季，客单价也很高，1 月开始下滑，但仍是旺季的延续。2 月受春节假期的拖累形成大波谷，3 月初能恢复到 1 月的水平，4 月、5 月比较平稳，6 月开始下降。

大多类目的流量规律如上所说。所以很多商家上半年练内功，下半年冲业绩。淘宝网、天猫平台也是如此，上半年做各种平台规则调整，下半年搞各种促销活动。从整体上看，这就是一张一弛。

一个朋友的公司，用 40 万元年薪挖了一个"90 后"的小伙子做运营总监。据说这个小伙子的活动策划能力特别强！为了快速提高业绩，朋友让小伙子每个月策划一个大促销活动。小伙子当时就拒绝了，他说如果每个月搞一个促销活动，无论活动创意和实施多好，都不会达到期望的效果，反而会对整体有伤害。原因有三点：频繁促销，会伤害老顾客；频繁做活动，客户会疲软；频繁搞活动，员工压力大，会导致工作效率下降。

当朋友跟我讲这件事时，我说你的那个小伙子值 40 万元。小伙子说出了很朴素的道理，一张一弛，文武之道。

所以，公司在做整体计划、活动策划的时候，一定要注意节奏，依照规律，借势而行；否则，事倍功半。

不只是业务需要一张一弛，团队管理也是如此。

电商创业有两个特点：其一，可以不用依靠关系或背景，一开始也不用和线下的很多政府部门打交道，甚至不需要多少成本；其二，电商行业变化快，变化快会导致机会有很多。

这两个特点，让很多卖家做起事来非常拼命。有个段子是这么写的：

A：你们每周双休吗？

B：我们做淘宝的。

A：我问你们每个月休息几天？

B：我们做淘宝的。

A：我是问，你们每个月到底有没有休息时间？！

B：我说了我们是做淘宝的！

虽然是段子，但却是大部分淘宝商家的写照。现在真正一周双休的淘宝卖家很少。

提到一张一弛，很多人只是简单地理解为，忙一阵，然后放两天假，这样就是一张一弛了。其实不然。我们来看看阿里是怎么做的。

我在阿里工作了 9 年多。一般上半年进行各种预算、规划、绩效考评、年会、晋升评审等，下半年这种事少很多，大家都在拼命工作冲业绩。

在阿里部门负责人一般压力很大，要对结果负责，所以很严厉。但公司有政委体系，每个部门配一个 HR 做小政委，小政委会比较柔一点，经常和员工谈谈心、聊聊天，了解每个人的状态。部门负责人和小政委，一刚一柔，一紧一松。

在阿里加班非常多，晚上加班到十点以后是常有的事。但阿里的年休假制度很完善，工作超过 5 年，有 15 个工作日的年休假，加上法定节假日，一年能修小一个月。而且，每个团队都有团队建设经费，一般都能出省玩几天。

仔细琢磨一下，在这些制度和现象中，都秉承着一张一弛的原则。太紧张，不行，长期团队肯定受不了；太松弛，也不行，团队没有斗志。通过制度体系来让团队一张一弛，才是解决之道。

在《礼记·杂记下》中是这么说的：张而不弛，文武弗能也；弛而不张，文武弗为也。一张一弛，文武之道也。

公司业务需要一张一弛，团队管理需要一张一弛，其实个人生活、人生道路同样需要一张一弛。老子说："同于道者，道亦乐得之。"一张一弛，本身就是"道"。大家慢慢琢磨吧。

最近十来年，在 IT 行业、互联网行业，从业者年纪轻轻就过劳死、猝死的例子不少。这些都是不遵循一张一弛原则的后果。

最后有个小测试，自测自己处于哪个区。

1. "将军肚"早现。

2. 脱发、斑秃、早秃。

3. 频频去洗手间。

4. 性能力下降。

5. 记忆力减退，开始忘记熟人的名字。

6. 心算能力越来越差。

7. 做事经常后悔、易怒、烦躁、悲观，难以控制自己的情绪。

8. 注意力不集中，集中精力的能力越来越差。

9. 睡觉时间越来越短，醒来也不解乏。

10. 想做事时，不明原因地走神，脑子里想东想西，精神难以集中。

11. 看什么都不顺眼，烦躁，动辄发火。

12. 处于敏感、紧张的状态，惧怕并回避某人、某地、某物或某事。

13. 为自己的生命常规被扰乱而不高兴，总想恢复原状。对已做完的事、已想明白的问题，反复思考和检查，而自己又为这种反复而苦恼。

14. 身上有某种不适或疼痛，但医生查不出问题，而自己仍不放心，总想着这件事。

15. 很烦恼，但不一定知道为何烦恼；做其他事常常不能分散对烦恼的注意，也就是说，烦恼好像摆脱不了。

16. 情绪低落、心情沉重，整天不快乐，工作、学习、娱乐、生活都提不起精神和兴趣。

17. 易于疲乏，或无明显的原因感到精力不足、体力不支。

18. 怕与人交往，厌恶人多，在他人面前无自信心，感到紧张或不自在。

19. 心情不好时就会晕倒，控制不住情绪和行为，甚至突然说不出话、看不见东西、憋气、肌肉抽搐等。

20. 觉得别人都不好，别人都不理解你，都在嘲笑你或和你作对。事过之后能有所察觉，似乎自己太多事了，钻了牛角尖。

A 区：少于 3 项者，属于黄灯警告区，目前无须担心。

B 区：3~6 项者，属于红灯警告区，亚健康问题明显，需要注意休息。

C 区：7 项以上者，属于非常危险区，可定为疲劳综合征，随时可能导致"过劳死"……

思考与落地

你每周可以坚持 3 次体育锻炼吗？

试着调节自己的情绪，想想如何重拾工作激情！

18

热点营销

做生意有个原则，人流量越大，生意就越好。在网络上也不例外，点击量越大，生意就越好。在互联网上时不时爆发出一些热点事件，这些热点事件动辄数千万人、上亿人关注，流量非常大。

虽然一些热点跟我们做电商没有直接的联系，但如果能借势营销，则会取得事半功倍的效果。道理都明白，但热点营销不是那么好做的，有道是十个效果八个差，还有一个在挨骂，能火一个就算不错了。

我们做电商的没有太多的资源和精力，那么如何借助热点来营销自己的产品呢？别着急，下面我们就来讲如何做热点营销。

如果你有公众号（微信、微博、微淘、头条号等都可以），一定要跟紧热点。和热点相关的文章的浏览量比平时至少要多两倍。浏览量大，粉丝也会有增长。发热点相关文章，如果能结合自己的产品那是最好的；如果不能结合，那么哪怕只是在底部做个硬广也是可以的。

如何写热点相关文章？有很多套路，如盘点式和信息图。如果你不想很俗气地讨论热点，那么也可以采用隔空取火的套路。例如，在高考时期讲讲你自己的高考经历。文章中不用提热点，但读者看见标题，同样会有查看的冲动。

趁热点还有种更偷懒的方法：每年都有节假日热点，过去几年其他公众号在此期间发了哪些效果好的文章，你都可以拿来借鉴参考。

有人说，我没有公众号，能否借助热点？当然可以，你可以把商品和热点结合起来。例如：在《战狼 2》电影热映的时候，做银饰品的卖家就做了一款同款的子弹头项链，在淘宝网一个月卖出上万单；《盗梦空间》电影里的陀螺，在淘宝网上也卖得很好。除了电影，还有那些明星上春晚或者大型活动时穿戴的服饰，也是可以效仿的热点。

如果你的商品跟这些都搭不上边，例如卖辣条的，怎么做热点营销？在韩国部署萨德的时候，卫龙宣布退出乐天，一下子火了，连人民日报都报道了。我以前不知道卫龙，到网上搜索了一下，才知道是卖辣条的。在天猫上，卫龙辣条的销量飙升，一月卖出上百万包，而且评价都超好。

再讲个与高考有关的案例，是奔驰做的。在高考期间，奔驰出了一系列海报来传播，有一张海报让我也为之一动（见下图）。

有人说，我没公众号，我的商品也和热点"八竿子打不着"，有办法趁热点吗？当然有办法，你可以借助热点来搞活动。例如：

（1）中国的足球球迷很多，在世界杯期间，你可以借助世界杯来搞一些小活动。如小组出线竞猜，猜对的，送购物优惠券；还可以拿出一些引流商品，猜对的免费送。

（2）在地震、海啸期间，你可以拿出一款商品义卖，所有收入捐给灾区。

（3）在某电影热映期间，你可以搞活动送电影票。

这些活动设计的背后包含了两层含义：其一，因为跟热点相关，用户浏览到的时候会下意识地关注，关注多了就会点击，这就有了流量；其二，你拿出一款产品搞活动，设计好关联交易，看整体活动的销售额。设计这些活动，最好有一定的老客户，例如在客服的朋友圈中同步传播活动信息。关于老客户维护，可以查看前面介绍的"维护老客户"。

有人说，我没有公众号，商品也做不了热点关联，活动也懒得策划，还有办法借助热点营销吗？

好吧，也是有办法的。最懒的办法就是盗个图、改个品牌名，然后发个朋友圈。但是这种办法，自己娱乐一下还好，对做生意没什么帮助。

关于热点营销，还有几点需要提醒。

（1）天灾人祸，热点营销要谨慎。例如：有人在马航出事后推销保险，这就很不合时宜。

（2）不要标新立异。在热点时期，群体智商很低，作为公司不要标新立异；否则有被群体攻击的风险。

（3）不要依赖热点营销。热点营销只是一个小手段，无论最终是否起到作用，都不要依赖。要想做好生意，最本质的还是要练好内功。

19

规避风险

创业的人很多，但成功的人很少，十分之一都不到。在电商行业创业成功率更低，只有 5%。其中一个原因是：很多电商卖家只懂得做业务，不重视规避风险。

下面我要讲做电商的七大风险，以及每种风险的规避方法，如果你真的认真对待了，我相信你成功的概率会大上一倍！

第一大风险：行业风险。

如果你正准备考虑启动新的电商项目，那么一定要好好考虑行业风险。选择一个蒸蒸日上的朝阳行业，会事半功倍。例如：二胎政策出来后，可以选择做童装、做幼教方面的产品等，这是朝阳行业。至少不要选择一个正在没落的行业。例如：共享单车出来后，你还要去卖自行车，这就是找死了。

如果你已在电商行业摸爬滚打多年，那么你要时不时思考自己所在行业的风险。如果整个行业在走下坡路，你一定要小心。时代进步很快，很多行业的危机来自大环境。例如：相机行业的没落是因为智能手机的普及；方便面销量下滑，是因为外卖的泛滥……

那如何规避行业风险？

- 经常看看整体数据。例如：看整个类目的月成交数据，看行业 TOP10 商家的销售数据。

- 关注年度调查报告。例如：CNNIC 的互联网调查报告、某些数据调查公司的调查报告、某些大咖的年度总结和预测等。

- 偶尔参加一些峰会。例如：牛气电商的年会，可以听听那些大佬的演讲，感受与会者的状态等。

了解行业风险，同时也能把握新的机会。

第二大风险：政策风险。

这里说的政策风险，主要指平台的政策风险。

比如刷单，你要考虑好，如果平台这段时间抓得严，可能就有商品被下架和整个店铺被屏蔽的风险。

记得在 2013 年"双 11"前一个月，那时我还在阿里，某大品牌董事长通过各种关系找到我，说他们备货上亿元，但店铺被处罚了，整个店铺被屏蔽，不让上"双 11"。如果不能解决，公司将损失巨大……

类似的政策风险还有不少。例如：行贿平台小二、通过外部平台做虚假流量……确实有一些捷径，但每条捷径都有风险。一招不慎，满盘皆输。

那如何规避政策风险？老实、本分！

还有一些政策风险，如：两个平台让商家二选一；平台要求商品统一入仓发货；平台忽然提高销售提成等。针对这些政策变化，商家可以做的是提升自己的实力，以增加谈判筹码，也会提高抗风险能力。

第三大风险：竞争风险。

同行业中竞争对手的动作，比如出新品、做促销、抢排名等，他们快速增长，会带来很大的风险。

这一项不用多讲，所有卖家最重视的就是这个。

除正常的竞争风险外，还要防范对手采用一些不光彩的竞争手段，例如：

找差评师给你的店铺差评；故意给你的某个商品刷单，让你受处罚等。此时要留好证据，准备向平台申诉。

上面三种是外部风险，下面四种是内部风险。

第四大风险：团队风险。

如果某个或者某些核心员工意外离职，造成公司业务无法正常开展，损失是难以估量的，有时候甚至会导致公司业绩一蹶不振。所以作为公司负责人，一定要经常考虑：如果某员工突然离职了，业务该如何处理？

还有，某员工对公司怀有敌意，恶意破坏公司数据、业务等。这虽然属于极端情况，但是一旦出现，往往会带来很坏的影响。

规避团队风险的方法是：

- 选员工的时候，要考察人品。人品甚至比业务能力更重要。

- 尽量多用自己信任的人，哪怕能力差一点也行。

- 多了解员工的状态。

- 老板要对员工好一点。这一点非常关键！

第五大风险：管理风险。

绝大部分电商公司都是从最开始一两个人发展起来的，往往开始还不错，但公司发展到一定阶段，虽然销售规模有增长，但利润下滑得厉害，而且有各种不顺。其中很有可能是公司的一些制度限制了公司的发展。

例如：分工不明确、奖惩不明确，导致团队没有竞争力，能力强的人会离职；财务制度不严谨，导致有员工拿回扣、虚报账目、偷卖公司商品等；行政制度不规范，导致大家上班迟到的多、上班期间玩游戏，工作效率不高……

这些问题都是由制度引起的，属于慢性毒药，我称之为管理风险。

规避管理风险的方法是：

- 老板加强自己的管理能力。注意自我学习和提升。

- 加强公司管理团队的建设，特别是公司中层的建设。

- 定期（如每个季度）进行公司内部评审，对管理制度进行调整。

第六大风险：财务风险。

有很多朋友向我咨询：公司做大了，账怎么搞啊？要是正规缴税的话，利润几乎没了；要是不正规缴税的话，以后查出问题就可能有牢狱之灾。

我的观点是：在财务上就算现在还不正规，也要有计划慢慢正规。该申请一般纳税人的要申请一般纳税人；该正常缴税的要正常缴税。当然，能合理避税的，还是要合理避税的。

如果真的因为缴税公司就没有利润了，那说明你的生意就不是合理的生意，想办法解决这些问题。

另外，公司内所有涉及钱的制度都要严谨，认真对待。例如采购制度、出差制度、报销制度等。哪怕是打车、餐费等小金额的报销，也都要严格审批。现在从事电商行业的人都很年轻，不要让员工有犯错误的机会。这也是保护员工的一种措施。出过事的人，都知道我这句话的分量。

第七大风险，也是最大的风险：没有销量。

没有销量，会导致一系列问题。公司业绩不好，其他风险控制得再好，公司也只能关门了。

20

心要仁慈刀要快

我参加工作 15 年了，参加过很多管理类培训，花的费用应该在 30 万元以上。我也看过不少管理方面的书，应该在 30 本以上。今天就把在我所有的学习经历中，我觉得最重要、最有效的管理理念介绍给你。

作为一个团队负责人，无论团队规模大小，都需要了解成员。对不同类型的成员，要采用不同的管理方式。那么如何评估团队成员，以及对不同类型的成员如何管理？下面进行介绍。

先定义两个维度：能力和价值观。

能力主要指完成指定任务的能力，不用多解释。价值观是指一个人的工作意愿或者工作态度，也包括对公司的认同、对项目的认同、对老板的认同等。

接下来要评估团队成员了。

（1）做个图，以价值观为横坐标，以能力为纵坐标。

（2）分成四个象限：能力强、价值观好，叫"明星"；能力弱、价值观好，叫"小白兔"；能力弱、价值观差，叫"狗"；能力强、价值观差，叫"野狗"。

（3）还有一些成员不太好归类，他们的能力还可以，价值观也还可以。这类人，我们叫"老黄牛"。

（4）按照上述定义，将团队成员放入这五个区间中。

按照你所了解的信息填写好姓名后，就完成了基本的评估。如果有成员不太好归类，则说明你对该成员还不太了解。没关系，有意识地观察一段时间，或者通过团队其他成员来了解具体情况。

下面我来解读这张图。

一个团队如果没有"明星"，说明你用人有些问题，要么待遇不好，要么项目不好，要么领导管理方式有问题，导致那些优秀的人不愿意来。一个团队如果大多数人是"明星"，也不正常，要么你评估有问题，要么你的项目有点太容易了，每个人都能做得很好，有些大材小用。

"明星"，他们的能力强、价值观好，这些人往往会给公司创造很大的价值，要好好保护。所谓的保护，就是要给足够好的待遇，还要多了解他们的状态，关心他们，满足他们的需求。例如，有人喜欢管人，那就让他带团队；有人喜欢做有挑战性的项目，那就经常派新任务；有人不喜欢一些琐碎的事，那就给他配帮手（或者助理）。总之，让"明星"觉得在这里工作待遇好，有发展空间，而且很爽。

"小白兔"，他们的价值观好，但能力差。对于这类人，应该给他们一些机会，帮助他们提升能力。例如：有机会给一些专项培训，或者到其他岗位试试，看看能否更好地发挥作用。

如果给了足够的机会，"小白兔"成了"老黄牛"，这对公司和个人都有利，是最好的结果。反之，如果很长时间"小白兔"的能力还上不来，"小白兔"就变成了"老白兔"，对待"老白兔"的方式，只有一种办法：辞退。

"狗"，他们的能力不行，平时还爱抱怨，总是找各种借口和理由。这种人应该怎么处理？很明显：辞退。

还有一种"狗"，他们的能力不行、价值观差，但他们会伪装成"小白兔"，平时表现出很爱公司、很愿意上进的样子，特别是在领导面前，这种人很会表现，让领导相信其价值观很好。但实际上并非如此。所以，管理者有时需要进行团队评价，听听团队成员的观点。

"老黄牛"，他们的能力还可以，价值观也不错。管理者要认识到：公司大部分人应该都属于"老黄牛"。对待"老黄牛"，应该鼓励、爱护、培养，他们是公司的主力军。做领导，一定要有心胸，要容忍"老黄牛"的缺点和不足，不要总挑毛病；否则，"老黄牛"很容易变成"狗"了。激励好了，"老黄牛"就会变成"明星"。对"明星"不用太操心，他们会做得很好。另外，对能力不行、价值观不好的成员，也不用花多少心思来管理，尽快辞退吧。合理管理"老黄牛"，让每个"老黄牛"发挥长处，弥补其短处，这就是管理者每天最重要的工作。

"野狗"，他们的能力很强，但是对公司不认同。他们做项目也做得不错，有时业绩还超出期望，但却总是在团队内传播负面情绪，说公司这不好、那不好的，或者经常触碰公司的"红线"……对这类人的管理，管理者往往觉得很棘手——业绩还得依赖"野狗"，但好像管不了他们。那么对"野狗"应该怎么处理？

有人说，好好引导，让他们的价值观变好。如果价值观很快就能变好，那说明他们不是"野狗"。我们可以去尝试提升一个人的能力，但是不要去试图改变一个人的价值观。对"野狗"的处理态度是：辞退！对于管理者来说，要掌握好辞退的时间点，千万不能拖太久；否则，对团队伤害太大。

好了，管理方式都讲完了。但说起来容易，执行起来可不容易。很多管理者从来没有主动辞退过员工。没有辞退过员工的管理者，算不上真正的管理者。

做电商的卖家，往往不习惯辞退人，原因有很多。例如：

● 这人是某亲戚介绍过来的，辞退了不好交代。

● 这人是自己的老同学或者朋友，当初是自己邀请他来的，碍于面子不好辞退。

- 这人跟了公司很多年，最开始做过不少事，现在能力跟不上，但辞退好像对不住人家。

- 这人虽然能力差、态度不好，但有时也能充数，这个岗位需要有个人，他走了也会带来一些不便。

……

所有的事情都有原因。一个管理者内心不敢或不想辞退员工，一定可以找到很多借口。但作为管理者要知道，如果不及时处理，那么对公司、对管理者、对员工都没有好处，是"三输"的策略。那该怎么办？心要仁慈刀要快！

作为管理者，应该对员工仁慈。内心的出发点是为员工好，哪怕是辞退员工，对员工也不一定是坏事。该员工在这里工作状态不好，每天都混着，对他来说就是浪费生命，如果换一个新的公司、换一个岗位，或许他能成为"明星"。如果辞退，公司可以多给些经济赔偿，给他推荐其他工作的机会，为他的职业生涯提一些建议等。这叫"心要仁慈"。

长期留下一个不合格的员工，对团队的伤害会很大。例如："老白兔"可能会花掉管理者的很多精力，但没有什么效果；"野狗"会让团队其他成员的价值观受到影响；"狗"太多，会让团队其他成员觉得不公平，大家积极性都不高。所以，一旦管理者决定让某个员工离开，速度一定要快。哪怕公司业务会受一些影响，也要尽快执行。这叫"刀要快"！

一个管理者，内心的出发点是要考虑员工，要对员工好，做到"心要仁慈"！同时还要考虑到公司利益、团队利益，要当机立断，做到"刀要快"！

"心要仁慈刀要快"对电商企业的管理如此，对其他行业的团队管理也是如此。而且，不只是对团队管理如此，对于我们做其他事情也有借鉴意义。

21

股权激励

在很多人眼里，互联网时代就是一个造梦的时代。很多平凡之辈，通过互联网，一夜之间声名鹊起，身家上亿元。例如阿里上市，造就了一大波千万富翁，让很多人羡慕不已。我也是其中的受益者之一。股权激励，成了互联网公司的一大特色。

这也难怪，20 世纪八九十年代，商品是核心竞争力，谁有足够多的商品，谁就能做成大事。后来，渠道成了核心竞争力，出现了很多连锁超市、电器专卖店、Shopping Mall 等。到最近十几年，人才真正成了核心竞争力。大部分互联网公司，最大的成本就是人员工资。一名优秀的员工，年薪达几十万元、上百万元，而且还有更有希望的股权激励。这也是为什么很多互联网公司一开始就用股权激励来吸引人才的原因。

但股权激励不是那么容易做的，有很多坑，一不小心就掉坑里了。

我认识一个小姑娘，三年前她拿男朋友的身份证开了店，没想到发展很快，一年销售额达一两千万元。后来跟男朋友关系破裂，两人要分手，男朋友说这个店是他的，要把店要回去。后来协调不了，小姑娘只好把店给他了，自己从头再来……

类似的例子还有拿兄弟姐妹的身份证开店的，后来为了利益兄弟反目成仇打官司。这种店铺没做起来还好，一旦做大了，就很容易产生纠纷。

还有人喜欢找好朋友或者同学一起开公司，一开始利益没有说明白，导致后来公司做不下去，朋友也做不下去了。

在人的本性中都有贪的一面，不要拿这些来考量人性。

关于股权设置和股权激励，我下面讲 13 个观点，供你参考。

（1）公司法人、合伙人证件等，要非常清楚，不要有任何将就。前面讲的用亲戚或男女朋友的身份证开店等，就属于这类情况。不要图方便省事而将就，对一个可能要发展几年甚至几十年的公司来说，一开始的一点麻烦，并不算什么。

（2）创业以某一个人为主导，不要有过多的联合创始人。条条大路通罗马，关键是快速决策、齐心协力、团结一致，互联网创业尤其需要如此。有过多的联合创始人，股权不集中，会导致观点太多，有时决策慢，还容易产生矛盾。

（3）纯资金投资的人不宜占太多的股份，团队占股应该在 50% 以上。让投资人（或机构）控股，对创业企业绝对是一个隐患。一方面，投资人容易指手画脚；另一方面，团队积极性不高。公司做得越好，团队积极性越会受到影响，大家都会觉得凭什么我们这么努力，最后利益大多给了那些不干活的人。

（4）不要轻易给兼职大牛股份。有的公司前期为了得到某个人的帮助，一开始承诺送股份，甚至 20%、30% 地送，最后这个人又没有加入公司，这样会导致出现很大的问题。在这方面一定要谨慎，完全可以在那些兼职大牛或者兼职创始人入职时再给股份。

（5）明确退出机制。这是很多人容易忽略的，也很容易造成纠纷。没有明确的退出机制，给投资人和合伙人都会造成困扰。如果员工有期权激励，那么他离职后，股份应该如何处理和兑现等问题，都应该在最开始实施时定义清楚。

（6）给公司管理团队和员工设置足够的股权池。真正让员工成为千万富翁的希望，不是来自高工资，而是来自股权激励。一般公司会留 10%~15% 作为管理团队和员工激励的股权池，每年都可以拿出一部分进行奖励发放。

（7）搞清楚股权激励的目的。股权激励的目的一般有三个：吸引人才、留住人才、激励人才。不同的目的有不同的处理方式，也会设置不同的股权兑现条件。比如阿里就是分四年兑现的，每年兑现 25%，这样会让员工为了得到这些除工资以外的额外股权，不得不在这个公司服务四年。但每年又会奖励发放新的股权，这样员工才不会轻易离开公司。

（8）股权激励，要买不要送。直接送的股权，员工很容易认为价值不大，自己花钱买的，会更有参与感，哪怕用很低的价格购买，而且还能测出这个员工对公司是否有信心，是否愿意长期留在公司。当然，当公司股权有明确的价值后，也可以送。比如阿里发放股权最开始使用的是期权的方式低价购买，后来用的是 RSU 的方式直接送。

（9）设置的激励措施对员工要有一定的吸引力。有的公司给员工发放的股权太少，长期的价值也不够员工一两个月的工资，这不但起不到激励的作用，还容易让员工对公司产生不信任感。

（10）设置离职成本。员工享有股权激励的收益，也要承担责任。例如离职后几年内不能跳槽到同行业公司，不能创业做和公司类似的事情等。关于普通员工离职后的股权处理，阿里的做法是可以继续保留，但蚂蚁金服的做法是必须按照当时的公司估值来计算股票价格进行回收。

（11）考虑到意外情况。在阿里，在某些情况下，员工的股权是要全部无条件收回的。例如：严重违反公司纪律、损坏公司利益和形象等。比如有个元老，通过自己的职务之便，拿供应商回扣上千万元，后来他的价值上亿元的股票全部被公司收回了……

（12）万般解说，抵不过一纸协议。一旦确定了股权激励，就应尽快落实到协议上，双方都签字。虽然这只是个形式，但会让员工觉得有保障。有不少股权纠纷，就是因为一直没有落实到最后的签字协议上。

（13）一定要为员工的利益着想。大多数员工对股权激励的制度是不懂的，但公司是为了激励员工，所以原则上一定要为员工的利益着想，让员工不用细看所有的协议，可以完全信赖公司。

关于股权设置和股权激励，在网络上有不少专业文章，你可以自行阅读，当你进行实际操作时，还应该咨询专业人士。

学习感悟

王立同学：七哥的军规不仅针对电商，对做人做事都非常有帮助！

活出个样来：学到知识，开阔视野，谢谢七哥！

22

走向线下

先讲一个故事。

20 世纪 80 年代，摄像机开始普及，大陆拍了一些武术套路的录像。武术表演非常精彩，棍棒刀剑，南拳北腿，让人眼花缭乱。录像流传到中国台湾地区，给当时台湾武馆学武术的人很大的打击，他们觉得自己不管如何练习都达不到录像里面的水平。有个人拿着录像问当时台湾的一个武学大师，大师看了，不置可否，问了一句：能打吗？

大师就是大师，一眼就看见本质：学武的本质是什么？并不是好不好看，而是能不能打。

想想电子商务，有类似的感觉。

最开始几年，都是一些不想找工作或找不到工作的人去搞电商，后来这些人越来越专业，有更多的年轻人加入，电商创造了一个又一个奇迹。这时，线下的那些"土老板"们无比焦虑和担心，他们觉得线上那些套路太复杂了，自己怎么也学不会。最近这几年，情况又不一样了，很多人开始清醒过来：电商的本质还是生意。

五年前，天猫上大部分类目 TOP10 的卖家，80%是淘品牌或线上成长起来的，只有 20%是线下品牌。

五年后的今天，差不多反过来了，在 TOP10 的卖家中，80% 是线下品牌，只有 20% 是线上成长起来的卖家。

未来五年，"电子商务"这个词会越来越弱化，"电子"会弱化，因为电子无处不在，无处不在就没有必要再说了；而"商务"会强化，因为商务才是本质。马云说，十年后没有电子商务，只有新零售。什么是新零售？我想其中的一大特点就是：线上线下融为一体。

这个趋势很多人都认同吧，但我不是来讲趋势的。

你看清了趋势，要提前布局；否则，你即使知道了趋势，除发个朋友圈外，也没什么作用。

未来居然没有"电子"这个词了，也就是说，没有线上线下的区分，或者说两者结合越来越紧密。如果你能提前深入了解线下，把线上线下相融合，岂不是就顺应了趋势，能享受到趋势带来的红利？

注意，我今天要讲的是走向线下，而不是借鉴线下、参考线下。

你认同了这个观点，接下来看看如何走向线下。下面是我提出的三大方向，供你参考。

（1）去线下强化自己的供应链。

以前通过一件代发网络分销的方式就能开店做生意，还能赚点小钱，以后这个会越来越难。商业做到一定程度，供应链会很重要。去线下了解那些工厂、工艺、材质、实际生产周期等，这是电商未来发展的必经之路。现在留给纯线上操作技巧的空间已经不多了，或许通过深入了解产品的生产流程，还能有创新的思考，设计出新的产品。

（2）用线下的场景来加强用户体验和品牌曝光。

被电商恐吓了这么多年，线下实体也慢慢挺过去了，春天要来了。据统计，2017 年上半年整个中国实体零售的销售比 2016 年同期增长了 4.1%。虽然一些电器专卖店、连锁超市生意下滑，但综合商业体、大的 Shopping Mall 增长迅速。举一个简单例子：我家附近有城西银泰、印象城、西溪银泰，还有即将开业的海港城。其中西溪银泰是刚开业的，离城西银泰相距不过 5 公里。如果不赚钱，银泰有必要这么近搞两家吗？

另外，线下的体验是线上不可比拟的，如果现在能在线下 Shopping Mall 开个店，哪怕是一个小柜台，用户都会觉得这个品牌有实力。所以到线下去开店，对建立品牌影响力是一个不错的选择。

（3）学习线下企业老板的能力。

线下老板有耐心。在线上习惯了快速增长，如果一年业绩增长 50%，很多人都觉得不满意，导致很多人急功近利。如果在线下开店，一年能增长 20%，就是很不错的业绩了。

线下老板懂套路。在线下做生意，各种关系都要处理好，如工商、税务、消防、公安、城管等，这些套路线下老板都摸得很清楚。线上很多商家很不擅长也不重视这个，但公司要做大、做得长久，这些问题迟早会遇到，早点做准备，向他们学习，不是坏事。

线下老板了解客户。在线上没法见面，客户的真实状况很多卖家是不了解的。但在线下不一样，每天都会面对活生生的人。老板自己在店里观察几天，就容易发现其中的问题：为什么客户只看不买；客户是被什么商品吸引进来的；客户关心的产品品质有哪些……

我的老家在农村，在大学毕业的那几年，我总觉得父母那一辈人见识少。我今年 40 岁了，最近几年越来越觉得父辈们有很多值得学习的地方。例如：他们面对困难时不屈的态度；他们面对自然时的敬畏；他们对亲人、邻居的豁达和热情；他们在聚会酒席上的义气和洒脱……

电商发展才十几年，但线下商业发展几千年了。线下的那些前辈们也走了几十年，我们有什么资格小看他们呢？

所以，做电商的朋友们，去吧！走向线下，融入线下，向线下企业老板们学习！

学习感悟

活出个样来：感谢七哥，感谢牛气学堂，线上线下结合，取长补短，发现自己的特长，做好自己能做的市场。

思考与落地

你对线上线下结合有哪些看法？

如何去线下强化自己的供应链？

23

打造企业文化

世界四大文明古国：古埃及，古印度、古巴比伦、中国。其中三个已经消失，只有中国还在。为什么会这样？

我觉得这和中华民族的文化有关。儒家文化、道家文化、佛教文化根深蒂固，无论遇到多大的灾难，中华民族总能渡过难关，重新崛起。

文化是一个看不见摸不着的东西，但文化的影响却极其深远。对于一个民族如此，对于一个企业也是如此。

华为的狼性文化，不只是内部管理严格，领导人也时刻充满危机感；阿里的"武侠文化"，六脉神剑的价值观、政委体系让很多企业效仿；腾讯的产品文化、百度的以结果为导向等，各有各的特点。但无一例外，所有做得大、做得好、走得长远的企业，都有自己独特的企业文化。

企业文化的重要性，我相信大家都认同，关键是如何形成自己的企业文化。

有一次和一个朋友聊到企业文化，他说："我们有啊，两年前就确定了——客户第一，精益求精，永争第一。员工手册上有，在办公室都贴了。只是我们员工做不到。"

很多商家跟这个朋友一样，有这个意识，但只是停留在表面。绝大多数时候，只是老板的一厢情愿，根本不是企业文化。

什么是企业文化？企业文化是一个组织特有的由价值观、信念、仪式、符号、处事方式等组成的文化形象。简单而言，就是企业在日常运行中所表现出的方方面面，包含了企业的使命、愿景、价值观等。这些你可以写在墙上，但更重要的是，公司所有人都认可。

其中最重要的是价值观，大家共同认同和遵守的做事原则。有了这些以后，员工的沟通交流方式、员工培养体系、职级体系和晋升通道，以及启动新项目的方式、庆祝胜利的方式、年会的方式等都不一样，慢慢会形成某种特定的工作氛围。这种既具体又抽象的氛围，就是一个企业的文化。

关于建设企业文化，在网络上有不少的文章，你可以去仔细查阅。这里我讲几个观点。

（1）文化是慢慢形成的，而不是制定出来的。企业的使命和愿景可以很快确定，但企业的价值观等需要慢慢摸索和抽象。千万不要拍脑袋来定，那样没有任何意义。等公司有了数十名员工，大家慢慢形成了自己的工作方式，老板和管理团队一起论述，抽象出来一些关键词，就可形成自己企业的价值观。

（2）别迷信大公司的文化。很多人向我请教如何建立类似于阿里的企业文化，很多公司学阿里学了好几年了，不过，没有哪个公司真的学成功了。大公司的文化也在不断地变化，想要模仿几乎不可能。但是你可以借鉴大公司的一些方式，例如花名制度、绩效考核等。

（3）企业文化跟创始人直接相关。企业文化并没有好坏之分，有的重技术，有的重客户，有的讲究"武侠"，有的讲究"佛系"，这些并不重要，重要的是适合自己的企业。马云爱武侠，阿里的武侠风很浓；马化腾是大产品经理，腾讯的产品研发能力很强；任正非是军人出身，华为的内部管理接近军事化……之所以跟创始人直接相关，就是因为在创始人的领导下，企业文化慢慢形成，自然就有了创始人的风格。

（4）借鉴大公司的体系。员工的级别如何定义、奖金如何发放及晋升制度等，这些在大公司都有完善的体系，小公司可以借鉴，建立自己的体系。这些体系的建立，会成为企业文化的一部分。建立体系后，每年可以做一些调整和升级，形成自己的风格。

（5）管理团队，亲力亲为。公司制定的任何措施，公司的所有人都要执行。企业制度不只是用来要求员工的，对管理者更是如此。公司的价值观同样如此。只有创始人和公司管理层都很重视，员工才会重视。很多公司老板抱怨企业文化推行不下去，大部分原因在于老板把这件事只是交给了 HR 部门处理，而公司管理层不重视。老板不重视，企业的任何制度都难坚持下来。

总体来讲，一个企业要想走得更远，一定要重视企业文化建设，打造自己特有的企业文化。

思考与落地

你所在公司的企业文化是什么？有什么特点？

问题即机会

依据达尔文的进化理论，讲两个故事。

故事一：在恐龙时代，恐龙是最强大的物种，但恐龙的弱点也很明显，因为恐龙是靠蛋孵化的，如果有动物把恐龙蛋给破坏了，恐龙也就没有后代了。出现了威胁，动物开始进化，把蛋放在身体内孵化，有危险，赶紧跑，这样后代的存活率就高很多。这就进化成了哺乳动物。

故事二：据说狗熊和熊猫是同一个祖先，每天为了找食物，不得不找蜂蜜、掏鸟蛋、下水抓鱼，甚至还会堵老鼠洞。熊猫来到四川，看到了大片大片的竹林，虽然味道一般，但从此不用为食物发愁了。于是它们每天就坐下来吃啊吃啊，一天到晚除了吃就是睡。慢慢这个种族就退化了，现在只能靠人类的保护得以生存；而狗熊一族现在活得很好，"熊大、熊二都成明星了"……

有问题、有危机，是一个物种得以延续的必要条件。对于企业也同样如此，这也是为什么国营企业后来纷纷改制为民营企业的原因。

回到电商上，大部分电商企业几乎每天都会遇到各种问题，这也是为什么电商企业很有活力的原因。商家每天都要担心很多事：销量不好担心销量，销量好了担心库存，库存够了担心物流，物流送到了担心退货，没有退货担心差评……就算这些都不担心，忽然平台规则发生变化，又让商家提心吊胆的。这也是做电商比较苦的原因。

经常会有做电商的朋友抱怨他们遇到各种问题，但是很多人处理问题时也只是头疼医头、脚疼医脚，这个问题一旦解决了，就又急匆匆去解决下一个问题。

在修行中有一句话：烦恼即菩提。它有两层意思，一是说烦恼和菩提本质上都一样，都是佛性的体现；二是说烦恼是修行的入口，一旦烦恼出现了，就是增长智慧的机会。

在电商领域同样存在一句话：问题即机会！一旦遇到了问题，就是企业成长的机会。如果什么问题都没有，你怎么会有动力提升自己呢？

如果经常出现差评，虽然产品销售会受影响，但能帮你发现问题，改进产品、服务、流程等。如果团队效率不高，则说明奖惩制度有问题、团队管理者能力不行。此时，如果能提升管理能力，优化激励机制，或许很快能让业绩翻番。

如果店铺受到处罚，则说明不够重视规则，需要提升观察的敏锐度。如果能吸取教训，建立相关的制度，也会增强企业的抗风险能力，以后的路会更顺一点。

有问题，就存在可提升的空间，就是改善自身的机会。而且，所有的问题都是门槛，既然你遇到了，别人也可能会遇到；你解决了，别人也得以解决。你能提前解决，就是在建立门槛。所以问题越多，说明这个行业门槛越高。同样，如果你的竞争对手正面临很大的挫折，你也不要得意，很可能对方找到了新的发展契机。记住一句话：问题即机会。

跟那些大品牌比，很多商家还很小。但对小公司来说，"小"正是自己的优势。利用"小"的时候，锻炼团队，完善制度，优化产品，逐步形成自己的优势和门槛。团队小、规模小，是效率最高的时候，是解决问题最快的时候，是最有活力的时候，也是适应能力最强的时候。如果你的公司还不太大，记得好好珍惜，不要急于扩张，在此期间打好基础。记住一句话：弱小即优势。

在之前的内容中，我还强调过一个观点：跳离舒适区。生于忧患，死于安乐。七年前我认识的那些日子过得很好的商家，现在一个个都不行了；而一些当时遭遇各种问题的商家，他们那时看上去很弱小，但现在却越来越强大。如果你觉得特别顺、内部和外部都没什么危险，那么你一定要小心。记住一句话：舒适即危险。

创业是一个艰难的过程，对创业者的要求很高：既要足够聪明，脑力要好；又要足够努力，体力要跟上；还要坚持梦想，心力要强大。脑力、体力、心力，缺一不可。

总结起来四句话：舒适即危险，弱小即优势，问题即机会，烦恼即菩提！

这四句话，对一个创业老板如此，对普通员工也是如此；对电商行业如此，对其他行业同样如此。

好好体会这几句话，应该能让你生活得更加从容。

思考与落地

你的店铺的受众有什么消费痛点？

你如何通过产品与服务，解决这类痛点？

如何把你的店铺做到小而美，或大而强？

五条忠告

前面讲了不少内容，下面再提五条忠告。

（1）产品和客户，得其一者，可得天下。

没有互联网时，社会基本处于商品匮乏时代，有好的商品，绝对可以开创大市场。有了互联网，产品要做到足够极致，也能一统天下。我说的足够极致是独一无二的，别人模仿的门槛非常高！有人说，"我懂但是做不到啊！"这是努力的方向。我的一个高中同学，专注做汽车 LED 灯做了 11 年，现在成了这个行业全球最厉害的品牌，完全是靠产品说话的。

在互联网时代，如果你的产品能力一般，但你能维护好客户，维护到极致，也可得天下。维护客户，就是建立自己的渠道，自己有了稳定的渠道，就不用与其他人竞争了。

产品和客户，是现在商业最重要的两个因素，很少有企业把二者都能做到极致的。二者得其一者，能得天下。

（2）智能化，相信机器的力量。

做电商的人大多对自己的经验更有信心。但有个结论你应该认同：AI 时代一定会来临。

既然知道了趋势，那你可以做什么？

提前让自己的公司智能化！

不要觉得智能化离你很远。你以前做决定是凭自己的直觉判断的，以后你多看看数据，这也是智能化；你的新产品研发、客户维护依据大数据分析，也是智能化；公司里开始使用扫地机器人、智能音乐机器人等，也是智能化……也有应用得更彻底的，我有一个做电商的朋友，其公司发货已经开始使用机器人了。

（3）重视新鲜事物。

最近几年，出现了一拨又一拨的风口：微博、微信、公众号、直播、内容电商、知识付费等。每一拨风口，都造就了一批受益者。我就是公众号的最直接受益者。

在 2003 年至 2008 年这六年间，电商就是新鲜事物，我们这些做电商的人也是新鲜事物的受益者！

我前面讲过，老板要亲力亲为，对于这些新鲜事物，老板自己一定要亲自体验。如果弄清了一点门道，则可以找一两个年轻的员工一起试试。一旦抓住了一个风口，很快就会让企业提升一个台阶。

无论老板年纪有多大，都应该保持足够的好奇心，也要有足够的自信心。

（4）看十年，做一年。

看十年，做一年。这句话是阿里参谋部曾鸣教授的语录。我觉得这是最好的战略解读，所有做企业的人都应该重视。

把眼光放得更加长远些，看十年，不只是看淘宝、京东、天猫等，还要看整个社会的发展、科技的发展。当你这么看的时候，判断某些趋势会更准确一些。有判断，就要计划，然后行动，朝着目标做一年，然后再看十年！整个战略就会自我修正。

做战略规划，往往是电商人比较欠缺的，值得重视！

（5）不忘初心。

不忘初心，在社会上才能走正。

我们做电商是为了什么？

想赚点钱吧，想做一番事业吧，想让自己和家人生活得幸福一点吧。

很多人一开始真是这么想的，等到了后来，慢慢忘了自己为什么要做电商，每天都痴迷于如何争排名、如何抢流量、如何提升销售额了。

电商只是我们的工具，不是我们的目的。我们的目的是想让生活过得好一点。但是有人越做越大，但生活越来越糟。

"不忘初心"，这四个字很重要，但其实没啥好说的，该明白的人早就明白了，不想明白的人，你把心掏出来，他也不明白。

思考与落地

还记得你的初心吗？

第 2 篇

运营技巧

标题优化   主图优化

详情页策划   直通车推广

直播和内容营销   淘宝达人

关联和促销   谈刷单

生意参谋的使用说明书

标题优化

很多淘宝运营者都会陷入一个误区，就是把标题优化当成了一项技术。一般他们的思路是，从数据里找出那些搜索量大的词，然后添加到标题中。这样就会有更多的顾客能看到他们的产品了。

之前，我给店铺产品鼠标垫做标题优化，我从生意参谋的行业热词榜里选出了一个搜索人气达上万人次的词"创意鼠标垫"，然后我就把"创意"这个词加到标题中，删掉了原标题中的搜索人气只有几百人次的词：胶垫。

做完这样的优化之后，我对照着行业热词榜，看着改过之后的标题，感觉很满意。

但是，改完标题之后，鼠标垫的销量在第一周环比少了三十几张，我赶紧通过生意参谋的流量纵横工具，分析这个宝贝这一周与上一周的引流关键词和成交关键词。

我发现"创意"这个词虽然流量还不错，但是几乎不带来成交；而之前"胶垫"这个词虽然流量不是很大，但是转化特别好，每周都能带来三十几张的成交。而这，就是销量下滑的原因。

如果做标题优化时不做数据反馈，那么我们只会注意到"创意"这个词的搜索人气远超过"胶垫"，但是当看到关键词词根的成交数据之后，我们会发现，在成交上"创意"是不如"胶垫"的。

得到了这个反馈，我们再反思问题出在哪里。我们会发现，消费者在搜索"创意鼠标垫"的时候，他需要的是特别的鼠标垫，而我们的鼠标垫只是普通款式的，因此并没有多少成交。

而"胶垫"的情况正好相反，虽然搜索量不是很大，但是和产品精准匹配，再加上竞争者也比较少，所以可以带来稳定的成交量。

讲到这里，你在做运营的时候，如果想尽量不犯错误，有一个方法论你一定得知道，那就是"711 哲学"中的：猜想—执行—验证。

我做运营时的思考步骤是：首先建立多维度的思考，猜想怎么做才能改善运营，然后执行自己的猜想，最后一定要能够找到数据和方法来验证自己的猜想是不是正确的。

如果不执行最后一步验证，那么很多运营者会陷入主观判断的误区。《刻意练习》这本书里提到一个一万小时的理论——天才和凡人的区别，就是在某件事情上投入超过一万小时，但是这一万小时的必要条件是：反馈和提高，如果没有反馈和提高，再多的时间投入也是浪费的。

所以，在做运营时，我们都要找到一个能够准确反馈自己的行为是否有效的数据，这样才能不断地纠正和提高自己，成为运营高手。

那么在做标题优化的时候，怎么才能找到标题优化是否有效的数据，如成交数据、引流数据、转化数据呢？

以上数据在现有的工具中是找不到的，但是我们根据生意参谋做了一个"贾真标题优化小工具"——就是按照上面的思路，制作一个 Excel 表格，添加相应的公式，就可以做出一个标题优化小工具（见下图）。

热搜词根分析表		
词根	搜索人气	点击人气
WIFI	372261	259252
放大	250619	177834
增强	208598	147431
无线	185915	130273
信号	188204	129397
中继	85563	63593
扩展	71018	51493
路由	59371	41660
接收	44036	27775
无线网	33095	23172
加强	33090	22417
扩大	31751	22102
赠	31449	18633
手机	30175	18195
家用	27715	16420
网络	22381	15422
穿墙	21593	13451
360	14062	10859
偷	12269	7642
腾达	9296	6897
wife	5198	3097
waifai	3672	1848

成交词根分析表			
词根	总访客	销量	词根转化率
WIFI	15517	2099	13.53%
增强	9105	1350	14.83%
放大	6345	997	15.71%
信号	5834	883	15.14%
无线	7424	813	10.95%
路由	6968	368	5.28%
扩展	1691	312	18.45%
加强	1987	305	15.35%
中继	2292	294	12.83%
扩大	1431	220	15.37%
穿墙	1903	153	8.04%
无线网	894	132	14.77%
家用	1423	70	4.92%
接收	389	49	12.60%
网络	158	24	15.19%

大家只需要在优化标题时抓取这几个数据，复制到表格里面，然后在进行标题优化操作时就很简单了，核心思路只有四个字：末位淘汰。

不管这个词根有多大的搜索量，如果不能带来成交，那么至少是现在，它并不适合你。接下来，如果你优化的是一个热销宝贝，或者这个宝贝的销量有大幅度增长，那么每周要重新抓取数据，再次调整词根。

如果按照这种方法，通过数据反馈来进行标题优化，那么你会发现那些抓大词的标题优化思路，往往只适合大爆款，而真正对标题有效的，往往是那些能够最准确描述产品性能、特性、材质、人群的词。

这样做下来，当你能持续针对这个产品做几周的动态优化后，就会发现标题优化绝对不是一项运营技术，而是对产品和消费者的深度理解，那些所谓的"大神"教你的千篇一律的标题优化方法，不值一提。

好了，关于标题优化的内容就讲完了，相信大家已经明确知道了标题优化方法。现在你反思一下，你在做标题优化时是否还和普通运营者一样盲目呢？

福利：标题优化工具

一般新宝贝的标题优化不需要想太多，你想太多也没用，因为基础权重不会太高。

有的人说，新宝贝尽量用长尾词，不要放大词。但事实是，绝大多数长尾词里必然包含大词，不可能不放大词。

新宝贝标题优化分两种情况。

（1）对于搜索词本身就不多的行业，比如一个标题基本把所有词都能覆盖的类目，其他词的 7 天搜索人气都在 100 人次以下，那么不用想太多，把词都添加到标题里就好。

（2）对于搜索词很多的行业，比如连衣裙，第 500 个词还有上万人次的搜索人气，那么建议新品标题尽量选择和宝贝属性、材质、特点相关的词，因为这些词往往转化高。

这里我们重点说热销款宝贝的标题优化思路，说得简单、形象点，就是按照波士顿矩阵在标题优化中的应用来思考的（见下图）。

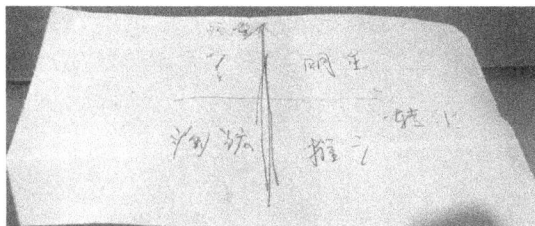

- 高流量、高转化的词根，是明星词，要继续努力加强。

- 低流量、高转化的词根，是精准词，要推广获取更多的流量。

- 低流量、低转化的词根，是垃圾词，毫无疑问，删掉。

- 高流量、低转化的词根，是问题词，如果行业转化率也低，则可以保留；如果就是它自己转化率低，则删掉。

在这个关于标题优化的波士顿矩阵里，接下来进行运营操作需要的反馈数据是每个词根的流量和转化率。

所以，这时候就要用到上面提到的"贾真标题优化小工具"，需要用到的数据源头是生意参谋流量纵横（或者生 e 经）。

（1）单击"流量分析"下的"商品来源"，找到你要分析的宝贝，单击手淘搜索后面的详情就得到了数据，把它下载下来（见下图）。

（2）对下载下来的表格进行整理，删掉多余的数据，只保留访客数、收藏人数、加购人数、下单买家数（见下图）。注意：如果点击数字出现一个感叹号，则需要全选数字，选择"转换为数字"，然后复制到"贾真标题优化小工具"中，替换掉里面的第三个模块"流量纵横搜索"中的数据。如果做直通车推广，那么可以把直通车数据也复制到里面的第五个表格"流量纵横-直通车"中。

（3）在标题词根分析表中，输入一个标题里的词根，按回车键，它就自动生成这个词根最近 7 天或者 30 天的总访客、收藏、加购、成交数、词根转化率和直通车成交数据，然后就可以按照我们之前说的标题优化波士顿矩阵思路调整标题了（见下图）。

标题词根分析表

词根	总访客	收藏	加购	成交数	加购比	词根转化率	直通车成交
联想	529	9	46	55	8.70%	10.40%	59
dell	13	1	0	2	0.00%	15.38%	0
华硕	541	16	44	40	8.13%	7.39%	92
笔记本	1455	49	116	121	7.97%	8.32%	260
电脑	961	37	83	93	8.64%	9.68%	322
键盘	3761	142	279	279	7.42%	7.42%	832
保护膜	758	32	59	65	7.78%	8.58%	227
戴尔	217	4	9	15	4.15%	6.91%	0
扩大	0	0	0	0	#DIV/0!	#DIV/0!	0
wifi	0	0	0	0	#DIV/0!	#DIV/0!	0
腾达	0	0	0	0	#DIV/0!	#DIV/0!	0
无线网	0	0	0	0	#DIV/0!	#DIV/0!	0
家用	0	0	0	0	#DIV/0!	#DIV/0!	0
路由	0	0	0	0	#DIV/0!	#DIV/0!	0

在这里也可以进行直通车数据的统计，与词根互补。比如，如果一个词在搜索中表现很好，但是在直通车中没有成交，则很可能是因为直通车没加这个词，这时候就需要把这个与词根相关的精准词添加到直通车里。

这里需要解释的是，假如你发现标题里的某个词，比如"dell"没有成交数据，你可能会认为，虽然这个词没有成交数据，但是它和其他词组合出来的词，比如"dell 键盘膜"会带来成交。但实际上，如果这个词没有成交数据，则意味着不光是这个词，而是所有和这个词组合出来的词都没有成交数据，所以你可放心地把它删除。

（4）除去掉没有成交数据的词根外，还要去掉标题里没必要的重复词根，我们称之为"同义词"。比如"裤子女"，你搜索时发现，标题里没有"子"这个字，也能被搜索到，而且排名很靠前。这说明两个问题：①"裤子"和"裤"是同义词，没有"子"字也能被搜索到。②排名很靠前，说明有没有"子"字不影响排名。

同样的道理，在标题里写"键盘膜""保护膜"，如果搜索"键盘膜"时发现，在搜索结果中"键盘膜"三个字不连在一起，也能被搜索到，那么就没必要写两个"膜"字了，可以写成"键盘保护膜"。

到这个步骤，我们已经删掉了标题里很多没用的词，空出了位置，那么接下来要添加什么词来补充这个位置呢？我们要通过"行业热词榜"的数据来选择（见下图）。

　　用同样的方法，我们下载这个产品最细分类目的 7 天行业热词榜数据，这里先请读者按封面前勒口提示，关注"牛气学堂"后，获取工具表格。然后按照表格 2 格式整理数据，并复制到"贾真标题优化小工具"的第二个表格中。接下来一个个输入搜索量比较大的词根，就能得到行业搜索词的数据了。这样做的好处是：我们肉眼看，可能发现"酷奇"这个词的搜索量很大，但是如果用它组合的搜索词比较少，那么这个词的价值可能并不大；而表格做好了，按照"点击人气"降序排列，就可以统计出所有包含这个词的点击人气数据了，一眼就可以看出哪个词更具市场价值（见下图）。

如果你长期看成交数据，则会得出如下类似的结论。

- 关键词的相关性越强，对成交的帮助越大。

- 相关性差不多，选择点击人气高的词。

2

主图优化

很多掌柜都知道主图点击率的重要性，但是到底有多重要，只靠自己的感受，没有具象化。

现在我用自己店铺的一个宝贝，来量化点击率对爆款宝贝的影响。

下图是我在生意参谋流量纵横里截取的，我自己店铺的宝贝最近一个月的成交分析数据——手淘搜索一个渠道的访客接近17万，搜索销量超过2万。

流量来源	访客数 ▼	下单买家数	下单转化率	操作
手淘搜索	167,549	20,747	12.38%	详情 趋势
直通车	95,290	8,302	8.71%	详情 趋势
手淘淘抢购	84,599	3,481	4.11%	趋势
淘内免费其他	57,287	19,747	34.47%	详情 趋势
手淘问大家	42,035	6,237	14.84%	趋势
我的淘宝	36,277	12,876	35.49%	趋势
购物车	34,864	20,343	58.35%	趋势
手淘旺信	24,806	7,545	30.42%	趋势
聚划算	14,865	986	6.63%	详情 趋势

案例：假如爆款的主图点击率是 5%，如果能通过优化让主图点击率提升 0.5%，那么搜索流量就能提升 10%，一个月可以多带来 1.7 万个搜索访客，在转化率不变的情况下，一个月可以提高 2000 次成交，平均每天可以增加 566 个访客，提高 66 个销量。这事比你想方设法去刷单简单多了。

所以，越是爆款的产品，越要经常换主图。原因是：对于销量一般的产品和新品宝贝，因为展现量少，主图点击率影响的销量就少，这时候刷两单可能会有用；但是对于爆款产品，销售基数大，刷单就像杯水车薪。而要想推动爆款产品的销量再次提高，首选动作就是不顾一切地提升主图点击率。

因此，我们得出一个结论：初期商品的流量提升，主要靠运营；后期商品的流量提升，主要靠美工。

可能很多掌柜看到这里会暗自神伤，觉得自己公司的美工不行，接下来真得多花点钱去找个更好的美工了。实际上，美工的能力并不在于其专业知识，而是在于其数据能力。从这个角度来看，绝大多数美工都没有数据能力，他们在同一个起点，都是可以培养的。

这里又得提到电商运营的方法论，刻意练习：如果一个美工不停地做图，做完了拿给老板来决定好不好，那么这个美工的未来堪忧，因为按照这个"刻意练习"的方向，他会变成符合老板审美的"马屁精"美工。

但如果一个美工每做出来一个主图，都能通过数据得到点击反馈，清楚地知道用户是否喜欢这张图片，那么他就会慢慢成长为一个符合用户审美的"运营型"美工。

因此，我们又得出一个结论：一个不会看直通车创意图数据的美工，不是个好运营者。

说到这里，纠正一个误区，很多掌柜怀疑随意调整主图会被降权，其实并不是换主图会被降权，而是因为你换的主图唯一能保证的是符合自己的审美，你怎么证明你的审美就是大众审美？

所以，多数电商公司不需要大师级的艺术美工，而是需要数据型的实战美工。

到目前为止，生意参谋都没有更新无线端的点击率数据，所以测图只能通过直通车。为了保证测图结果准确，美工在做图时要特别重视如下两点。

- 尽量保证直通车的主要展现关键词，和标题里的主要搜索展现关键词一致。比如，如果直通车的主要展现关键词是"韩版连衣裙"，而标题里的主要搜索展现关键词是"真丝连衣裙"，那么测图的结果偏差就会很大。

- 测多久？这是很多掌柜经常会问我的问题。测图的本质，就是收集客户点击反馈，如果做问卷调查，那么你觉得问多久比较重要，还是问多少人比较重要？所以,测图数据的起用量要有一个最少点击量标准，比如 500 个。

今天讲的是主图优化，但是直到现在，我都没有说主图应该怎么设计、怎么配色，有两个原因：一是我从来没学过设计方面的专业知识，确实不懂；二是电商美工其实需要的是数据反馈能力，更像运营者这个角色，所以授之以"渔"更重要。

如果非要从运营的角度来讲，下面我给出两点关于主图设计的建议。

（1）产品最大化。

要想优化主图点击率，首先要做的一件事是换位思考。点击行为是在搜索结果页面中发生的，当用户看到你的主图时，还会看到对手的产品，用户给每个主图的时间不会超过 1 秒，如果你的主图内容需要用户思考一下才能弄明白的话，那么你八成就输了。

比如用户搜索手机壳，影响他选择的很可能不是卖点文字，而是产品的款式，所以产品在主图中占的面积越大，在搜索结果页面中越容易被点击。

友情提醒：在正方形图片里，对角线最长，所以高点击率的主图产品很多呈45°倾斜。

（2）别让用户思考。

无线端发展到现在，用户用碎片化时间在购物，希望花更少的时间买到想要的宝贝，所以想要高点击率，就别让用户思考，通过主搜索词还原用户场景。例如，如果宝贝的主搜索词是"冰箱收纳盒"，那么在主图里多半要有冰箱的元素，还原用户搜索这个词前的构想，才能得到高点击率。

思考与落地

你的店铺是否形成一套视觉标准体系？

想想如何与美工沟通更高效？

3

详情页策划

可能很多人把详情页看得过于重要了。

案例：某个品牌，找第三方公司做了一个很高端、大气、上档次的详情页，花费 5 万元。做好之后，拿给品牌方负责人看，负责人觉得做得确实不错，然后很开心地付了钱。

我们一直说，做淘宝运营一定要有策划—执行—反馈的过程，那么怎么判断这 5 万元花得值不值呢？是老板觉得爽，就值了吗？如果只是为了让老板爽，那么我觉得 5 万元太贵了。

在数据层面，一个好的详情页应该用什么数据进行反馈呢？可能从广义上说，停留时间、收藏和加购都能反馈详情页的质量，但是如果现实点看，详情页反馈最有效的只有转化率；精准点说，应该是静默下单转化率，可惜生意参谋没有单独统计这个数据。

我们曾经尝试通过优化详情页来提高宝贝的转化率，自己设想得很好，考虑了消费者的心理、产品的卖点、竞争的差异化，但是改完之后，发现转化率这个数据几乎"波澜不惊"。

接下来我们反过来思考，为什么整个详情页都改了，转化率波动却不大？然后我们慢慢发现，淘宝从 PC 端到无线端带来的比较大的改变之一是详情页不直接展示了，需要消费者自己查看。

有经验的淘宝用户，在购买东西的时候，可能会点击销量排序，筛选价格，所以我们就会潜意识地认为大部分顾客会这样，但是实际上，销量排序的点击占比最多也就 10%左右。

我们大胆猜想，卖家调整详情页，对转化率影响不大的原因，很可能是因为用户在无线端获取了产品信息，通过 5 张主图、评价，询问直接展示在宝贝模块中的一些内容。

想想你作为一个消费者，在淘宝店铺买东西，仔细地看过产品的详情页吗？

因此，我们得出结论：目前 5 张主图和评价，承担了之前 PC 详情页的任务。只有用户在这些模块里找不到自己想要的信息，又非常喜欢你的产品时，才会打开详情页查看。也就是说，详情页策划，实际上要做的是 5 张主图的展示策划。

如果每次上新的时候，老板或者运营总监都是直接丢一个产品给美工，让他做一个详情页，那么我认为，这是老板或者运营总监很大的失职。

因为在这种情况下，美工要想很好地呈现这个产品，需要先了解产品和设计，再了解行业和竞品，还要了解消费者，并且具备很好的逻辑性，琢磨怎么基于消费者心理做产品呈现。如果你的美工这么牛，那么他完全可以自己做个淘宝店，没理由给你打工。

在《一个广告人的自白》里，奥美广告公司有一条军规：绝不允许男人去写女性用品的广告。不了解产品，就无法写出好的广告。

同样，在产品上新的时候，电商公司的美工应该只思考一个问题：怎么把产品的特点通过图片呈现出来？至于呈现产品的什么特点，以及呈现逻辑是怎样的，则应该由公司中最了解产品的人来写文案。

所以，我们公司每次产品上新的时候，都要求店长针对产品写一个产品说明书（见下图）。

主图					
产品说明书					

主图					
逻辑	卖点场景化、产品最大	白底图、即插即用	痛点图、细节图	实拍图、省电	强调：安装简单
详情	第一屏	第二屏	第三屏	第四屏	第五屏
逻辑	海报图、销量遥遥领先	常见问题解释	为什么要买	官方介绍	官方介绍

当然，不同的类目，产品不同，产品说明书的格式也不同，要灵活变通。但是，基本上是从用户在实体店买产品的常见动作来思考的。

比如，用户买衣服时的常见动作是，首先看款式（全貌），然后摸布料看手感如何（细节图），接下来看走线做工（领口、袖口），最后试穿看合适不合适（尺码）。所以，主图的展示逻辑可以是：第一张，主图，产品居中，获得高点击率；第二张，白底图，天猫要求的；第三张，细节图，突出品质；第四张，领口、袖口图，彰显做工；最后一张，模特展示或者给出尺码。

很多掌柜在做淘宝运营时可能会陷入两个误区：一是一点也不重视数据；二是特别重视数据。前者的劣势是，容易主观臆断；后者的劣势是，效率低下。当你抓取 60% 的数据能达到 80% 的效果时，就没有必要花更多的时间，为了 20% 的效果，去抓取那 40% 的数据了。

谷歌的文化是，小步快跑，快速试错，所以其互联网效率第一。当你的产品快速高效地上架后，如果发现某个产品的数据很好，那么接下来再有针对性地做两次优化，你的投入回报才能更对得起你用的时间。

4

直通车推广

谷歌的创始人拉里·佩奇说谷歌的广告改进，源于 CEO 的一次发飙。

有一次他搜索一个日本摩托车品牌型号"川崎 h1b"，但是出现的广告是一些美国移民广告，和他搜索的内容完全不相关。然后，他就把一些搜索和广告不匹配的结果打印出来，贴到大家都能看到的台球室墙壁上，并写上几个大字："这些广告糟透了"。

接下来，谷歌搜索算法小组（并不负责广告业务），利用业余时间调整广告算法，明确广告的排序核心，不是看商家愿意出多少钱，而是以广告信息对用户的价值为标准，这就成就了谷歌广告后面几十亿元业务的衍生。

目前，直通车的算法核心学习的就是谷歌的广告算法，通俗点说，就是如果产品和用户搜索的词匹配度高，你就可以少花钱；如果匹配度低，那么花再多的钱也难排到前面。对于这样的匹配结果，直通车用了一个新的词语来表示，就是"质量得分"。

因此，对直通车衍生出两种玩法。

一种是欺骗直通车。虽然通过直通车算法判断你的宝贝相关度不高，但是你可以用假的用户反馈，让它认为你的宝贝和用户搜索的词匹配度高。比如在类目匹配的情况下，人为刷点击和数据，让直通车误认为高相关，这样质量得分会提高，会降低出价。

这种方法刚开始时肯定有效，但是该方法被更多的卖家使用后，淘宝就会针对这种所谓的"黑车技术"典型行为找到共性，建立数据模型，制定反恶意点击过滤算法，让这些作弊方法失效。

所以，这些所谓的"黑车技术"都很难长久，还容易被处罚。

另一种是顺势而为，深挖产品的购买用户。同一个产品可能有不同的人群需求，比如需要深海鱼油的人有老人、小孩、女人等。人群不同，需求可能也不同，找到最匹配的人群，通过搜索引流词和成交词的反馈，找到对产品最有效的引流成交词，然后通过主图、标题和卖点优化集中火力攻破这类人群，促成高点击和高转化。比如深海鱼油，我们只展示给女人看，主打女性美容保养功效。

所以，对于这种打法，需要在操作直通车的时候遵循"三高"原理。

（1）高精准词。往往围绕着主成交词来扩展，比如深海鱼油的"软化血管"是主成交词，我们找到这个功能的主体人群是老人，然后在行业热词榜里找到所有与老人和软化血管相关的词进行直通车投放。测试词和产品是否高精准，一般看点击率数据反馈。

（2）高匹配人群。在直通车里设置主要属性中最匹配的人群溢价，比如设置年龄在 50 岁以上 100%溢价，方法也是先猜测，后看点击率数据反馈。

（3）高出价。一般做了前面两步之后，ROI 基本不会太差，如果 ROI 表现不好，就说明前面两步有问题；当你做好前面两步，ROI 也提上来之后，最大的问题是人群切得越细，流量越少，所以要高出价拿更多的流量。如果 ROI 表现很好，这时候甚至可以通过抢首条的工具来保证流量规模。

当然，开直通车，不同的掌柜可能有不同的目的。我就很少开直通车去打爆款，主要是因为我草根出身，经不起这种惊心动魄的"战略性亏损"，个人觉得新品提升销量，要流量，微信老会员更省钱、好用。

我开直通车的主要目的是为了辅助日常的销量提升，所以在辅助日常销售时就要长期持续投放。在直通车不亏钱或者少亏钱的情况下，投放得越多越好，那么每个掌柜就必须会计算自己的直通车的盈亏平衡点 ROI。

例如，如果产品毛利率是 50%，那么在 ROI 为 1:2 的情况下，投入得越多越合算；如果毛利率是 25%，那么单单从直通车来看，ROI 要达到 1:4 才不亏钱。

ROI 过高和过低都不是好事。过低，亏钱，这个大家都懂；过高，则意味着流量和销量没有得到最大的释放。如果提高出价释放流量，销量会更大，有利于提高宝贝的搜索权重，从搜索中带来更多的流量。

所以，可以打开直通车的关键词列表，按照花费排序，高于 1:3 的词，提高出价；低于 1:3 的词，调低出价，来做辅助销售的直通车的日常维护（见下图）。

在开直通车这项技术上，我比较认同史玉柱的"爆米花机理论"。史玉柱在做脑白金的时候，做了大量的广告，他采用两种策略：

（1）当爆米花机工作不好的时候，即使投入的玉米粒再少，也是浪费的；当爆米花机能炸出米花的时候，有多少玉米粒都赶紧投进去。所以，直通车广告里的"爆米花机"是：找到能产出的产品精准词、精准人群和有效策略。

（2）脑白金其实没投放多少广告，但是观众觉得很多。原因是脑白金会在恰当的时候，如在节日前时间段大量集中地投放广告，所以找到好的策略后，要在短时间内尽量多地投放广告以建立优势，尤其是类似于女装这种销售期只有三个月的产品，等别人跟进后，再慢慢调整出价做辅助销售投放。

最后，其实单纯从玩法上说，直通车可能会有非常多的玩法。比如很多运营者在做爆款前期会用直通车做"战略性亏损"冲爆款，但可惜，大部分运营者只做了"亏损"，而没有在亏损前做"战略"。所以，我们能看到的是那些活出来的经典案例，没看到的是那些倒下去的成千上万的企业老板。对于这种策略，我想说两个字：慎用。

思考与落地

你是否明确开直通车的目的？

写下你开直通车之后的运营计划，来判断你是否有直通车战略。

5

钻展推广策略

经常有人问我，要不要做钻展？

这其实并没有标准的答案，原因是不同的产品，效果不同。

首先，我们要弄明白钻展的原理：主要基于用户的前期行为，猜测其下一步会买什么。淘宝网的第一大类目是服装，所以淘宝网的很多算法和设置的出发点都是服装。比如，如果一个顾客经常看大码女装的产品和店铺，但是看后没买，那么接下来钻展给其展示的服装更多的是大码女装。

基于钻展的原理，这里面有一种情况是钻展的死穴。例如，如果一个顾客急需一个路由器，这时候他一定会搜索、浏览、比较、购买，当天下单。

对于这样的情况，钻展带来的结果是，持续为该顾客推送路由器的广告图。但是该顾客已经买过了，不需要买两个路由器，那么这样的顾客的购买潜力可能还不如随机的新顾客。

所以，我们得到的结论是：

- 对于急需、低价、低频购买的商品，一般不适合钻展投放，建议投放直通车。

- 对于非急需、高价、高频购买的商品，特别适合钻展投放。

为什么要把"高价"这个元素提出来呢？就拿沙发来说，虽然沙发也属于低频购买的产品，买过之后很长时间不会再买，但是因为大件单价高，所以顾客不会那么容易当天就决定购买。顾客要在淘宝网搜索、浏览、比较，那么钻展根据其行为向他展示你的产品，这样顾客购买的可能性也会很大。

至于钻展的操作技巧，其实类似于搜索和直通车，并且现在越来越智能，未来会更加"傻瓜式"，只要明白其核心原理，配合产品来做其实并不难。

总的来说，钻展投放的主要思路如下。

（1）单品维度。

"单品维度"这个思路非常类似于直通车，如果你有强力的单品，就可以选择这种推广方式。它和直通车的区别是，直通车主要做搜索关键词的新客户；而单品钻展投放主要做自己的产品和竞品的老客户。

在这里多说一句：如果顾客通过钻展看了你的产品，没买，也没有后续的搜索行为，那么即使拉低了转化，钻展流量的引入对你也没有坏处；但是，如果顾客看了你的产品没买，最后通过搜索买了别人的产品，那么你的钻展投放反而"给别人做了嫁衣"，自己产品的搜索减分，竞品的搜索加分。

所以我们看到，有的宝贝做了钻展搜索流量会掉下来，建议尽量钻展定向，分析单品是否有优势。

（2）店铺维度。

对店铺整体推广的要求比单品推广高很多，首先需要店铺本身有明确的"价值观"，只针对一类人群提供一种解决方案。

就拿我自己的店铺来说，就做得很不好。比如：鼠标垫、路由器、WiFi增强器、手机壳在店铺中都有销售，如果做店铺整体投放，那么会以店铺的主要产品、主要购买人群来投放，这时候顾客点击首页或者其他落地页，发现自己就需要 WiFi 增强器，这时候钻展的用途就不大了。

但是假设是另外一种情形，比如店铺只经营女孩子喜欢的数码配件，如粉色的手机壳、卡通的鼠标垫等，买粉色手机壳的顾客通过钻展进到店铺里面，发现店铺中的所有东西自己都喜欢，那么以后买配件时就不用再去搜索东翻西找了，这时候做钻展的店铺推广才有意义。

也就是说，钻展推广的前提是要规划好店铺整体产品，只针对一类人群提供一种解决方案，如果你的现状不是这样的，那么就不适合做钻展的店铺推广了。

当然，这里并不是强迫大家一定要把自己的店铺做得适合钻展，只针对一类人群。例如，你销售的是电冰箱或者讲课用的翻页笔之类的这种非常标准化的产品，如果只针对一类人群的话，比如女性，那么带来的结果是客户群非常窄，店铺做不了几个产品。

总的来说，做店铺的思路是"大类目做小，小类目做大"。像女装这样的大类目，即使切分到"155 小个子女装"这种小众人群，也会有非常大的搜索指数；而某些小类目本身就没有大指数，这时候产品就要尽量覆盖更大的人群。

总之，在付费推广中，ROI 合理的话，花 1 万元都嫌少；ROI 不合理的话，花 10 元也嫌多。如果你的产品和店铺不适合做钻展，就不要做，去找直通车或淘宝客这种适合的渠道进行推广。

关于钻展的内容就讲到这里，结合我的分享，请大家思考几个问题：

（1）自我诊断，自己的产品适合钻展投放吗？为什么？

（2）如果做单品钻展投放，自己的产品与哪些竞品相比有优势？

（3）怎么调整店铺，才能让其适合做钻展推广？

6

淘宝店微信策略

以前我们了解新闻，要看报纸、电视；现在我们了解新闻，更多的是看今日头条。

每次坐飞机不能用网络的时候，我看报纸感觉特别别扭，原因是每篇内容看完之后，看不到体现网民智慧结晶的"神评论"。

我认为，到现在为止，区别互联网企业和传统企业，"互"特别重要，即交互性，越能够和顾客深度互动的企业，活得越好。传统企业之前往往通过专业规模，把自己塑造得高高在上；而互联网企业，更多的是通过塑造一个很强的个人 IP 形象，拉近和用户的距离。

所以你看，我们现在耳熟能详的互联网企业，在头脑的潜意识中都是一个个具体的人，大到阿里巴巴的马云、腾讯的马化腾，小到"罗辑思维"的老罗、樊登读书会，还有各种网红。

也就是说，之前做传统零售，要尽量让客户感觉对面是个大企业，才算成功；而现在做新零售，要尽量让客户感觉对面只是一个个人，才算厉害。

因此，现在在淘宝店经营过程中，有没有和用户产生"交互"，是判断你的店铺是不是互联网企业的主要标志。而目前，微信的用户量和消耗用户的时间都占据第一位，所以微信是卖家做交互的主要工具。

曾经有个学员问我两个问题：

（1）我是做红木家具的，新客户很难获取，因为客户群太窄，做广告该怎么做呢？

（2）红木家具，顾客买完之后，很长时间都不会再买，那是不是就没有必要用微信来做老客户维护了？

我的回答是：

有一个地方，你的客户可能很集中，就是买过你的红木家具的人的朋友圈，他的朋友圈里的好友买红木家具的可能性比其他人要高得多，因为物以类聚，人以群分。所以，在整个行业新客户转化率都偏低、老客户几乎不回购的情况下，不要漫无目的地去抓新客户，而是想办法让成交客户去影响其身边的人，做转介绍。

所以，淘宝店铺在用微信做 "交互"时，产品不同，思考方式也不同。对于高频回购的产品，比如食品，更多的是通过微信交互使客户多次购买；而对于低频回购的产品，比如家具，更多的是做转介绍，让买过的人介绍其他人来买。

整理一下，做企业微信的几个核心要点如下。

（1）越是鲜明的个人形象，越容易和客户产生"交互"。

在建立微信的企业个人号时，应遵循两个基本策略：

要么是和顾客相似的人，比如童装店铺的微信，很多都是以"孩子妈"的自我称呼出现的，让顾客觉得对面是同类人；

要么是顾客想要结交的人，如果是卖给男人的产品，则不妨找个美女做微信专员，适时地给客户发发语音，你会发现这可能比精美的产品页面介绍还好用。

（2）对于高频回购的产品，思考如何让顾客反复购买，微信是目前最有效的 CRM 工具。

我们建议，在做客户回购的时候，尽量做简单的、有诱惑力的活动，不要做不痛不痒的促销，比如女装店铺，可以做微信专享福利，三个月累计买5件衣服，免单价格最低的一件。

还有就是微商做销售，做得好的都明白一个道理："20%的用户贡献了80%的销售额"。所以，不妨把成交次数多的客户加上星标好友，然后定期维护、点赞这些客户的朋友圈，融入他们的生活圈，并且注意，在和他们聊天的时候，尽量不要说"亲"，而是叫"×先生"，差异化对待。

（3）人以群分，在你的微信策略当中，想想有什么好办法可以鼓励用户分享产品或店铺。

我一直在强调，现在是我们草根能够做品牌最好的时代。原因是，十年前，传播基本都靠中心化的媒体，比如 CCTV，这时候做品牌必须要去央视做广告，这是草根无法做到的。

但是现在，只要你有一个有趣的点子，并且让用户忍不住发朋友圈，那么不花一分钱，就可以很快地完成品牌和产品的传播。比如，我早期做团购网，没钱做推广，就想了个办法，写了一篇文章："现代白领常上的 10 个网站"，其中 9 个都是真的，有 1 个是我的网站，然后基于大家的收藏和分享，网站的浏览量迅速提高。

再比如，江小白的每个酒瓶上都有一个和白酒有关的段子，如："我把所有的人都喝趴下，就是为了和你说句悄悄话！"（见下图）。大家觉得有意思，会拍照和发朋友圈，这样就很快地完成了品牌的传播。

在这里，我说两个观点：第一，朋友圈的传播力超乎想象；第二，让"不正经"成为一种新经济。

（4）新品破零，微信客户新品专享价。

没有销售记录，新品上架就想拿到大流量，不可能。在上新初期的一至两周是"赛马"期，这时候我们应该忘记淘宝搜索，专心思考如何获取销量。这时候能够不依赖淘宝获取销量的渠道，就只有老客户了，而激活老客户的最好方式，莫过于上新配合微信活动，比如微信专享价，新品微信客户点赞抽奖和六折限时购买等。

思考与落地

微信的用户可以给淘宝卖家带来什么价值？

在你的微信里策划一个互动活动，让你的顾客能够对你的新品产生认知。

7

新淘客生态：团长、
卖家、个人淘客

我个人最早创业的项目是团购网站——抢宝网，那是 2008 年。那时候没有钱推广网站，所以自学了百度和谷歌 SEO，当时为了填饱肚子，在淘宝客刚出来时就开始用自己学到的 SEO 技术建站和博客群，成为第一批淘宝客（也叫淘客）。

那时候的淘宝客很简单，都是网站主自己来做，帮别人推广产品，成交后拿提成。

而现在的淘宝客基于市场的变化，因为"爆款"概念的产生，普通的个人淘客已经不能满足量的需求，所以衍变成一个生态型平台。在这个生态里除了之前的"淘宝卖家"和"淘客"角色，还新增加了另一个新的角色"淘客团长"。

这里打个比方，让大家好理解：卖家、淘客团长、个人淘客之间的关系，就类似于老板、工头、农民工。

如果没有淘客团长，那么淘客的方法和之前一样，给更高的佣金，吸引个人淘客来推广。其缺点是很难在短时间内起量，适合做日常销售的辅助；其优点是不会有任何风险，因为是按照成交付费的。所以，如果你不知道自己的店铺用什么方式进行推广，那么就开通淘宝客，一定不会错。

下面给大家看一下我的淘客营销计划报表（见下图），平均每天成交几十笔，日销越好，对应的淘宝成交就会越多，拉开了自己和对手的距离。

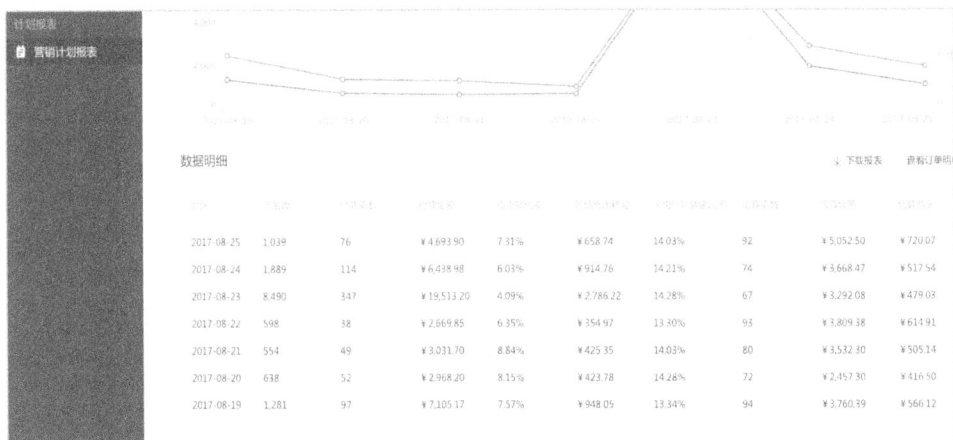

加入淘客团长，带来的第一个改变就是让淘客打爆款有了可能。淘客团长在这里的作用类似于"总指挥"——淘客团长把卖家的产品推荐到淘客聚集的平台、QQ 群或者直播等，"转单"给成千上万的个人淘客来推广，瞬间覆盖更多的普通买家，这样就能在短时间内起量。

当然，世界上没有免费的午餐，在这个过程中每个角色都要"好处费"。

● 个人淘客要成交佣金，越高越好，比如 50%。

● 淘客团长要服务费，成交一笔提成 1 元~5 元，或者佣金。

● 买家要的是比自己买更优惠，所以还需要发优惠券。

这里面涉及的所有费用，都需要卖家这个老板买单。所以，基本上用淘宝客推爆款，相同的结果是都要亏，不同的结局有两个：

（1）同样起来的销量，尽量亏少点。

（2）做淘宝客冲了同样的销量，搜索流量提高得尽量多点。

第一点好理解，第二点可能是很多做过淘宝客卖家的痛：钱亏进去了，销量起来了，搜索流量没起来。

为什么会这样呢？

在回答这个问题之前，我们先来看看淘客和卖家的目的：淘客要想赚钱，只看销量，因为他是按照销量扣点的；而卖家要的不是销量，而是销量对综合搜索的加权，除非你是为了单品冲销量排序第一，拿销量排序的流量。

简单点说，淘客只关注能推多少笔，而卖家关注的是搜索流量能提升多少。所以，卖家要选择那些能做"起销量，加权重，做爆款"一条龙服务的淘客，未来的淘客也要往这个整体解决方案的方向发展。

那为什么做淘宝客有的时候搜索权重没起来呢？是不是因为淘客人群的标签问题？

不是，而是因为淘客账号问题。淘宝为了处罚虚假交易，生成了一个类似于黑名单的买家账号池。如果买家长期行为异常，就可能会进入这个账号池。比如很多个人淘客自己就是买家，经常买一些亏本推送的产品，所以他们购买的成功率就会像刷单账号一样异常，因此进了黑名单。

如果一个产品的成交账号有很高的比例来自黑名单账号池，那么淘宝对其的处理是降低店铺诚信分，一旦这个分值降低到某种程度，全店搜索就会降权。所以会出现低价产品做淘宝客冲了很多销量，但是搜索流量没有提升反而降低的情况，这种情况会对全店产生长期持续的影响。

那么怎么做淘宝客，才能最大限度地提升搜索权重呢？

- 别选择那些长期推低价的淘客团长，产品也不要特低价，否则很容易引来黑名单账号的淘客。

- 淘客的销量起来后，要重点关注评价，很多个人淘客极其不负责任，会给恶意差评。

- 获得优质评价的目的是为了提升转化，提升转化的目的是为了接下来开直通车省钱。

- 如果产品经得起直通车的考验，点击转化数据能拉起来，那么爆款雏形就呈现出来了。

问题是，在这个过程中，最重要的核心是产品要经得起直通车的数据反馈。但是退一万步讲，如果产品本身经得起市场考验，那么淘客所能做的只是让你快速起量，你不做淘宝客也没问题，只是周期稍微长一点。所以我们看到，用淘宝客做爆款，最适合的是生命周期比较短的产品，需要在短时间内快速爆发。比如月饼或者季节性产品，需要用淘宝客控制节奏，在某个时间节点就必须起量。

当然，并不是所有的产品都适合这样的方式，比如高价产品、品牌商家或者调性店铺，其产品本身就很难做成爆款，所以更适合它们的淘客推广方式可能是淘宝达人或者行业意见领袖淘客，这里不再细讲。

学习感悟

歪歪茄：果然是干货，启发很大。我现在在公司做运营管理，正在考虑是否开个淘宝店。

思考与落地

淘宝客适合什么样的场景或者产品运营方式？

分析你的产品特点，你是否会选择合适的淘客呢？

"双 11" 大促

2017 年，我做了一个家具类目的天猫店，其中有一款价格为 1290 元的美式阳台藤椅，经过我们不懈的努力，终于通过了淘抢购的报名，在淘抢购预热的时候超过预期，有 30000 多人关注了我们的产品，收藏和加购也很好。然后我们紧急开会，让厂家加紧生产出 200 件以保证发货。

但是，让我们没想到的是，在淘抢购正式开售的当天，总共销售出去 1 件。

我经常说，做淘宝店铺一定要做"运营闭环"，如果每天的运营都是以自己的想法来做的，那么日复一日，你可能永远没有办法提高；而闭环运营的流程是猜想—执行—反馈，每做出一个运营行为，一定要找结果数据，通过数据反馈来证实自己的运营思路和行为是否有效。

熟能生巧，只能导致机械式的重复劳动；闭环运营，才能帮助提高脑力劳动的能力。

淘宝搜索引擎，机器其实本来很笨，不会拐弯，如果你让它计算，它永远不知道 1+1 在什么情况下等于 3；但是，如果你给它足够多的数据反馈，它就能够通过不停地学习得到，在 10%的情况下有 1+1=3 的可能，这叫数据智能、机器学习。

同样的道理，运营要想学习和成长，必须做"结果反馈闭环"。我日常在自己店铺的运营中做了 10 个策划方案，成功的可能只有 3~4 个。

运营不怕犯错，也不可能不犯错，最怕的是不做"运营闭环"，只有你能清楚地知道自己错了，反思调整，才会有进步的空间。

回到本篇开头的那个案例。我们成功地预热了一次活动，但得到的却是销售数据反馈非常差的结果，这时我们就要反思：到底哪里犯错了？

我们冷静下来，回想顾客在淘抢购购买产品的整个流程和可能产生的心理变化，发现在大促和有活动的时候，消费者的购物心理和平时有很大的不同。

（1）平时购物，客户更多的是通过淘宝搜索渠道进店的，他们在看到你的产品之前，一定是搜索了某个关键词的，比如阳台藤椅。而这时候他们的需求很明确，影响他们购买的因素是品牌、店铺和款式。所以在做搜索点击转化时，我们必须直面竞争，准确表达产品的差异化。

（2）大促购物，客户是通过大促页面看到产品的，他们知道今天会有东西特价，但是不知道什么值得买，也就是购物需求不明确，可买可不买，会很纠结。所以这时候要想打动客户，核心点是说服客户必须买这个产品，打消"可买可不买"的念头。比如阳台藤椅，你就不要告诉他们该产品有什么差异化了，而是让他们明白阳台藤椅是其家庭必需品。

所以，大促前的关注和收藏，说明对产品有兴趣，而最后没有购买，大概是觉得"可买可不买"，因此没买。那么，对于运营的反馈思考是：大促时因为客户的购物心理和平时不同，所以当天的主图卖点和详情页应该适当地做些有针对性的调整。

另外，我们还发现，同时期预热、关注量比我们少很多的产品，在活动期间虽然页面和卖点没有基于大促心理做调整，但仍然销售不错。

基于这个结果，我们进行运营思路的重新梳理，发现关注少、活动爆的产品，大部分是中低价产品。在淘宝网上存在一种常态：价格越低的产品，转化率相对越高；价格越高的产品，转化率相对越低。从客户的购买心理进行分析，大概是对于低单价的产品，客户不会有太多的纠结，就算买错了也没多少钱；而对于高单价的产品，往往很少有客户当天看、当天付款的，他们会更慎重。

林氏木业商家曾经和我说过一个案例：他们有一个顾客，3月份咨询产品、收藏、加购，最后是在"双11"当天成交的。

所以，我们可以得出结论：对于中低单价的产品，在大促时获取流量的重点在活动当天；而对于高单价的商品，大促，其实从预热那天，甚至从9月、10月就已经开始布局流量了。换句话说，卖家在准备"双11"的运营节奏时，不同的产品、不同的单价，获取流量的时间点不同。

综上所述，如果我们想让那款阳台藤椅在1天的淘抢购上销售火爆，则需要多给用户一点"纠结"的时间，在淘抢购报名通过后，就要立刻开始预热，制造氛围、拆解活动的流量渠道和获取方案的重心，不在活动当天，而是从客户做"双11"购物准备那天就已经开始了。

学习感悟

浮竹：对于高客单价产品，顾客决策期比较长，考虑时间较长，所以做活动，要把控好产品预热阶段，通常高客单价产品，活动爆发力也比较强，比如家具 白色家电 家装。对于中低价产品，通常顾客决策期较短，所以预热不如提前购。

David Kang：提前预热制造气氛是必需的，但是关注量超过3万却只成交1单确实有点奇葩，我觉得问题还是出在产品上，对于高客单价产品，顾客确实会有一个较长的纠结期。预热很重要，但是大多数类目成交最多的还是在活动期间，天时也会产生影响。

9

淘宝达人

我们经常说，做事情要关注"术""道""势"。经常有掌柜问我，现在做淘宝要关注什么渠道？其实答案很简单，手机淘宝首屏的模块有什么，那么流量和方向就在哪里。

如下图所示，我们能够看到，手机淘宝首页甚至下移了淘抢购，但是有好货仍然在第一屏展示。

有一次和淘宝搜索小二聊天，我说道："作为一个淘宝搜索客座专家，我装修自己的家买家具，竟然通过搜索买不到。通过搜索轻易能找到的都是一些爆款，但是我一点都不想装修出一个满眼都是爆款的家。"

"最后，几乎所有的家具都是在有好货购买的。在有好货上，当我搜索相关的产品时，有好货就会基于我的行为，推荐给我更有品质的相关产品，和搜索结果明显不同。"

其实，作为卖家，也是能体会到有好货的威力的。2017 年，我们的家具店有一款个性化的美式阳台吊椅，平均每天从有好货能获取到超过 10000 的访客数。

有好货之所以不同于搜索，呈现出高品质、高格调、有调性的商品，其主要原因就是因为搜索的商品展示是基于机器算法的，算法可以得出大众需求，但再智能的机器也难以筛选出调性；而有好货的商品展示虽然也应用了机器算法，但是商品维度的筛选是由"人"完成的，这里面的"人"就是现在很火的淘宝达人。

因此，要想做好有好货这个渠道，需要关注两个问题。

- 什么商品适合有好货？

- 什么达人适合推我们的商品？

（1）什么商品适合有好货？

有好货的商品筛选规则很不同，淘系的很多活动平台都有最低销量要求，销量越多越好，但是上有好货的商品反而限制销量，要求月销量不超过 2000 件。关于有好货的商品筛选规则如下所示。

✓ 以下商品为重点推荐

品牌

1、奢侈、轻奢品牌
2、知名高端品牌
3、小众品牌
4、设计师品牌
5、潮牌

品类

1、新品：上市时间3个月内
2、经典款：明星产品，最具代表性
3、潜爆款：代表或引领当下流行趋势
4、特殊款：限量、联名、定制

✗ 以下商品不符合条件

1、平价爆款：线上各大促销平台常见的品牌及爆款；线下卖场常见的知名品牌、热门专柜品牌

2、假货&高仿商品，即外观、名称与知名品牌或海外大牌相似度达到80%以上，所谓的明星同款、XX风等山寨商品

3、劣质商品，即价格低廉，外观粗糙，造型过时，品质感差的商品；

4、普通红人款商品：主要针对存在模仿、抄袭嫌疑的拿货店铺商品；

5、调性不够的商品：材质普通、无特色的基础款、打底款商品；

6、品牌比较集中或单一的品类，如奶粉、尿不湿、内存卡等；

7、容易引起用户反感、体验差的奇葩商品或图片：如穿着暴露，露点或过于性感的模特及服饰，血腥、暴力图片等。

四、白底图提交规范

基础要求

1、主体必须清晰，明确：

同款同色必须为单个；同款不同色最多展示2个；组合套餐最多不超过5个商品；

2、主体不能太过于细长；

3、主体颜色不能太浅或轮廓不清晰；

3、商品主体必须展示完整，位置居中，主体水平放置，构图饱满，四周适当留白（包括阴影也需留白）。

禁止要求：

1、背景为纯白底，除了正常阴影之外，不能有多余的背景、线条等未处理干净的元素；

2、不能出现人体或动物的任何部位，如手、脚、腿、头等；

3、不能有logo或文字。

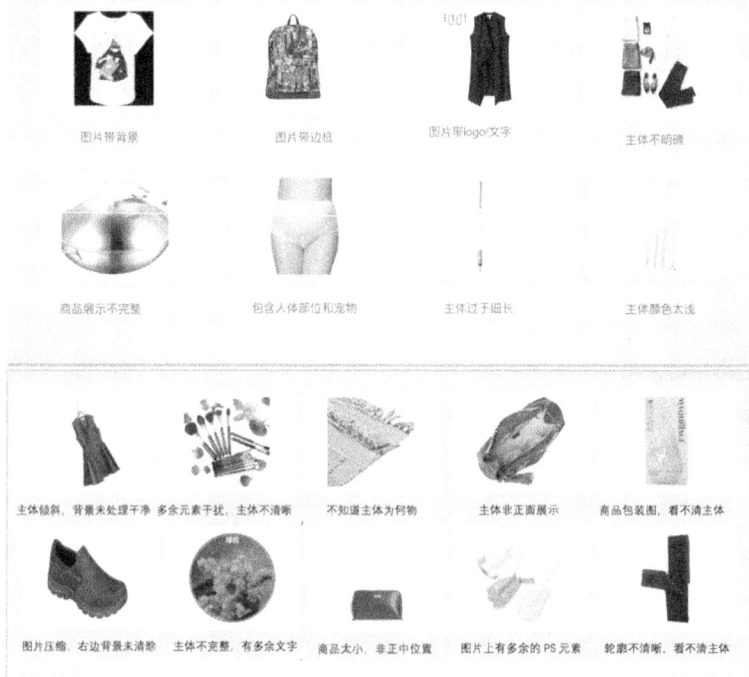

五、反面案例-白底图

图片带背景　　　图片带边框　　　图片带logo/文字　　　主体不明确

商品展示不完整　　　包含人体部位和宠物　　　主体过于细长　　　主体颜色太浅

主体倾斜，背景未处理干净　多余元素干扰，主体不清晰　不知道主体为何物　主体非正面展示　商品包装图，看不清主体

图片压缩，右边背景未清除　主体不完整，有多余文字　商品太小，非正中位置　图片上有多余的PS元素　轮廓不清晰，看不清主体

所以，基于有好货的商品筛选规则，卖家在做店铺时有一种说法："低价做搜索，高价有好货"。其实，这也是淘宝这么重视有好货渠道的原因。如果只基于搜索渠道，客户难免会比价购物，那么基于大数据的反馈，调性商品难以呈现；而有好货的渠道列表，甚至连价格都不在搜索页面展示，更多的是基于产品的"颜值"和"格调"的。

总结：更适合上有好货的商品是新品、有格调商品和高单价商品。

（2）什么达人适合推我们的商品？

因为搜索是只要商品上架后，就能够被抓取并展现；而有好货是必须先有达人发布商品，然后才能有机会被个性化展现。这里可能和内容营销不同，内容营销需要达人有大量的精准粉丝；而有好货的达人是基于用户大数据的精准展示，和粉丝量没多大关系。

可能有部分掌柜发现，自己店铺的宝贝没有报名上有好货，但是仍然在有好货里展示了。这其实从侧面说明了两点：一是你的产品主图和描述符合达人发布产品的要求，达人不需要进行太烦琐的修改；二是你的产品非常适合有好货这个渠道，所以已经有达人愿意主动、免费发布你的产品。

但是因为目前达人的数量有限，更多的符合要求的产品没有被达人看到，这就需要我们主动联系相关的达人，发布产品，让我们的产品有机会出现在有好货的产品库中，被个性化展示。

淘宝为了让卖家和达人能够对话，就推出了"阿里 V 任务"平台（见下图）。

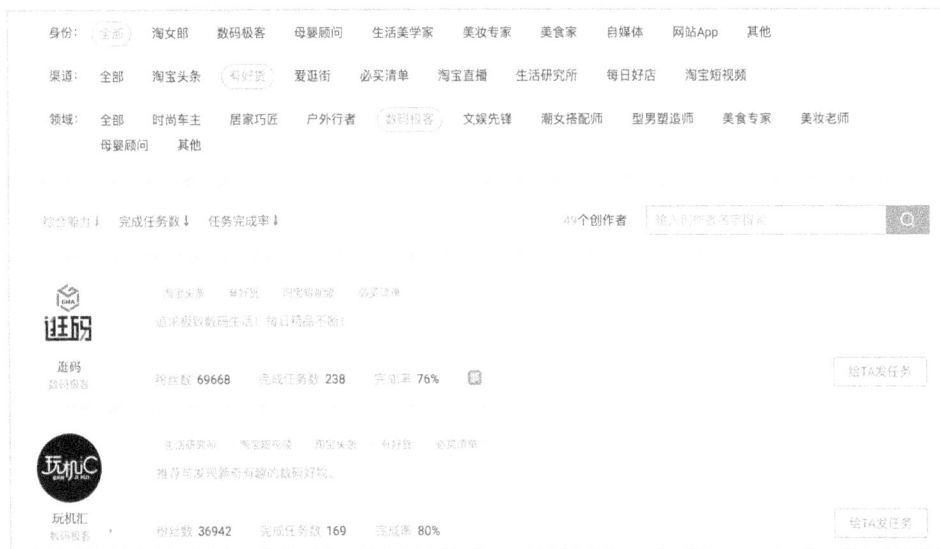

卖家可以搜索符合自己领域的达人，给 TA 发任务，让 TA 发布自己的产品；也可以在有好货列表里找到正在发布竞争对手的产品，并且数据不错的达人，在这里搜索创作者名字，给 TA 发布任务（见下图）。

但是注意，并不是所有达人发布的商品都能出现在有好货里，有好货有一个商品抓取规则，对账号有要求，对商品文案也有要求。之前白名单的达人发布的商品保证可以出现在有好货里，现在门槛低了很多，达人指数分在680分以上就可以得到渠道权限。

我们认为，最了解产品的人，不应该是达人，而应该是卖家。所以在发布达人任务之前，为了让产品能得到更好的数据反馈，被有好货抓取，建议卖家要了解有好货达人的文案规则，帮其写文案（见下图）。

还要注意，有好货的规则是，不管有几个达人去发布你的产品，最后只能在个性化推送里展示一个，其他达人发布的同样产品就算要展现，也要遵循"赛马"机制。所以你需要做的是不要拿一个产品死命报给更多的达人，而是有选择地找几个优质的达人就可以了。

总结：要想获取有好货的流量，掌柜需要做的事情如下。

- 选择自己店铺中相对高单价、有个性的商品来报名。

- 产品的主图，尤其是白底图要符合有好货的规则。

- 通过阿里 V 任务，主动联系与产品领域相关的优质达人，和他们合作。

- 从产品的角度，给达人创作文案提供建议和灵感。

因为有好货是一个偏重高客单价的渠道，不适合打爆款，所以目前很多掌柜不怎么关注，攻略也相对比较少。

10

直播和内容营销

现在内容营销大热，淘宝一直在推这种营销方式，很多掌柜都想与粉丝量巨大的网红、达人合作，推产品，他们认为粉丝量是王道。

在讲这个内容之前，先讲个故事。2017 年林氏木业"双 11"的直播请了明星李易峰，当红"小鲜肉"，粉丝数量巨大。但是我个人认为，这并不是一个好的选择。

原因：你思考一下，"小鲜肉"的粉丝是谁？ 更多的是"少女"。而购买家具的主力人群，也就是林氏木业的主要客户群并不是少女，而是"少妇"。所以，从销售来讲，如果"粉丝"不能转化成"客户"，或者说网红、达人的粉丝和店铺的目标客户群重合度不高，那么再大的粉丝量也没用。

如果我是林氏木业的运营者，我可能会选择请陈道明这种"少妇杀手"，虽然其粉丝量不如李易峰，但是说不定其带来的销售转化数据比李易峰更好。

这就是说，店铺运营者在选择和达人或者网红合作时，最主要考虑的不是粉丝量，而是粉丝和顾客人群的重合度。

所以，我们看到淘宝网上能"卖货"的网红，基本都是大大咧咧、傻大姐似的形象，很少有那种前凸后翘的惹火网红，原因是性感辣妹的粉丝可能会很多，但更多的是"宅男"，如果她去开女装店，粉丝就不重合；而傻大姐式的敢于自黑的网红，可能更容易吸引同性粉丝，如果她去开女装店，"卖货"

就相对容易些。

还有一部分电商企业，找不到合适的网红，就想让自己的团队去学习内容营销，自己创作内容。这样几乎不可能成功。我们看到，很多专业的自媒体想要靠一些好的内容一夜成名，他们在没有销售任务的前提下，制造内容的目的只是想吸引转发和点击，是很难成功的；更何况在内容方面不专业的电商团队，制造内容的目的更多的是为了完成销量，这样就更难以写出打动人心、留住粉丝的内容了。

退一万步讲，我们看到淘宝网这个大平台曾经尝试过无数次制造内容，做 SNS，但是每次都铩羽而归。所以，除非你本身就是垂直行业的意见领袖，店铺本身就是靠这个发展起来的；否则，作为一个只有销售属性的卖家，你不可能突然就变成了意见领袖，更适合你的内容制造方式，就是以一个普通人的形象出现在顾客面前，然后俏皮一点、活泼一点，配合着上新、活动和促销等日常活动来做一些类似于 CRM 的内容。

我曾经无数次想，一个卖路由器的店铺，怎么做内容营销？后来发现，做长内容的专业线的文字营销确实很难，但是我可以转移营销的阵地和方式，从线上转到线下、从长内容转到短内容，比如类似于下图的方式：

我们可以试着模仿白酒江小白的方法，写一句用户意想不到，又觉得好玩、愿意转发的内容，在朋友圈里传播自己的产品和品牌。

我很欣赏上面这个卖鞋的店铺，但美中不足的是，他们忘记了最重要的事情，就是在内容里没有写上自己的品牌或者店铺。

直播和文字都是内容营销，只是表现形式不同而已，一个是视频，一个是文字，但它们的原理基本相同。它们的共同点是，都可以增强客户黏性和提高复购率，以及转发和拉新；不同点是，目前直播在很多淘宝店铺的主要用途其实是视频验货，用来弥补不能面对面交易的缺陷，以提升转化率。

直播购物其实是电视购物的升级版本，除有影像之外，直播购物比电视购物更具互动性，它可以直接打字交流，而电视购物还需要借助于电话。

卖家在做直播购物的策划时，不妨多去看看"老前辈"电视购物的销售技巧：

- 选用和产品气质匹配的主持人，提高客户的停留时间。

- 限量商品，错过不再有，营造稀有产品的氛围。

- 整点限时特价、倒计时，有直播专享价+直播专用赠品。

- 对比产品，比别人的或者自己之前的类似产品更优惠。

如果卖家能够学会电视购物的销售技巧，并且整理出适合自己产品的一套直播销售流程，再配合上新、活动、促销等做一个类似于电视台的节目表进行直播预告，比如周一特价日、周二上新日、周三知识讲堂、周四会员秀等，我相信你一定可以增强客户黏性，那么自然就有机会让你的直播展示在手机淘宝首页，达到让直播引流、拉新的目的。

当然，直播也有产品和类目的局限性，比如比较适合服装、鞋帽这种需要看上身效果的类目，或者家具、灯具这种客单价比较高的、退货比较麻烦的产品。但是像路由器等一些标准品，就没有视频验货的必要了。

前面在讲钻展内容时说到，几乎很难有一个渠道适合所有的产品。同样的道理，内容营销虽然很火，但并不是所有的店铺都适合去做内容营销，或者说并不适合所有的店铺都把它当成运营的重点。

下面帮大家整理一下思路。

- 做直播要考虑粉丝和顾客人群的重合度。

- 如果卖家自己不是意见领袖，那么不要尝试去做内容营销，找个达人合作更好。

- 长内容比较依赖专业度，对短内容的要求会低很多，目的是制造意外性和转发。

- 直播要学习 "老前辈"电视购物，销售要有规范的流程，要有节目表。

- 如果你的产品不适合做直播和内容营销，那么就放弃它们，花精力去做好产品吧。

思考与落地

你认为淘宝如此重视内容营销，有什么战略目的？

关联和促销，
流量不变，提高销售额

当店铺的流量波动不大的时候，想要提高店铺整体的销售额，最好的方法就是提高客件数；而客件数的提高，除需要客服人员导购之外，更重要的是通过促销来吸引顾客访问和购买更多的商品。

从店铺角度来看，提高客件数，可以有效提高利润率。比如第二杯半价这样的促销方式，虽然表面看起来顾客占了很大的便宜，但实际上因为第二杯的广告成本基本没有了，而利润是额外的，顾客不买的话就没有这个利润，所以获利的还是商家。

说到"关联销售"这个套路，我个人觉得做得最好的应该就是屈臣氏了（见下图）。有句话说："走进屈臣氏，就走进屈臣氏的套路，套路的尽头就是收银台"。

做广告的时候，广告剪角就是优惠抵用券，先给点好处，让你"占个便宜"；走到门口还没进去，就能看到屈臣氏的超低折扣产品，吸引你走进去"占个便宜"；当你拿了一个超低价商品想付款的时候，店里四面八方的海报告诉你，买 2 送 1，再买 1 个东西，还能"占个便宜"；当你拿了 2 个商品走到收银台的时候，收银台背后的柜子上写着超值换购，满 50 元+10 元可以换购一个原价 30 元的商品，让你再"占个便宜"；如果你不是屈臣氏会员，那么你办了会员，既能积分，又有会员专属福利产品，你还能再"占个便宜"。

除这些常见的日常促销套路之外，还有定期的活动造势，比如会员感谢日、春之缤纷促销、冬日减价、周年庆等，另外还有服务员耐心的导购。所以经常看到有人在网上吐槽：本来就想买一瓶洗面奶，到最后买单的时候花了 300 多元买了很多东西。

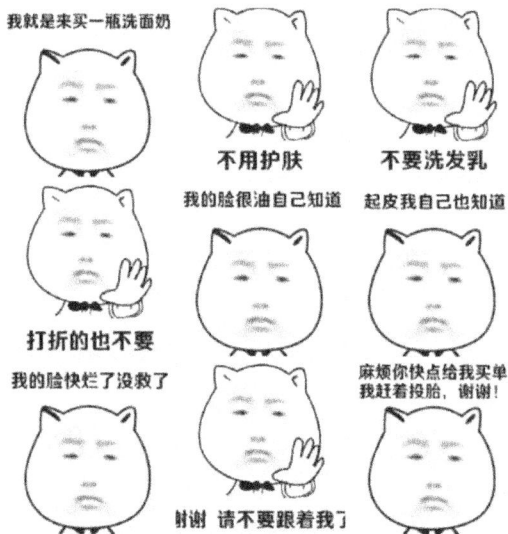

上面所讲的只是表象，现在我们来分析背后的逻辑，看哪些地方是淘宝卖家在做店铺促销时能够学到的。

（1）对促销的核心思考：不是让顾客觉得，你要卖更多的东西给他，而是只想让他"占个便宜"。

绝大多数淘宝店铺的主要流量入口都是搜索，通过搜索过来的客户大部分都有一个清晰的目标，就是想买某个产品，而这个渠道的客户看到的第一个页面不是首页，而是主图或者详情页。所以，这时候的促销是以让顾客付款购买这个产品为主要目的的。从"占个便宜"的角度出发，我们看到很多店铺设置了无门槛优惠券，见面先让你"占个便宜"；或者单品设置了"每天前 20 个付款，额外送 xx 一个"，通过这种差异化对待的促销来打动顾客。如果这时候顾客通过千牛咨询客服人员，确认自己是前 20 个付款的，那么转化率就会有明显的提升。

（2）对让顾客"占个便宜"的思考：从顾客的行为来推断其此时的心理。

现在得益于手机淘宝的便捷性，顾客想起来买什么东西，可以随时随地下单。这里面就有一个问题：随着无线端的推行，访问深度在不同程度地降低，顾客的询单率也在降低，可能很多顾客并不是不需要你店里的其他商品，而是没想起来去看看你店里还有其他什么商品在销售。

所以，当顾客通过搜索看到你的商品主图或者详情页时，你除想办法用单品促销提升转化率外，还要考虑通过客服人员的导购或者促销的设置让顾客"占个便宜"。

比如在我们的店铺里，我们会让客服人员给所有只付款单件宝贝的客户发个快捷短语："刚看到亲拍下付款一个宝贝，特别来告诉你，我们店有个活动，你符合条件，只要再付 5 元，就能超值换购一个价值 15 元的鼠标垫"，让客户记得去点开店铺首页或分类，买第二个和第三个商品。

现在淘宝店铺大部分是全店包邮的，所以只要客户买了两个商品，你就多赚了一个运费；买了三个商品，你就多赚了两个运费。关联销售看起来是给顾客优惠了，实际上卖家的利润率在提高。

在生意参谋的商品模块中有一个"分类分析"，通过数据我们会看到，点击店铺分类的客户的支付转化率会比平均店铺转化率高 5 倍。由此可以得出两个结论：只要引导顾客点击了分类，顾客下单的可能性就会大大增加；把店铺分类设置得清晰、简单，对于店铺关联销售额的提高特别重要。

为什么点击了分类，转化率会这么高呢？见下图。

我们从消费者行为来分析：

- 对一个产品满意（信任），看看这个店里还有什么产品值得买。

- 店铺的忠诚用户（忠诚），看看还有什么可以买的。

所以我们看到，店铺的品牌或者调性越强，店铺分类的访客数越多，店铺整体动销率相对就越好。

（3）做什么促销、优惠力度多大，要基于自己店铺背后的顾客大数据来定。

我们经常会看到，有些店铺在爆款的详情页首屏中关联了 8 个甚至更多的商品。我想说的是，如果你的店铺页面平均访问深度是 7，那么你推荐 8 个商品我可以理解；但是如果你的店铺页面平均访问深度只有 2 左右，那么你做这个促销形同虚设。如果数据显示你的用户平均只点击了两个页面，那么这时候你突然想靠促销让用户增加几倍的点击深度，这几乎是不可能的。

其实，屈臣氏在设置满 50 元+10 元换购这种策略时，我猜测肯定不是凭空想出来 50 这个数字的，而是根据自己整体的客单价来设置的。比如屈臣氏整体的客单价是 43，那么为了拉升客单价到 50，就可以尝试设置满 50 元的超值换购。

同理，建议各位掌柜在制定促销策略时，应该根据后台的数据来设置。如果你的客件数是 1.3 件，那么主推策略就应该是满 2 有礼；如果你的客单价是 88 元，那么可以设置购物满 99 元+10 元的超值换购。

促销策略只有遵循背后的消费者大数据来制定才有效，不要让自己设置的促销策略让用户觉得遥不可及，而是让用户觉得"踮一下脚尖"就能够到，才能真正地让促销发挥提升销售额的威力。

（4）给促销找个适当的理由，让用户觉得不是商家自己想打折，而是逼不得已。

如果顾客看到某个商家的商品动不动就莫名其妙地降价了，其实这对顾客的伤害挺大的。但是，如果每年过年的时候大家都打折了，你还不打折，顾客可能也会不满意。所以，商家要学习屈臣氏的方式，配合着淘宝每个月的活动主题（见下图），每月做一次促销，营造氛围，以提高自己的销售额。

其实，我们看到现在淘宝的"双 11""双 12"这种年度最大级别的活动，流量增长已经很有限了。但是，每年大促的销售额还在不停地创造新纪录，原因是，官方通过大促营造了节日促销的气氛，大大提高了日常的转化率，通过活动拉高转化率来提高销售额。

如果我们平时去商场买东西，突然发现某个商场正巧在做活动，那么基本上就不会去其他商场了。你看屈臣氏，不管我们什么时候去，感觉氛围都是在做活动；同样的道理，如果淘宝店铺能每月固定做一些促销以营造气氛，那么就能大大提高日常访客的转化率，提高销售额。

因此，我认为淘宝店铺运营的工作节奏是，除要基于访客行为设计出店铺日常的促销逻辑外，还要每月策划一个全店的整体促销事件。

关于具体的促销设置，你可以在天猫营销中心进行选择，这里就不讲设置方法了，大家去实际操作一下。关键是要弄清楚，设置这个促销是否会拉低产品的最低价，影响报名活动。还有就是，不建议大家设置促销比例超过 30%，因为这样可能会影响到搜索加权。

其实促销的逻辑在"双 11"这种大促前对销售额的提升影响更大，所以希望大家对照上面所讲的内容，尽快设计出适合自己店铺的"双 11"促销方案。

12

淘宝搜索工作原理

　　做淘宝店铺,搜索排名优化是每个店铺运营的"必经之路"。我们能看到,网上到处有文章教卖家怎么快速提升排名,但我认为多数都是哗众取宠,有很多还假得很可笑。比如有人说标题要在半夜 12 点以后改,主图要从最后一张慢慢改到前面。试想一下,"标题要半夜 12 点以后改"的理论基础大概是,"半夜三更机器困了,比较累,所以反应慢,这时候改它就发现不了了"。这非常像我们小学时候学的课文"掩耳盗铃",我更没想到的是很多掌柜竟然相信了这个谬论,照着做了。

　　独立思考,是人成长中非常重要的环节。我自己虽然和淘宝搜索部门小二的关系都不错,但是淘宝搜索算法严格保密,不可能外露。其实,我觉得只要基于一点来思考,就能猜得八九不离十了,那就是搜索算法规则,一定是基于给消费者更好的体验这个出发点来制定的。如果你听说存在某个规则,但是从出发点这个角度来看,却看不到这个规则对消费者有什么好处,那么它八成就是假的。

　　再说说掌柜优化主图这件事情。我们发现,单单优化主图,对消费者只有好处,没有坏处。所以,你正常修改主图一定没有任何问题,我们的爆款主图几乎每周一改,从来没有问题,但是修改主图一定要建立在你知道新老主图点击率情况的基础上。

为了让你能更好地独立思考、理解原理、融会贯通、发掘出新的宝贝排名优化方法，现在我先系统地解析淘宝搜索的工作原理（见下图）。

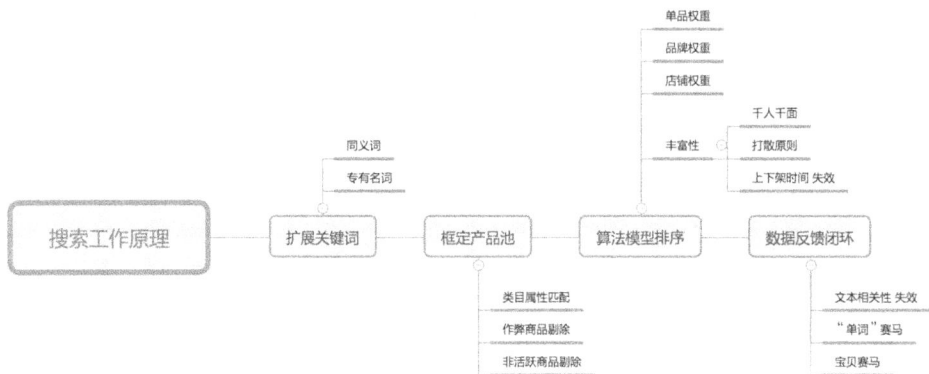

（1）扩展关键词。

淘宝搜索的核心并不是匹配用户的搜索词，而是匹配搜索词背后的"用户需求"。举例说明，当用户在淘宝网搜索"裤子 女士"时，她的需求就是想要一条女裤，所以搜索会匹配所有包含"裤"和"女"的标题，不管是否含有"子"或者女士、女式等。搜索会有一个同义词库，不需要出现同义词库里的所有词的标题，都能被搜索到，而且不影响排名。

从目的来说，搜索引擎做这件事情对"小白"用户非常好，因为他不需要擅长搜索技巧，也能找到更多的自己想要的宝贝。

在这一步，很多标题中其实重复出现了"女裤"和"裤子"，其实没必要，浪费了字节的位置。但是，又不是所有的词都不能重复，例如"擎天柱"这个词，如果你在标题中写"擎天之柱"，虽然包含了"擎天柱"，但是你会发现搜索不到，因为淘宝搜索还有一个专有词库，你拆开它就认为是另外一个东西了。

（2）框定产品池。

淘宝搜索在做产品展示的时候，并不是标题中有某个字，就一定会展示这个产品。比如搜索"iPhone 8"的时候，iPhone 8 数据线标题中也有这个词，但是不会展示。

搜索第二步要做的是，基于搜索词猜测用户想要什么类目的产品，比如搜索"iPhone 8"更想要的是手机，所以展示手机类目的产品。

当然，像"iPhone 8"这种情况，类目匹配比较单一，iPhone 8 就是手机，所以类目放置没什么问题。但是比如"跑步鞋 女"这个词，在运动鞋类目中可以放，在女鞋下的低帮鞋类目中也可以放。这时候到底要放置到哪个类目中，就要看数据了。

一般情况下，建议卖家在生意参谋的"搜索词查询"中搜索这个词，选择该宝贝的主搜索关键词下的第一个展示子类目。也就是说，"跑步鞋 女"要想拿到更多的流量，应该放在女鞋下的低帮鞋类目中（见下图）。

除类目匹配以外，搜索从全国各地的各台服务器上要产品结果的时候，还会剔除掉两类宝贝：一类是作弊或者诚信分过低的宝贝；一类是非活跃的垃圾数据宝贝，就是那些通过软件一键上传后，长期旺旺不在线、没有加购收藏数据的宝贝。

（3）算法模型排序。

在第三步，搜索会基于算法工程师制定的算法，对筛选出来的宝贝进行排序。目前，排序时搜索会从三个维度来给宝贝综合打分，即单品、店铺和品牌。

其原理其实就是"人""货""场"的概念。"人"对应的维度是单品的购买人数，准确地说，是"销量贡献值"，也就在其他维度相同的情况下，买的人越多，排序越好；"货"对应的维度是品牌，即货是谁生产出来的，在其他维度相同的情况下，品牌调性分越高，排序越好；"场"对应的维度是店铺层级，也就是卖场，在其他维度相同的情况下，卖场越大，排序越好。

在商品上架的前期，宝贝的基础权重更多的是由店铺层级和品牌调性分决定的，在后期随着单品的销量差别越来越大，单品维度对宝贝的影响就超过了另外两个维度。

这很像《王者荣耀》的新赛季定段位，不会让大家都从零开始，而是根据每个人的历史战绩给其一个不同的初始段位；而在淘宝，新品的历史表现参考数据，就是新品所在的店铺和新品挂靠的品牌。

除此之外，还有一些保证商品展示丰富性的"算法干扰模型"，比如早期的上、下架时间。最早的时候，淘宝为什么要学习 eBay 做上、下架时间算法呢？如果早期淘宝没有上、下架时间，站在消费者的角度，大家不管什么时间搜索，看到的宝贝永远都是那几个，这对消费者是好事吗？

不是，淘宝的口号是万能的淘宝。所以，在淘宝搜索中加入了很多让商品展示多样化的算法。但是，目前无线端的上、下架时间几乎已经弱化到没用了，从消费者的角度考虑，千人千面已经能做到展示多样化了，并且比上、下架时间这种轮播算法更加智能、合理。所以，上、下架时间就可以退出历史的舞台了。

另外，千人千面算法还做了一些干扰，如低价屏蔽。例如，如果在手机淘宝上搜索"手机壳"，你会发现，默认排序的手机壳除了直通车位置，其他都是 25 元以上的。而在销量排序中就有很多销量很大、价格低的手机壳，但是默认在搜索页面上看不到。

除了千人千面，"算法干扰模型"最常见的莫过于同店打散原则，可能有很多卖家发现，搜索一个关键词，不算直通车展示的话，不管某店铺再强，在手机淘宝的搜索页面上也只能看到它的两个商品。

其实从这个原理来看，如果一个店铺只做一个子类目的话，那么不管怎么努力，也只能做出两个爆款。所以，基于搜索规则进行店铺产品布局，无比重要。

（4）数据反馈闭环。

在 2014 年 12 月之前，我线下讲课教别人怎么改标题，10 分钟冲排名，甚至可以拿到单个词前三名的位置，效果非常好，我一度创造出一些名词，如紧密匹配、靠近匹配、前后匹配等。

在 2014 年"双 12"之前，在广州的线下课我像往常一样带大家实操，全场没有一个人做到排名前移，那场线下课我非常受伤，后来反复测试，发现通过调整标题关键词位置优化排名这种方法失效了，取而代之的是，搜索从原来的"文本相关性"算法全面进化成"数据智能算法"。

到这一步，基于工程师制定的算法模型，得到了一个初始的宝贝排序页面。当流量开始导入的时候，如果 10000 个人搜索某个词，都不点击第一个宝贝，而是点击第三个宝贝，这很可能说明用户认为第一个宝贝和他们搜索的词匹配度不高，而第三个宝贝高。

注意：这里说的是某个词，搜索在进行数据反馈闭环时是以单个词的维度来计算的。例如，可能某个宝贝的"修身上衣"这个词的点击表现不好，但是"宽松上衣"这个词的点击表现就很好，所以数据智能算法带来的第一个改变是，和你的宝贝不相关的词，即使流量再多，你可能也拿不到流量。

从这个角度来看，标题中的每个词其实是"各自为战"的，我们在做宝贝排名的时候，初期的搜索词越集中，对宝贝的帮助就越大。也就是说，早期要围绕一个词猛打。

而当通过这个词能获得更多的销量时，这个词的流量就会显著增加，开直通车的时候也要围绕这个词出价。随着这个词的流量越来越多，带动起整个宝贝的销量权重之后，再开始做其他的词。

其实后期很多系统运营的玩法，都是基于搜索基本原理演变出来的，比如如何打爆新品、如何做店铺产品布局等。

思考与落地

搜索打散原则，符合平台的什么想法？

单品数据异常的自我诊断（上）

很多公司都会安排运营人员抓取很多数据，然后每天把数据整理得很整齐，发到工作群中或者存档，日复一日，年复一年。

我们静下心来反思：这是数据在为你服务，还是你在"供奉"数据？我们之前反复强调，如果抓取数据只是为了让自己知道店铺的现状，比如昨天销售额下降了，而不是指导自己的工作，比如做什么能改善现状，那么你所谓的数据分析只是在浪费时间而已。

当一个单品销售在持续下降时，做什么数据分析能够挽回颓势呢？

首先，要明确一下，如果这个单品本身每天的流量就不是很多，比如不到 100 个访客，转化率又相对不高，那么销售波动就有很大的偶然性，没啥分析的必要。如果让我给你建议，那么就从询单这里努力，尽量抓住每一个客户，提高转化率，然后再观察两天。

如果访客数相对稳定又比较大，比如日访客数超过 1000，那么从大的层面来分析，影响销售波动的因素有两个：环境因素和自身因素。也就是说，可能会出现一种情况，就是你自身没有问题，但是大盘因为季节、天气、促销预热等因素呈下降趋势。

对环境因素的分析，建议从生意参谋的商品店铺榜找到和自己的产品单价相近的三个单品，作为对照组，看看它们的流量和销量是否有类似的波动，如果有，那么不必担心；如果它们都很稳定，那么这可能就不是环境因素导致的下降，而是自身因素。

还有一种情况是，几个对照组的竞品整体都在下降，但这可能不是环境因素导致的，而是平台因素。搜索几乎每周五都会测试新的算法模型，如果流量波动正好出现在周五，那么你就要赶紧查看最新的搜索排名情况，看哪些宝贝能拿到流量，以及新的搜索算法模型偏向于哪些产品，然后对自己的产品进行调整。

讲到这里，可能部分掌柜心里直嘀咕："搜索算法这么复杂，我怎么能看出算法怎么变化？"其实，大道至简，根据我这么多年研究搜索的心得，你若想知道搜索算法是怎么变化的，只需要做一件事情，就是看搜索算法变化后哪些宝贝能拿到搜索流量，然后找出这些宝贝的共同点。

在生意参谋中，在市场行情的商品店铺榜中有一个流量商品榜，你点击进去，调出昨天的数据，然后点击"搜索人气"排序，就能得出在所选定的细分类目里昨天拿到搜索流量的宝贝排行榜了（见下图）。

如果不是环境因素和平台因素导致的下降，那么就要考虑自身因素。

在对自身因素进行分析时，首先要提到就是万能的销售额公式：销售额＝访客数×客单价×转化率。

在分析单品数据异常时，客单价往往问题不大，客单价就是客件数，唯一可能出现问题的是，如果之前的活动是拍两件送一件，而这个活动突然取消了这个设置，那么你就要分析客件数是不是降低了。

单品的转化率波动，可能是单品销售波动的一个"元凶"。如果你发现前几天转化率波动比较大，那么就要查找转化率波动的"病因"，往往从以下几个方面入手。

（1）首页呈现的负面评价内容，或者广告评价。如果是负面评价内容，则要想办法处理让客户追评解释。再不行，就要让客服人员这几天一对一地做些评价返现，把这条负面评价更新下去。如果是广告评价，则可以考虑通过闺蜜申诉掉。

（2）"问大家"当中的负面回复。这个其实比评价更棘手，因为"问大家"人为干预相对更难，它是随机让购买过的客户回答的，如果这里出现了负面评价，则只能发动客户去提问更多的问题，争取更新下去。但是，如果你的产品真的有问题，则可能会招来更多的负面评价。

（3）竞争对手的促销变化。比如对手降价了，或者对手有买赠、促销、活动等，都可能会引起自身转化率的波动。从第一财经给出的淘宝数据来看，越是资深的淘宝用户，比较的商品数越多。所以，未来随着网购人群越发成熟，购物对比将成为常态。作为卖家，你要做好这样的准备：你的客户在看你的商品之前，已经对比了所有竞争对手的商品。

（4）客服询单转化率。还有一种情况是，客服人员在接单时出了问题，这时候你就需要找个账号走个流程，看客服人员在接单细节上出了什么问题，并做出调整。

单品数据异常的自我诊断（下）

如果转化率没有波动，那么影响宝贝流量的可能就是访客数了，这时候你要进行流量渠道的拆解，具体看是哪个流量入口发生了变化。

（1）付费入口。

这个渠道主要有直通车、淘客和钻展。如果是推广策略调整了，比如我自己的店铺有一次流量下滑，是因为淘客的流量下降了40%，后来分析原因，发现是前几天调低了淘客佣金引起的，这时候我们就要分析，这个行为是否值得。

同样的，如果直通车、钻展流量下降了，是因为你调整了目标人群使其更加精准、转化更好，并且流量下滑在可控范围内，那么这可能并不是坏事；如果不是目标人群的变化，而是自身的问题，那么就要考虑重新设置直通车、钻展策略了。

2. 手机淘宝首页

这部分流量恐怕是近几年淘宝变化最大的，网上有很多攻略说如何拿到这部分流量，实际上多半都不靠谱，原因是这部分流量类似于有好货，要拿到有好货的流量必须先有达人发布，并且被收录；要拿到淘宝网首页的流量，必须先进入首页流量的"优质产品库"，这个库是按照品牌、款式、型号来展示的，所以基本一个型号只有一个产品能拿到流量。

因此，如果你的产品进入了优质产品库，得到这部分流量，"赢者通吃"，流量就很大；如果有一天"赛马"失败，你自己没有做任何调整，流量就会很快消失。也就是说，如果这部分流量下降了，你几乎无能为力。

3. 搜索流量

如果搜索流量下降了，那么自检流程时第一个要看是否有违规情况，或者近期是否参加过第三方的活动，这些都可能影响搜索；如果不是以上原因，那么要看看你有没有调整过宝贝的标题、主图或者其他属性，如果有，请先进行还原，然后再看数据变化。

还有一种情况，就是搜索流量的波动，可能不是整体搜索流量降低了，而是某个大词的流量下降了，这时候的问诊方法是围绕这个词做高点击率设置，提高这个词的直通车销量。

4. 其他入口

随着无线端的推进，淘宝网的流量入口越来越多，比如有好货、必买清单、生活研究所等。和搜索直通车不同的是，这些渠道非常挑产品，适合的流量很大，不适合的你努力了也没啥用。如果店铺本身能从这些渠道获取流量，并且转化不错，那么就安排客服人员去对接这些渠道资源。如果这些渠道流量降低了，也要去看看是不是达人的推广展示没有了。

下面给大家做个总结。如果发现单品数据异常：

- 单品数据量不大，一天就成交几单，那么短期的数据波动属于正常，继续观察。
- 单品一天成交几十单，遇到数据波动，先看大盘是否有变动，找竞品对照。
- 流量波动发生在周五，可能是平台原因，看是不是在测试搜索算法。
- 环境没变化，找自身原因，先诊断转化率。
- 自身因素除了转化，还要进行流量渠道拆解，找到流量降低的渠道对症下药。

15

谈刷单

经常有外行的朋友问我：是不是做淘宝店铺就要刷单？

我不知道该怎么回答。

如果卖家把刷单作为日常运营的一种常规手段，则会有两种结果：一是他可能逃脱不了淘宝搜索对于虚假交易的稽查系统，没用还降权；二是就算他手段高明，在短时间内稽查系统没查到，他就会有了赌徒心态。

了解赌场的朋友可能会知道，赌场根本不怕你赢钱，最怕你赢钱就不来了。绝大多数赌徒赢了钱后会觉得这赚钱太容易了，比做任何事情赚钱都快，然后就会把赢来的钱继续投入进去，因为人性的贪婪，我们几乎看不到赢钱就收手的人。那么，赌徒什么时候会收手呢？当他输完了所有钱，没钱再赌的时候。所以，虽然赌场和赌徒赢的概率都是 50%，但是只要赌徒的资本量不如赌场，赌的时间足够长，就早晚会输光。

同样的道理，刷单的卖家其实就有赌徒心态，一旦刷单有效，他就没有心思去做任何其他运营了。假设去刷单，手段很高明，在短时间内没有被稽查系统抓到，那么多数人不会就此收手，反而会越来越大胆，而一旦刷单的量足够大，稽查系统就算再笨，也一定能通过算法把你抓出来。

当然，你要体验这种赌徒心态，前提是你能进行有效的刷单，不被稽查系统查出来。可现实情况是，绝大多数卖家在进行刷单时，都很难绕过稽查系统。

那么淘宝怎么判定是刷单呢？

很多淘宝卖家觉得自己只要正常发货，有真实的包裹和物流信息，就不会被判定为虚假交易了，所以很多小卖家就用发空包裹来刷单。实际上，只有在某些主要维度异常的情况下，淘宝才会对物流信息维度进行监控。例如，我们店铺有同城自取的订单，即使你点击了无需物流，也不会被判定为虚假交易。

由此我们得出结论：如果交易的主要维度没有异常，就算你不发包裹也没有问题；但是如果主要维度有问题，就算你发了包裹也会被判定为虚假交易，而且申诉不会成功。

那么淘宝判定虚假交易的主要维度有哪些呢？

除了物流信息维度，其实淘宝对虚假交易的判罚有非常多的维度，但主要维度有三个：账号维度、订单支付维度及交易行为和 WiFi 维度。如果单一维度异常，淘宝会判定疑似虚假交易，给你申诉入口；但是如果有几个维度同时异常，淘宝就直接判定你刷单，关闭申诉入口。

（1）账号维度。

监控账号维度是目前淘宝最常用的虚假交易稽查方法，淘宝会基于买家账号的异常行为，建立黑名单账号池。

黑名单账号池，一方面会记入已经判定虚假交易的买家账号；另一方面会记入行为长期异常的账号。这个账号池实时更新，正常的买家账号如果在短时间内异常，也会被记入进来，但是过了一段时间后表现正常了，又会被放出来。

对于账号异常行为，其中的一个表现是：购买成功率。从大数据上来看平均值，比如正常账号登录手机淘宝 10 次，可能才会买 1 次东西；而长期刷单的账号登录 10 次，可能会购买 5 次甚至更多次。

这种算法可以让大多数刷单软件，或者 QQ 群、QT、YY 失效。因为只要单个刷单量一大，账号的行为必然异常，账号一旦异常，所谓的先搜索、货比三家、聊天等行为就都是无用功。

这种算法还会让很多经常参加活动的买家淘宝客账号失效，所以我们会看到淘宝客做出来的销量，就算是真实交易，被判定为虚假交易的概率也会很大。

值得注意的是，通过账号维度看的并不是单个交易，而是单个宝贝的黑名单账号交易比例。假设你有 100 笔订单，其中有一单来自黑名单账号，淘宝可能认为有这种偶然性存在，不做处理；但是在一段时间内的 100 笔订单，有 80 笔甚至更多来自黑名单，这时候淘宝就会多维度监控了，甚至会给整店降权。

所以我们看到，对于销量少的宝贝，被判定为虚假交易的概率比热销宝贝要大很多，就是这个原因。

（2）订单支付维度。

如果一个买家支付了一笔 98 元的订单，然后过了几天，收到了一笔来自卖家支付宝的 98 元的转账，那么除了刷单，你恐怕很难找出合理的理由来解释这个行为。所以，用支付宝进行全额返现的方式，在淘宝运营中是绝对不允许的。

当然，有些卖家会觉得自己聪明，不用自己的支付宝账户转账，用其他人的支付宝账户。然而，实际情况是，只要你下载过淘宝系的 App，淘宝尤其是支付宝为了保证你的财产安全，就会收集很多关于你的信息，包括手机硬件信息、登录 WiFi 信息等，如果你用来转账的那个支付宝账户和你自己的支付宝账户有任何的 WiFi 或者手机登录关联，那么用那个支付宝账户转账和用你自己的支付宝账户转账没有任何区别。

同样，从这个维度来看，互刷也很容易因为支付宝转账行为而被判定为虚假交易。

还有，假如你给了客户大额的优惠券，或者大幅度的佣金、折扣、改价，这种会引起支付宝账户支付金额大幅度变化的行为，都可能影响这笔订单的搜索加权情况，甚至可能被判定为虚假交易。

（3）交易行为和 WiFi 维度。

如果买家和卖家偶尔有同 WiFi 登录交易的情况，那么其实问题不大，尤其是在公共 WiFi 的场景下。但是，如果买家和卖家有频繁的同 WiFi 登录交易的情况，那么这时候即使其他维度没有问题，也很容易被判定为虚假交易。

例如，如果你的员工回到家后拍下你店铺的商品，即使他不是用公司的 WiFi 登录的，也很容易被判定为虚假交易，因为手机淘宝记录过该员工登录 WiFi 的情况。

另外，在即时交易的时候，如果多个用户的某个时段的转化率、平均停留时间、页面点击行为（判断是不是机器人）、二次点击时长等数据和行业对比偏差过大，则都可能激发搜索的稽查系统。

其实淘宝搜索的稽查系统比我说的更智能，它会基于用户行为大数据，不断地升级算法，过滤出异常的行为和账号。

多店铺运营的弊端

我之前给一个家具店铺做顾问，他们开了 5 个 C 店和 1 个天猫店。其中有一个 C 店销售最好，但是他们觉得天猫是趋势，希望我帮他们操作天猫店。

在操作之前，我给他们打了预防针：做天猫店，后面会出现的情况是，天猫店做起来之后，C 店可能会受到很大的影响。

果然，当天猫店做到细分类目 TOP3 之后，他们的那些 C 店的销售额越来越少，最后都关掉了。但是，这一个天猫店的销售是之前 5 个 C 店的销售总和的 2 倍还多。

我想说的是，如果卖家经营多个同类目店铺，则会有影响。请思考一下，为什么淘宝不愿意让卖家经营多个同类目店铺？

前面我讲过，要从"出发点"的角度来看淘宝的规则。淘宝制定规则的出发点是为了有更好的用户体验，那么从用户体验上看，一个团队经营多个店铺有什么不好的地方呢？

假设我做到了某个小类目 TOP3，这时候以我的经验、团队、资源等开一个新店铺，卖同样的东西，肯定要比新手卖家开新店铺容易得多。

如果这样可以的话，那么只要想提高销售额，最简单的方法就是多开店铺。从理论上讲，如果无限地开新店铺，那么就能做到对小类目的垄断。

如果这样做可以见效的话，那么就会给用户带来不好的体验：在这个类目只能看到单一品牌的单一商品，整个平台的商品因为垄断变得千篇一律。

前面在讲淘宝搜索工作原理的时候，提到了打散原则，同一个关键词只展现一个店铺的两个宝贝。当知道这个规则的时候，可能有的卖家心想：要想在某个细分类目有更多的宝贝能拿到流量，是不是开更多的店铺就可以了？

答案是不可以。

淘宝有个"同人店铺"的判定规则，会把一个团队经营的多个店铺关联在一起。

如果一个团队经营的多个店铺销售的是同一个品牌、同一个类目的同类商品，那么只有一个店铺的搜索展现是正常的，其他店铺会受到这个表现最好的店铺的影响，搜索展现相对比较弱。

所以我们经常会看到，一个团队经营多个店铺，往往只有一个店铺做得比较好，就算你发力做第二个店铺，把第二个店铺做好了，但是它会影响原来表现比较好的店铺。

需要说明的是，"同人店铺"在淘宝店和天猫店之间也有影响。所以我们会看到有些行业卖家，C店做得很好，但是天猫店做得很一般。另外，"同人店铺"只影响搜索展现，对于报名活动、获取官方资源则没有任何影响。但是对于大多数行业，只要搜索流量起不来，店铺就很难做起来。

"同人店铺"对多店搜索流量的影响：对于同一个品牌、同一个类目、相同的产品，影响最大；对于同一个品牌、同一个类目、不同的产品，影响次之；对于不同的品牌、同一个类目、不同的产品，影响更弱；对于多个店铺、不同的类目，几乎没有任何影响。

淘宝对"同人店铺"的识别方法，其实有点类似于淘宝搜索的稽查系统，会进行多维度的关联识别，比如多个店铺登录 IP 地址、后台注册信息、法人信息、电话号码、手机硬件信息、ERP 抓取订单匹配的商品编码、图片空间、发货地址、退货地址等。

如果只是其中一个维度异常，比如在某个货源的集散地，多个淘宝店的店主共用一条网线，其他维度都没有关联，那么就不会受到"同人店铺"的影响；但是如果多个维度有关联，这时候店铺就会被联系到一起，被判定为"同人店铺"，搜索流量就会被打散。

经常有卖家问我：多店经营，是不是只要把网线分开就可以了？我一般会告诉他，不用花这个冤枉钱再拉根网线，因为这样做也无济于事——只要有多个维度被识别为有关联，就会被判定为"同人店铺"。

还有卖家问我：一旦被判定为"同人店铺"后，会影响多久？

并不会很久，因为只要是规则就会有偶然性和误判。曾经有朋友和我说，他们尝试摆脱"同人店铺"成功了，只要把运营团队和仓储发货完全分开，大概一周后流量就开始正常了。

但是，这样做存在两个问题。

第一，目前你并不能完全弄清楚"同人店铺"会识别哪些维度，以及自己的哪些维度异常，所以可能会不断地被判定为"同人店铺"。

第二，如果为了摆脱"同人店铺"的影响，把运营团队和仓储发货完全分开，对于公司来讲，成本将大大增加。这样做真的值得吗？

其实我也一直在和淘宝搜索的小二沟通"同人店铺"的识别规则，从商业的角度来看，很多品牌成长起来之后，都会有切分到细分人群的子品牌战略，所以会有同一个团队在同个类目开多个店铺的情况。

所以，目前基于商家的反馈和市场的变化，淘宝也会不断地升级和调整搜索算法，让规则更适合市场的发展。

17

如何提升店铺服务体验

我们可能听到过一些"故事"，比如刘强东假装是新员工，到基层体验流程；或者某个大老板亲力亲为，到一线体验自己的服务，然后发现不好的地方，勃然大怒，推进公司在某个地方的改革。

在我看来，这些都是事件营销而已。

就算这样做有效，老板也不可能持续地做下去，因为服务体验的提升并不是一蹴而就的，而是一个长期慢慢提升的过程。

有句话说，企业要让能听到"枪炮声"的人来决策。我们思考一下，在电商公司里，最知道目前哪里有问题的岗位或者员工是谁？

没错，是客服。准确地说，是售后客服。

所以，在我的淘宝店铺里，基本服务体验的提升，是靠售后客服持续完成的。

这里就要提到淘宝店铺员工管理，在这一块，我的思路是：100 人以下的公司，员工管理主要靠绩效；100 人以上的公司，则主要靠企业文化和价值观。

也就是说，员工管理的核心不是你去培训他或者看着他做，而是要想办法调动起他的主观能动性，让他打心里想把这件事情做好。

我认为，10 人以下的小型淘宝店铺，老板可以靠情感来管理；但是人再多一点的公司，调动起员工主观能动性最有效的是"钱"——进行合理的岗位绩效考核，用钱引导他。

而判断岗位绩效考核是否合理，主要看绩效指标是否能引导员工的"欲望"和公司的目标保持一致。

举例说明：最早的时候，我们公司对售后客服人员的考核方法是处理多少售后问题，有多少奖金。执行了一段时间，发现问题很大，售后客服人员要想拿到更多的绩效奖金，就要处理更多的售后问题。但是公司不想有更多的售后问题，所以和公司的目标相背离。

接下来我们做了绩效考核调整。公司内其他岗位的工资是低工资+高绩效，绩效考核是加钱；售后客服岗位的工资是高工资+"负"绩效，绩效考核是扣钱：和售后客服人员沟通过的顾客，如果把负面信息展现在评价里，店长就会对每条负面评价扣 10~50 元不等。

这样调整绩效指标后，售后客服人员的工作态度立刻发生了很大的变化——之前是处理更多的售后问题，就能拿更多的工资，所以售后客服的主要工作是"擦屁股"，她们想拿更高的工资，也乐意去处理一些小问题；现在是为了工作轻松，就尽量避免产生售后问题，有了问题立刻追溯源头，避免再次发生问题。

在调整后不久，又产生了一个问题——售后客服人员发现了问题，比如发现产品有某种缺陷、打包的胶带不严实、客服人员过度承诺等，但是因为岗位的原因，她们没有解决问题的权利。

所以后来基于这一点，我们让售后客服人员每天做"售后记录表"，记录下当天所有的售后问题，并且把调整建议提供给店长；售后客服人员每周再做一个汇总的"售后反馈表"，店长拿着这个表格对接有问题的岗位或者供货商，及时进行调整，提升了客户体验。

这样改进后，经过一段时间的磨合，整个公司的服务体验就越来越好了。

售后客服人员也乐意做"售后记录表"，因为店长帮助她们解决问题，她们的工作就会越来越轻松；店长或老板也不需要费尽心思地想办法来优化服务，每周只要看一下"售后反馈表"，就能基本掌握一线的客户数据。

这样就实现了让员工的欲望和公司的目标保持一致。

总结：

- 提升店铺服务体验，没有绝招，不是通过一两次的"卧底"就能改善的，要长期持续进行。

- 要让能听到"枪炮声"的岗位或人员来做公司优化服务体验的决策，对于淘宝店铺则是售后客服。

- 判断绩效考核的设置是否合理，其标准是看员工的欲望和公司的目标是否保持一致。

- 学会做淘宝店铺的"售后记录表"和"售后反馈表"。

思考与落地

建立一套属于你的"售后记录表"和"售后反馈表"。

售前客服绩效，打造
"狼性"客服

有一次，我接到一个天猫小二的电话，问我："你是不是某天猫店掌柜？"我说是的。她说："这里有一个顾客投诉你们的客服人员。"我一听投诉，很紧张，赶紧问："什么问题，我们马上处理一下。"小二说："顾客打电话到天猫热线，要求你们店铺的客服人员不要再催她买了，她不想买。"

虽然是投诉，但是当时听到这里，我的心里是美滋滋的。虽然这样做不够好，但是至少证明我们新推进的客服绩效考核，让客服的"狼性"体现出来了——对每一个可能成交的订单都尽最大的努力。

在谈客服绩效考核设置之前，先说说发生在我身边的另外一个故事。

我自己家里装修，要买两块地毯，客厅沙发处放一块，卧室床头处放一块。我逛了很久，终于在一家C店，极有家的店铺，看上了一块牛皮拼接地毯，简单地和客服人员聊了一会儿，拍下付款6800元。付款后，在这家店铺的首页又看到了一块羊毛地毯，适合放在卧室床头，所以拍下，付款时发现两块加起来10020元。

我就和客服人员沟通："亲，能不能去掉20元，正好付10000元整数。"没想到客服人员很冷淡地回答："不好意思，本店概不议价。"其实我本身就是想稍微优惠点，追求个心理安慰，于是我就和客服人员解释，但是客服人员非常坚决。我有点不爽，心想："我就不信自己做了这么多年的淘宝店，一万多块钱的订单，20元讲不下来。"

后来我想到一个点子，先把之前已经付款的6800元的订单申请退款，然后给客服人员留言："如果你非要这么较真，那么之前买的也不要了，给我退款吧。"正当我洋洋得意的时候，突然"叮咚"一声，提示退款成功。

最后，我也不好意思再和客服人员说，我其实就是开个玩笑，只能默默地关掉页面，重新打开淘宝网搜索，去找其他家店铺的地毯，这又花费了我很长时间。

后来，巧合的是，有一次我在杭州做培训，看学员的店铺资料，发现这家店铺的老板也来听我的淘宝运营课程了，我就问他："如果你做客服人员，顾客拍下了10020元的产品，要求去掉20元零头，你会不会答应顾客？"老板几乎没有犹豫，说："会啊，毕竟10000元的订单我们的利润还是不错的。"

接下来，我又问这家店铺的老板："你们客服是不是每个月拿死工资啊？"这个老板很惊讶，说："老师是怎么知道的？目前我们店的客服都是亲戚在帮助做的。"其实，我这样猜测原因很简单：对于一个客服人员，如果每一笔成交和她的收入都有关系的话，那么她就不会轻易地因为20元而放弃一笔10000元的订单。

讲到这里插一句，很多时候老板自己做客服人员，反而比所谓专业的客服人员要好，原因大概有两个：一是老板更懂产品、更懂消费者；二是老板在接单的时候心里会一直打小算盘，算这一单成交能赚多少钱，所以不会轻易放掉到嘴的"肥肉"。

所以，我们在做客服管理的时候，不是去培训客服人员的接单技巧，而是想办法让她们有"老板的心态"。就像上面所说的：进行产品培训，让客服人员体验和了解产品；设置绩效考核，让每一笔订单都和客服人员的收入有关系。

其实，我们一直在思考绩效考核设置这个模块，要想有效调动起员工的积极性，不怕让员工拿"天价"的工资，最怕的是：员工拿到的钱和其所做出的贡献不成正比。

举例说明：某店铺参加一次淘抢购或者聚划算，即使某客服人员再不好，当天的客服询单销售额也会大幅度增加，那么你认为因销售额的增加该客服人员拿到的钱和她做出的贡献成正比吗？

就像我们制定其他岗位的绩效考核指标一样，要站在公司的角度思考：客服人员要取得什么样的结果才能对公司的销售额提升有帮助？

另外，电商的售前客服和传统的销售服务有所不同，比如一个楼盘的销售，或者电话销售，客服人员需要主动出击，经过多次沟通后达到成交的目的；而绝大多数电商的售前客服，她们几乎不需要主动出击，只需要被动地接单。

所以，从这个角度来看，电商的售前客服要想做好，只需要做到三件事情。

- 让来咨询的客户尽可能多地下单，对应数据：询单转化率。
- 让下单的客户尽可能多地买高单价商品，对应数据：客单价。
- 让下单的客户尽可能多买，对应数据：客件数。

对应的，在电商售前客服的绩效指标设置上，就对应考核三个点。

- 设置询单转化排行榜，排名越高，奖金越多，并且让客服人员主动去催付所有咨询未付款的订单。

- 设置客单价基准线，如果客单价低于基准线，则取消该客服人员的奖金。此举主要是为了防止客服人员为提高询单转化，推销低价产品。同样，也设置客单价排名榜，排名前三的有奖金，甚至对于某些利润足够高的单品，可以设置单品提成。

- 设置平均客件数奖励，我自己的店铺是顾客购买 2 件及以上产品，让客服人员备注，ERP 自动抓取计算客服绩效，然后以购买 2 件以上产品的订单数量，作为客件数排行榜的维度。

自从做了客服绩效考核的调整、采取了多维度的奖励后，客服人员的思考逻辑是这样的：

- 要拿到询单转化奖，就要想办法让顾客下单。如果顾客和我聊天了，最后没买，那就是害我，所以才会出现本文开头所讲的顾客投诉：我不买了，请你不要再催我了。

- 要拿到客单价奖励，就要考虑尽量推荐高单价和高利润有提成的产品给顾客。

- 要拿到客件数奖励，就要在顾客购买一件产品之后，尽量基于顾客的购买情况来推荐相关联的产品。

最后的结果是，在很短的时间内，询单转化率从原来的平均 42%提高到 70%，整个店铺的销售额也得到了提升。

如何做老客户维护

在行业里我们会看到一些有意思的规律：如果一个女装店有爆款，则往往这个女装店的老板是男人，但是很难做成 TOP 店铺；如果一个女装店全店成交，没有爆款，那么这个店铺的掌柜很可能是女孩子，我们看到牛气的女装店往往都是女老板。

分析原因，我想可能是做爆款往往关注共性需求，挖掘数据，男人擅长，但不利因素是客户只忠诚于某个产品的款式和性价比，而不是整个店铺或品牌。女孩子做淘宝店，对数据不敏感，只凭自己的审美来选款，这样前期做起来比较不容易，因为用户群可能会窄，但是一旦客户喜欢上你的一款产品，就有很大的机会喜欢整个店铺产品的风格，顾客的忠诚度会比较高，后期的发展就会比较稳定。

其实我想说的是，对老客户维护其实并不在技巧、方法上。如果你的店铺只有一个爆款，那么很难做客户维护，因为客户很难反复购买一个单品；老客户维护的核心，是让客户从喜欢你的某个单品，到喜欢整个店铺。

所以，我们会看到这样的结果：风格明确的店铺，其本身可能没做老客户维护，但是回购率反而会很高。

比如薛之谦和李雨桐的淘宝店，薛之谦认为自己是明星，有粉丝，可以"刷脸"；而李雨桐用事实说话，在她退出之后，整个店铺很快就没落了，所以说在这个店铺的经营过程中李雨桐起到了决定性作用。

如果让我从"业内专家"的角度来做裁判的话，我不否认薛之谦的影响力在店铺起步阶段的引流作用，解决了初始销量，但是我更认可李雨桐在店铺经营过程中所起的决定性作用，她定下整个店铺的风格、基调，并且用其完整的审美观，而不是什么所谓的定位分析，维系了一部分和她有类似审美观的用户，成为这类人群的意见领袖。

风格或者感觉这东西是天生的，后天很难去模仿，不然画虎类犬，虽然你自己感觉已经很像了，但是你的老客户能很明显地感受到不同。

现在我们用淘宝的专业词语来说明，店铺缺的并不是流量，而是能积蓄流量的"产品人格"。说到这里，我们得出三个结论。

- 做老客户维护的前提是，要从整店的角度来考虑产品布局，而非只打造爆款。

- 整店风格或者策略的选定，靠的不是定位分析，而是偏执地"卖自己"。

- "卖自己"，要想让客户了解自己，呈现的渠道是通过"首页的网红化"。

如果你能做到以上三点，那么再去做老客户维护就会事半功倍。具体在做事情时，下面五点需要大家先想明白。

（1）短信的到达率很低，微信更好。

我们现在动不动就会收到一些来自自己购买过产品的淘宝店铺发来的短信。从你是顾客的角度来看，你觉得收到这些短信，真的能勾起你的购买欲望吗？可能很多的时候，你只会点开它，把未读状态下的短信变成已读。所以，我们操作时发现，目前短信的转化率极低，它要经过用户收到短信—打开淘宝网—搜索关键词—进入店铺—了解下单这些行为过程，中间每个步骤都会有很大的损失率，尤其是从看到短信到进入店铺这个环节。

短信的引导进店率低还有一个原因，就是短信是主动推送的，用户看到短信时的状态未知，可能用户当时在忙；但是通过微信朋友圈的推送，用户在无聊的时候就会去翻看，这时候接受度和到达率就会高很多。

所以建议：维护老客户的渠道是微信朋友圈。

（2）内容比渠道更加重要，简单、粗暴。

上面我们只是从大的概率来看微信和短信的引导进店率，其实比渠道更重要的是推送内容的文案。

在移动互联网时代，"不正经"已经成为一种新经济。在推送内容中越正经地告诉客户促销信息，效果可能越差；越是"不正经"地说，可能最后的效果越好。

所以，内容要俏皮，促销要么不做，要么就给足够的吸引力，切忌不痛不痒。

（3）唤醒老客户不是通知，而是差异化。

我坐飞机，不管在什么位置，空姐都会和我说："贾先生你好，这是给你准备的湿巾、毛毯……"。有时候空姐做完这个"特殊服务"之后，身边其他乘客会忍不住问：你到底是什么人？为什么空姐知道你叫什么？

真实原因是，我是金卡会员，在会员服务里有一个"称呼服务"，就是必须单独和金卡客户说几句话。说实话，这项服务没有什么具体的物质投入，但是我却很享受这项服务带来周围"异样的目光"。所以我以后每次订机票，都订这个航空公司的。

因此，唤醒老客户只是告诉他们"双 11"要来了，他们是不会重视的；但是如果给他们差异化的东西，如微信老客户专享福利，那么效果就会好很多。

（4）老客户就像狙击枪，指哪打哪。

如果做搜索优化或者其他渠道引流，则很难做到让顾客"呼之即来，挥之即去"。但是，如果把老客户维护得好，则可以当作狙击枪使用，目的明确地帮助我们做很多事情。

比如"双 11"会场预热，要收藏、加购数据，甚至是预售订单的数据做会场"赛马"，那么我们就可以做些活动来引导；再比如新上架的季节性产品，需要在短时间内快速打爆，那么我们就可以配合朋友圈，做一些老客户专享折扣促销。

（5）事件营销，老客户带新客户，人以群分。

目前，基于移动互联网的传播，老客户不仅仅是 CRM 的渠道，而且还要承担着"以老带新，完成传播"的"拉新"任务。

在前面的内容中我们提到了人以群分的观点：买红木家具的人，他身边的朋友买红木家具的可能性比一般人大很多。比如在"双 11"前，用户访问浏览店铺的行为能带来搜索和会场的个性化展示流量。因此，在这段时间内，每个店铺都要做一些引导老客户回访，甚至是老客户带动新客户回访的活动。

比如，我们在策划某饰品店铺的"最美梳妆台"的评选时，让用户分享自己的梳妆台，并且发朋友圈、新浪微博，有机会赢取 iPhone 8 手机。如果是大品牌做这件事，则可以考虑配合着制造微博话题，学习娱乐圈的一些"买热搜"的炒作方法，来吸引更多的用户访问店铺。

或许，平时的只访问不购买，意义不大；但是，在搜索千人千面和"双 11"会场千人千面的现状下，只浏览的意义还是很大的。因为我们看上一年的复盘数据，品牌店铺的会场流量占 11 月份整体流量的比例是最大的，所以提高会场"赛马"排名的一切行为都是有必要的。

店铺上新品的方法和思路

我自己从 2008 年开始做淘宝店铺，最早是在南京珠江路数码批发市场附近，住在一个集体宿舍中，身上只有 600 元的生活费，借产品拍照上架，卖出去了再去拿货、发货。

可能是因为有百度 SEO 的基础，店铺很快做起来，慢慢有了自己的团队。再后来我就把远在山东老家的爸妈接到南京，爸妈是农村人，闲不住，要求帮我做点事，于是我就把他们安排在仓库，负责商品入库时点数和签字。

我爸妈没做过什么生意，不懂经营，但是她们会经常和我说："儿子，你还是要抽空多找点新产品。你看，只要这个月新产品多了，仓库这边每天的发货件数就多了。"

其实我想说的是，即使是像我爸妈这样完全不了解电商或者经营的人，也能通过自己的观察把"发货量"和"上新品"两件事情关联在一起。或许到现在，很多掌柜都可以认同一个观点：产品为王，但是在"产品为王"这个方向上，他们做了什么努力呢？

曾经不少掌柜和我诉苦，说他们现在很迷茫，不知道往哪边使劲。一般这时候我都会给他们这样的建议：拿出更多的精力，用来找新品或者升级热销款，这是无论如何都不会错的方向。

从其他店铺的成功案例来看，基本上在某个类目中某个店铺突然爆发起来，往往并不是整个店铺一下子爆发了，而是某个产品突然热销，而且这个热销的单品是最近新上架的。也就是说，改变店铺命运的、给你新机会的往往都是新品。

当明白了上新品的重要性后，我给自己公司的店长和运营人员安排了一个重要等级最高的任务：每周必须准备 6 个新品，周二晚上 9 点定时上架。当有了这个任务后，公司的运作团队立刻从之前的无所事事变得忙碌起来。

每周三，整理近七天的消费者搜索数据（数据获取方法，后续章节讲）；

每周四，从数据中找到上新品的方向；

每周五，联系供货商找到这些新品，寄样品；

每周六，确定并且准备上架商品的主图描述；

每周日，设置定时上架，并进行全渠道的预热；

每周一，通过微信做上架新品的促销策略；

每周二，解决上架商品的初始销量。

周而复始。

在这个过程中，需要店长、运营、采购、拍照、美工、微信专员等多个岗位协调配合，所以以上新品为运营主线，就可以全面调动起整个公司所有人员的积极性，逼着大家必须在指定的时间内完成相应的工作，不然就会影响整周上新品任务的按时完成。

有的掌柜看到这里，可能会想：我们的类目或者行业不太可能经常上新品，因为开发新品太难了。我们必须承认，上新品这件事确实对于绝大多数行业来说都很难。但是，要想提高销售额，改变现状，你就必须要挑战。比如 iPhone 手机，升级一个版本很难，但是每次出新版本，都是苹果业绩提升的机会。从用户的角度来看，如果 iPhone X 不出来，我觉得我的 iPhone 7 挺好用的，但是新版本出来之后，我就会瞬间觉得我的手机过时了。

乔布斯曾经说过：如果一个公司的营销人打败产品人，那么这个公司就要走下坡路；而一旦产品人打败营销人，这个公司未来就可以期待。其实，在现实当中也可以看到，目前很多做得好的淘宝店，并不是因为老板是运营高手，而是因为老板全身心地投入在产品上。

其实，每次说到这些的时候，我都担心有的人会心里满是不屑，觉得贾真在讲大道理。但是，我又不得不说，因为从我做淘宝店这么多年的经验来看，关注产品真的比关注运营要重要得多，而关注产品的直接表现就是升级现有产品和寻找新产品，并且让整个团队都做这件事情。

讲到这里，如果你认可了"上新品主线"的观点，那么每周在上新品时我给大家一个建议：尽量避免预测爆款。在店铺日常运营过程中，我们把事先认为可能会卖得好的产品努力推销给顾客，可是最后反馈一般；而我们事先不是特别看好的产品，反而最后卖得很好。原因是，就算我们刻意地站在用户的角度看产品，也很难真的做到设身处地。最好的上新思路是，先基于消费者的需求去布局产品，然后通过微信渠道，用老客户完成产品的初始销量，接下来就像"海选"一样，通过新品跑一周的数据进行"赛马"，最后选择在"赛马"数据中表现比较好的产品进行重点推广。

关于上新品的方法和思路就分享到这里，至于在哪里选定新品范围，以及如何快速提升新品宝贝的流量，在后面的内容中会详细讲解。

21

数据选品

前面讲到了淘宝卖家在经营店铺时，要把"产品为王"落实到行动上，需要做的事情就是：把上新品作为店铺运营主线。

我先帮大家梳理一下思路：店铺想要获得更多的流量——承接流量的是产品——上架更多的产品。那么是不是为了提高店铺的流量和销量，就要不顾一切地上新品呢？

不是。在这里，我们必须得提到淘宝搜索的打散原则——在一个关键词的搜索结果中，一个店铺最多能展示两件宝贝。因为它影响了我们做淘宝运营的思路。

基于这个原则，如果同时上架的宝贝都具有相同的关键词，那么不管你怎么努力，也只有两个产品能够同时获得大流量。

所以，如果你的淘宝店只卖一个细分类目的产品的话，虽然从商业角度来看，可能因为专业、专注能把产品做得更好，但是在店铺运营上却很容易遇到流量和销量的瓶颈——一旦有两个产品的销量做起来后，能够拿到手机淘宝搜索首页的大流量，那么基于打散原则，就算其他产品的销量还不错，也不可能在手机淘宝搜索首页展示了。

如果你认为突破销量瓶颈的方法是推更多的产品，通过付费"战略性亏损"手段来推第三个产品，那么当第三个产品能够拿到手机淘宝搜索的大流量时，你就必须付出代价，这个代价就是基于搜索打散原则，使得原先排在搜索首页的两个宝贝必然有一个要退下来，腾出位置给第三个产品。

简单地说，店铺的产品线越单一，产品和产品之间的内部竞争就越激烈。所以很多时候，为了突破店铺的流量瓶颈，要"雨露均沾"，方法是基于产品的目标人群需求，上架其他相关子类目的产品，以提高流量的利用率。

综上所述，我们在把"产品为王"落实到行动上，不顾一切地上架新产品之前，要定一个"产品上新计划框架"。比如做童装，首先要确定好店铺主营子类目，如裤子、T 恤、外套、套装、亲子装等，然后每次上新品时进行填空，每个子类目都上几款新品，这样才有利于店铺整体搜索流量的增长。

另外，必须说明的是，大家在进行子类目扩展时，要考虑到店铺经营子类目的相关性，不能毫无顾忌。以前做淘宝店会经营全类目产品，比如很有名的淘宝第一店"柠檬绿茶"，从化妆品到女装，再到食品、家居等；但是现在，我们几乎很难看到有 TOP 店铺经营全类目产品，原因是淘宝搜索增加了主营类目的权重，在大类目下扩展子类目没有任何影响，但是扩展到其他相关性不大的大类目对店铺的权重反而不利。

定了"产品上新计划框架"之后，在具体的子类目下选择产品。如果你本身是对产品非常有感觉的"意见领袖"，那么你就可以尽情地选品。乔布斯特别推崇福特，就是因为他说的一句话："在没有汽车时，你去问别人想要什么，他一定会告诉你他想要更快的马。"所以乔布斯和福特认为，没必要过分在意用户需求，而是由你来告诉用户，未来他们需要这样的产品。

但是，我们不是乔布斯，很难做到这一点。所以我们需要借助于"攻略"来发掘并满足顾客的需求，而这个"攻略"就是生意参谋中消费者搜索热词的数据（见下图）。

3C数码类目

产品	属性	时间：2017.10.17			
手机壳	苹果6	oppo r11	苹果7	vivo x20	oppo r9s
	vivo x9	苹果7 plus	苹果6s plus	oppo r9	7p
充电宝	20000毫安	50000毫安	便携	小米	可爱卡通
手机挂绳	挂脖	女款			
手机支架	懒人支架	床头	直播	桌面	平板
数据线	苹果	安卓	数据线保护套	type-c	
自拍杆	神器				
钢化膜	苹果7	小米6	oppo r9s	水凝膜	vivo x9
电脑包	女	手提			
充电器	无线	苹果	充电头	华为	安卓
电池	充电电池	钮孔电池			
iPad保护套	iPad Air 2	iPad mini			
手机扣	指环扣	手机扣环			
USB分线器					
读卡器					
指纹打卡膜	硅胶	指纹贴			
键盘膜					

在我们店铺，每周一店长会做出这样的表格，数据来源是生意参谋里的3C数码大类目—行业热词榜。我们整理顾客的搜索词,去掉重复的词。然后，把我们店铺在销售的顾客在搜索词中提到的产品标红，剩下的没有标红的产品，就是顾客想要买但是我们店铺又没有的产品。这些没有的产品，就是我们店铺上新品的方向建议。

同样，对于服装、箱包、鞋帽这些类目，也可以根据搜索热词榜，整理出最近一周消费者想要的衣服款式、材质、风格等，然后作为上新品选款的参考。大家注意，我们一直在强调数据的重要性，但是必须明白的一点是，商业的核心还是人心，数据仅供参考，而不是让数据"操控"你。

接下来，店长和采购人员就根据这些数据,或者联系现有的合作供货商,或者在阿里巴巴上搜索工厂购买样品。可能有的掌柜听到这里会问:对于这些新的产品我们没有货源优势怎么办？谁都不是天生就有优势的，在产品这方面，"销量"和"优势"是成正比的。先不用关注采购价格能不能降到最低，也不用关注能赚多少钱，而是要先尽快地采购样品、拍照、上架卖起来。如果卖得少，那么卖完就下架，你也损失不了什么；如果卖起量了，就算你不去找厂家，厂家也会主动找你，给你供货，你的优势自然就建立起来了。

了解我的人可能知道，我的天猫店打造了很多新产品的第一批爆款，比如自拍杆、指环支架、USB灯、键盘膜等。在淘宝网做互联网产品，有的时候很像短跑，你先跑一步，优势就会很明显。

从数据上看，"键盘膜"这个产品的搜索量并不大，但是我当年就是靠这个产品做到全网类目第一，从草根人生里走出来，赚到人生的第一桶金的。所以，给大家的建议是，在做消费者搜索数据分析时，一定要把前500个热词都抓下来，数据尽可能做得全面，因为数据中的每个产品都可能是改变你电商生涯的宝藏。

最后，在准备上架前，我必须给大家一个忠告：要警惕"概念产品"——就是你采购回来产品后，一定要自己先试用，如果发现它并不太实用，只是"看起来很美"，那么建议你放弃。例如，当时我们在消费者热词数据里同时发现了自拍杆和手机鱼眼摄像头，把它们都采购回来，发现自拍杆挺实用的，而鱼眼摄像头就是一个放大器，不好用。最后我们决定只上架自拍杆进行推广，果然，自拍杆很快火爆起来，而手机鱼眼摄像头到现在也不温不火。

关于数据选品的分享就到这里。当你根据数据建议上架了几个产品后，怎么让零销量的宝贝在两周之内被更多的新客户看到呢？下一节会继续分享淘宝店推新品的流程。

推新品的思考 1——新品权重

经常有人问我："我想重推爆款，是重新上个链接好，还是用原来的老链接好呢？"我想，问这个问题的人，多半是想弄明白，到底新链接权重有没有可能比老链接权重高？

我曾经问过淘宝搜索小二类似的问题，其实单纯从新链接的角度看，新品没有加分，但是为了让新品能够有机会展示，上架的新品会有一个"新品基础分值"，决定了上架新品的初期展现量。这个基础分值会在上架后的大概两周内基于用户数据反馈，再做一次比较大的调整，我们俗称"新品赛马期"。然后在这两个周期后，这个宝贝的展现排名就会相对稳定了。

基于搜索的算法模型，我们再看前面的问题，其实老链接和新链接各有优势。基于"新品赛马期"，新链接带来的搜索流量的提升幅度可能比较大，但是容易不稳定；对于老外链接，如果历史收藏和加购数据比较好，那么虽然流量的提升会比较缓慢，但是稳定性会很好。

很多做淘宝店的掌柜最想知道的就是推新品的方法，因为做淘宝店一般的思路是定位人群、产品后，用新品做流量入口来带动整店的销售。所以，不管做什么样店铺的运营，在核心技能包当中必须有推新品的技能。

我们在推新品的时候，从平台规则上看，主要需要考虑两点：新品基础分值和新品赛马。

不同的店铺上架的新品，并没有一个统一的新品分值，可能有的店铺上架的新品分值是 35 分，而有的店铺上架的新品分值是 60 分。为什么会有这么大的差异呢？主要算法是什么？

举个例子，让大家来理解"新品基础分值"。不知道你玩没玩过《王者荣耀》或者 LOL 游戏？如果玩过，那么你会知道这两个游戏，每过一段时间，就会清零段位数据，然后大家都重新开始，但是每次重新开始的时候，每个人的初始段位可能不同。比如，有的人是从白银段位开始的，有的人是从黄金段位开始的，那么有两个问题：给不同玩家不同的新赛季段位，依据是什么？游戏为什么会给不同玩家不同的新赛季段位？

第一个问题，答案很简单，根据大家在游戏里的上赛季表现，上赛季段位越高，对应的新赛季段位就越高。其实每个淘宝店上架的新品分值不同，其原理和游戏是一样的，只是淘宝店上架新品的基础分值基于两个数据：主营类目权重和品牌调性分。简单来说，就是看店铺在这个新品类目的数据跑分和上架新品的品牌在整个淘宝平台的数据跑分。所以，大家可能也会感受到，如果店铺在主营类目的销售表现好，上架的产品是大品牌，这样的新品如果不受打散原则限制的话，做起来就会非常快。

也就是说，站在平台的角度来看，搜索是为用户服务的，而"新品基础分值"这个算法的思维逻辑实际上是平台认为：大店铺和大品牌的新品，更值得被推荐给用户。

第二个问题，如果在每个赛季开始，所有的玩家都在一个池子里比赛，那么带来的结果是菜鸟一直被虐，毫无游戏乐趣，再也不想玩了；"大神"每次都像"打电脑"一样，游戏变得无任何挑战乐趣，也不想玩了。而像现在这样，为不同玩家设置不同的初始段位，基本可以保证整个游戏不至于太混乱，然后基于接下来的个人表现，比如 LOT 有 10 场"定位赛"，来决定你应该在哪个段位玩。

淘宝平台在排序新品时，使用的算法原理也和游戏类似，"新品基础分值"

算是产品初选。我们在讲搜索算法的时候，一直在强调数据反馈带来的数据智能，单纯地靠机器给新品打分数据结果可能并不精准。例如，可能某个小店的某个新品非常特别，它就比某些大店的大品牌的产品好，如果只按照机器跑分的话，这个新品就很难被用户尽早发现。所以，这就需要类似于"10场定位赛"这样的"新品赛马机制"，在基础分值上根据单品上架初期的两周表现，重新计算权重。

所以，我们看到网上的爆款打造案例，几乎都是从新品开始操作的，原因就在这里。新品能起爆流量就是因为有"新品赛马期"，很多卖家上架了大量商品，但是上架后就不管了，这其实是很有问题的。做产品就像养育孩子，在孩子未成年的时候，还要靠家长来呵护，等孩子长大成年了，家长才能让他自己出去闯荡。

做新品，在上架之前怎么预热；在上架之后两周的新品赛马期，怎么解决初始销量和评价，才能使流量暴涨，这对于每个店铺都很重要，下一节我们和大家一起研究。

思考与落地

不同的店铺上架新品，操作方法一致，他们的新品权重是否一样，影响的因素有什么？

推新品的思考 2——新品赛马期

上一节，我们讲到淘宝搜索引擎会给每个新品宝贝不同的权重，然后在上架后的两周左右，根据该宝贝和同时期宝贝的赛马表现，重新打分，来确定这个宝贝一段时间的基础展现排名。所以，我们在做店铺上新品的时候，需要在宝贝上架前一周、后两周给宝贝一定的"特别关怀"，让新品宝贝能够成长得更好。

在对上新宝贝"特别关怀"的过程中，我们持有一个观点：就是做事情的时候，要想真正做得特别出色，做出最好的成绩，往往要打破限制，需要随机应变，独立思考。但是，在公司运转的过程中，我们又很难事必躬亲，每个新品都自己来做，所以为了避免做得特别差，有一个最低要求，就是制定适合自己产品的"上新流程"，然后不管以后谁做产品上新，按照这个流程来做就可以了。

在这里，我们又必须提到乔布斯，当时他给苹果上新品做了流程示范，到现在苹果还受益于他做出来的上新流程。苹果每次推新品时，在召开发布会前，都尽量保密新品的参数卖点，然后让媒体和用户猜测，为品牌和新品做预热和传播。接着，公布发布新品的时间，由苹果 CEO 上台来介绍新品，因为有之前的猜测，所以大家对新品到底和自己想的是否一样充满期待。新品发布完之后，告诉你：我现在还不卖，多久之后在哪些国家正式开始卖，然后在这段等待时间内"饥饿营销"，因为从猜测到正式开卖持续个把月，足够让信息充分地传达给所有"果粉"。最后，在开始售卖那天就会爆发。

每个店铺都要学习苹果公司，基于自己在"新品赛马期"的最低表现，制定出适合自己的新品赛马流程。如果这个流程更适合"新品赛马期"的算法，那么所获得的流量加成可能事半功倍。那淘宝怎么通过算法判断这个新品是不是更值得推荐给用户呢？

对新品的权重打分有一点和正常的宝贝是不一样的，就是它是在计算销量的加分上进行的。我们站在淘宝网的角度来思考问题，如果一个宝贝上架之后，突然在短时间内有大量的淘宝客、淘口令或者直接单击链接购买的动作，能不能说明这个新品很不错呢？

我觉得并不能说明这个新品很不错，因为这不是赛马，而是作弊。那什么是公平的赛马呢？

举个例子，比如我们同时上架新品，都从搜索入口进来一些流量，我的收藏、加购和成交数据比你的好，这才是赛马。所以赛马的第一个要求，就是流量是从搜索入口进来的。在这里，还要注意一点，就是如果一个用户之前已经通过单击链接或者从其他入口进入店铺了，这时候他再通过搜索访问店铺，这就不能算作搜索入口了。也就是说，淘宝网计算的是首次访问入口。

再比如，对于同时上架的新品，我们有类似的收藏、加购和成交数据，但是我的成交用户是高级别的淘宝 APASS 会员、经验丰富的专家用户，而你的成交用户是淘宝新手，就好像《中国好声音》节目中对歌手的投票，汪峰、那英的一票和普通大众评审的一票，谁选出好歌手的概率更大？可能更多的人会选前者，因为经验丰富的用户更值得信任。所以赛马的第二个要求，就是购买账号的淘气值越高，加权越大。

其实在上架新品的赛马期，尤其是第一周，因为大家都没有大流量进来，所以搜索最看重的并非销售数量，而是销售质量。销售质量的最佳体现，就是购买产品的用户是谁。举例来说，往往最喜欢购买爆款的反而是新手，原因是新手没有更好的购物经验，所以大家买什么，他就买什么；而经验丰富的淘宝会员，可以通过自己的判断，从新品和销量不高的宝贝里淘到好东西。

所以，淘宝网这两年一直在做买家会员体系的升级和构建。我之前讲过，数据智能的核心是人的行为。新手用户的行为往往随机性比较大，而老会员的行为对数据智能的贡献更大。换句话说，淘宝网构建会员体系的目的之一，就是利用老会员的行为帮新会员在海量商品中"淘""宝"。

因此，淘宝卖家利用微信来"收集"高级别买家推新品，越来越重要。

比如，对于同时上架的新品、同样的会员等级，但是 A 会员在搜索关键词之后，浏览、比较了其他类似的 3 个甚至更多的宝贝，最后购买了你的宝贝；而 B 会员在搜索关键词之后，直接单击你的商品购买了。那么搜索引擎会基于用户的全网路径，认为 A 会员的这种行为更能证明最后购买的商品比对比了但没买的商品要好。所以赛马的第三个要求，就是不要让用户轻易地在很短的时间内找到你的宝贝，而是比较得越多，搜索加权相对就越大。

这里有一个方法，就是给微信用户新品全网最低价的福利，只要微信用户能够在全网找出月成交量在 5 件以上的同款产品，如果价格比我们的低，那么就可以享受最低价+10 元红包，此举可以引导用户进行搜索比较。

我们前面讲过，搜索引擎在计算权重加分时，标题中的每个词是"各自为战"的。用户在购买新品的时候，搜索的关键词是什么，直通车就推什么词，那么基本上流量就是围绕这些词来提升的。所以赛马的第四个要求，就是引导微信用户在搜索关键词时，尽量通过搜索"品牌词+计划主推词"的方式进店，如果商品没有品牌，则可以考虑换成 "生僻词+计划主推词"。

综上所述，我们在制定新品上架流程的时候，首先要考虑买家账号，想办法在微信里"收集"和"维护"高级别的买家。然后在新品上架前最好进行预热，让用户能通过"生僻词+计划主推词"搜索到产品，并且告诉用户可以接受全网最低价成交，让他们去比价，并且所有的成交不能通过优惠券或者其他方式优惠，如果要返现，只能通过微信渠道。最后，有销量后要有意识地去做评价晒图，有了晒图后，可以考虑直通车只围绕着"计划主推词"进行推广，先做起来宝贝的关键词排名，带起来这个宝贝的流量和销量。

当然，我给大家介绍的这个"新品赛马期"加权流程，不一定是最好的。建议大家每次做新品的时候，都做一个"新品成长表"，记录下每天的引流词、成交数据、成交渠道、搜索流量变化（见下图），然后简单记录下每次打造爆款的投入产出情况。接下来，你就可以根据这个表格比较不同的推新品方法对提升搜索流量的帮助作用，这样你就会越做越好。

店名：金芭蕾官方企业店		日期	总体概况					搜索		
			总访客	件数	转化	加购	盈亏额	访客	件数	转化
客单价	39	6月21日	10	1	10.21%	47.76%	26	10	1	11.86%
成本	6	6月22日	39	3	7.72%	17.91%	78	29	2	6.93%
ppc	1.7	6月23日	37	3	8.16%	22.17%	78	29	3	10.89%
单价利润	26.05	6月24日	75	7	9.34%	15.39%	182	63	4	6.34%
		6月25日	77	6	7.78%	32.20%	156	63	6	9.47%
		6月26日	62	4	6.47%	22.31%	104	46	1	2.25%
		6月27日	88	16	18.15%	23.17%	417	65	9	14.02%
		6月28日	89	8	8.97%	14.13%	208	59	5	8.44%
		6月29日	110	8	7.27%	19.53%	208	77	7	9.24%
		6月30日	104	10	9.59%	15.36%	261	68	8	12.16%
		7月1日	94	9	9.55%	16.99%	234	66	5	7.54%
		7月2日	122	9	7.37%	18.49%	234	88	7	7.92%
		7月3日	148	12	8.10%	12.99%	313	110	10	9.06%
		7月4日	123	15	12.19%	13.84%	391	71	10	14.04%
		7月5日	131	12	9.16%	11.37%	313	77	9	11.64%
		7月6日	135	11	8.14%	21.58%	287	92	7	7.58%
		7月7日	129	13	10.06%	18.35%	339	84	6	7.10%
		7月8日	157	25	15.93%	20.68%	651	112	19	17.15%
		7月9日	167	23	13.79%	27.31%	599	125	14	11.32%
		7月10日	188	19	10.13%	20.23%	495	132	10	7.55%
		7月11日	179	16	8.96%	18.78%	417	139	11	7.89%

欢迎大家分享你们的"新品成长表"数据给我，我帮你们找规律，不断完善我们推新品的流程，提高效率。

店铺定位

老师，一个店铺是不是只能卖一个价位的产品？

老师，我的店铺要不要专注在一个产品线上？

老师，我的店铺是不是只能定位一类消费人群？

经常会有人问我这样的问题，其实从搜索规则上看，大家大可不必考虑店铺定位，很多卖家把定位等同于价格，认为一个店铺售卖的商品，都应该在一个价位段，那是不是这样的呢？

我曾经问过搜索小二这样的问题，如果一个店铺全店 9.9 元包邮，然后上了一个 999 元的新品，那么这个新品会不会很难获得流量？答案是，从搜索上看不会。

我也曾经问过搜索小二，关于卖家一直在说的店铺标签问题，这个需要卖家怎么做？小二反问我：什么是店铺标签？我们并不知道有这个东西。

当然，虽然从搜索规则上看，这并不会有影响，但是我觉得如果 9.9 元包邮的店铺，上了 999 元的新品，可能确实不会比上一个 9.9 元的新品好卖。原因是从市场行为来看，客户群不同，老客户不太可能买，店铺流量无法串联。

也就是说，从搜索算法的角度来看，给店铺定位没啥意义，我们要做定位，更多的要从市场行为的角度来看。那么先思考一个问题：给店铺做了定位，会有什么好处？

先从消费者的角度来看定位，比如，贾先生喜欢中国风的衣服，所以他需要花时间到各个店铺去淘，而如果某个店铺的定位是设计独一无二的民族风男装，那么就可以为贾先生提供穿衣搭配方案，这里的定位给用户的价值是意见领袖，提供穿搭建议。

比如，王女士想给自己的以北欧风格装修的房子买家具，但是她不知道买哪款、怎么搭配比较好，而如果某个店铺不仅卖家具，而且还可以设计北欧家具方案，那么就可以帮助和王女士有一样需求的客户解决问题，这里的定位给用户的价值是一步到位，提供整体解决方案。

比如，李小姐受够了低价爆款，根本不想买 9.9 元的手机壳，但是又不想花冤枉钱，一个店一个店地去试，而这时候如果某个店铺全店售卖的手机壳都是李小姐可以接受的价格和品质，那么这里的定位给用户的价值就是节省时间。

综上所述，我们是否有必要做店铺定位，主要是看定位能否给用户提供价值。如果你的店铺定位能给用户提供价值，那么带来的结果就是"用户忠诚度"，用户忠诚度的短期效应是回购，长期效应就是品牌。

再从卖家的角度看定位，比如 A 品牌或店铺只卖凉茶，好处是让消费者觉得你专业，还有就是相对更容易占领用户的心智，如怕上火就喝王老吉。但是，小公司即使专注在一个产品上，因为没有很强的传播能力，也很难用单品类占领用户的心智。

对于中小卖家来说，只卖凉茶这个定位，最大的价值是让全公司专注在一个产品上，然后就能基于"一万小时定律"做出更好的产品，让自己的店铺更有优势。也就是说，从卖家的角度来看，只卖一个产品，最大的价值是有利于公司的目标管理，使公司专注于一个领域。

综上所述，我们做店铺定位，只需考虑对消费者和对自己有没有价值，如果有价值，那么定位就有利；如果没有价值，那么定位对自己的发展反而会变成制约。

举例说明，比如一个店铺只销售凉茶，这样定位的价值在哪里？从消费者的角度来看，这么做并不会帮用户节省时间，因为用户买凉茶并不难；从卖家的角度来看，只销售凉茶，并不负责生产，所以也不会因为专注带来优势。那么这样的店铺定位，价值并不大。

经常有人和我说："我打算开个女装店，只卖卫衣，你觉得怎样？"大家看到这里，应该可以想明白，做定位的目的是为了提高回购率，而只卖卫衣，反而会因为产品线比较窄，顾客不会购买同类型的衣服太多，降低了回购的可能性。所以，这并不是一个好的店铺定位。

而且，通过搜索规则中的打散原则我们知道，一个店铺只销售卫衣，有且只有两个产品能拿到搜索大流量，那么这样的店铺只能做爆款，并且很快就会达到流量瓶颈。

再比如某个店铺卖拖把，如果你是购买拖把的用户，你觉得只卖一个价位、一个品牌的拖把的店铺比较好，还是提供多个价位、多个品牌的拖把的店铺供你选择比较好？

可能有很多人会选择后者。其实我们做定位的主要目的是为了回购，比如奢侈品价格高，所以可以区分开人群，买的就会反复买。说得直白一点，就是在一些低回购的行业，因为回购期比较长，讨好一类人群的价值就不大，所以就没必要只做一个价位的产品了。比如卖充电宝的店铺就不必只卖一个价位的产品，可以选择多个价位段，抓不同的人群。

而且，如果一个店铺只做一个价位的产品，在现在的个性化搜索算法下，反而不利于产品的展现。我建议低回购行业的卖家，在进行店铺产品布局时，对高、中、低三个价位的产品都做相应的布局，这对流量的增长会更有利。

　　综上所述，我所说的定位，都是指店铺定位，而非品牌定位。我们并没有否认一个品牌只做一种产品的方式，比如我们看到王老吉只做凉茶、香飘飘只做奶茶、江小白只做白酒，也取得了很大的成功。但是这些定位取得的成功都不是依赖单店铺的销售的，而是靠单品渠道的铺货和销售的。

　　我们还原用户购买凉茶的场景：用户可能很少会去单独买凉茶，多数是去超市买东西时顺便买了凉茶。所以，单个产品线的定位和销售要想取得成功，需要把产品嵌入到别人的销售生态中。也就是说，看别人买凉茶的时候还会买什么，然后让更多的卖这些关联产品的店铺上架我们的凉茶，而不是开个凉茶旗舰店。

　　总结：店铺定位要做生态经营，围绕用户需求，布局多个产品，解决用户问题。如果你卖的是低回购的产品，那么产品价位段可以多覆盖人群；如果是高回购的产品，那么针对某类人群做精准销售，以提高回购率。

　　品牌定位要做到专注，单产品要做到极致，主要做渠道运营，嵌入用户生态。其实，在目前的淘宝环境中，用单品做分销更能够实现大的销售可能性，甚至更容易成就一个品牌。

　　最后，我们负责任地说，多数做成功的定位，都不是设计出来的，而是在销售过程中找到了自己。比如，你发现女性用的手机壳市场很好，但是男人去做却很难成功；瘦子去卖大码女装，也很少见到有做好的。

从 iPhone X 的热销，
看淘宝爆款的未来

大家还记得 iPhone X 预售的火爆吧，当时网上的数据显示 5 个小时卖出 550 万部，据粗略估计，总金额超过 461 亿元，而 2017 年市值超过 500 亿元的公司，中国也不过 200 家左右，联想、海尔等公司都不到 500 亿元。也就是说，苹果公司 iPhone X 单品 5 个小时的销售额，超过联想、海尔等公司的市值。

很多品牌避免提爆款，总觉得做爆款档次低，我们看 iPhone X 也是爆款，但是恐怕没有谁会看不起 iPhone X 吧。其实我们骨子里看不起的不是爆款，而是低价爆款，是那些就算卖很多也没办法给企业提供利润的廉价商品。

我们要单品制胜，但并不意味着一定要做低价爆款。当然，也不是说低价爆款 100% 不行，你看可口可乐也能成为伟大的公司。更多的时候，单品制胜要求我们不要把低价当成唯一的卖点。

其实单品制胜有两条路可走。苹果公司走了第一条路，眼里只有消费者。我们之前在讲行业分析的时候，说看数据要看两头：市场和竞争，市场再好，竞争太大也不适合切入。但是反过来看，如果你自身能把产品做到极致，比如 iPhone X，那么所有的竞争都是纸老虎。

小米公司走了第二条路，降维攻击。小米更关注竞争，去攻击不如自己企业的行业爆款。因为在产品上小米不像苹果公司这么强势，所以它更关注竞争。我们看到小米靠单品的模式，切入了非常多的大品牌看不上的小类目，比如充电宝、机顶盒、体重秤，甚至 USB 灯、毛巾等。当然，这里所谓的降维攻击并不是简单地切入小类目，而是因为"降维"带来了在产品设计和生产上的绝对优势。

那么，对于淘宝卖家，作为小微企业在单品制胜这条路上，梦想可以是苹果模式，但是更现实、更实际的是小米模式。很多了解我的人都知道，2017年我的天猫店打造了月销量最多做到 7 万多件的爆款:腾达 A9 信号放大器，单个产品帮品牌实现了全渠道近亿元的销售额。这就是我的天猫店的"降维攻击"，切入网络配件大类目里"中继器"这个小类目进行突破。但是我们看到，小米也推出了一款新品 WiFi 信号放大器，小米就像一个"大章鱼"，把触角伸向全网的各个小类目，去发现已经被市场验证的爆款，然后基于别人的款升级外观和性能，做成具备小米特质的产品，接下来就像 NBA 球队降级来打 CBA 球队一样，所向无敌。

对于我们普通的淘宝卖家，比起小米来还差得很远。所以，我们可能要做的就是在小米的基础上再次"降维攻击"，小米现在是"大章鱼"，把触角伸向各个行业；而我们应该像"蚂蟥"，逮着一个点，聚焦去做一个有优势的产品，然后不顾一切拼了命地在这个点往下钻，比如香飘飘奶茶、老干妈、王老吉、脑白金等。

需要注意的是，我们看到凡是单品制胜的公司，几乎没有一个靠自己销售的，更多的是靠渠道扩展和运营。这里只说线上单品运营，下面和大家分享一个成功案例。

我做淘宝 C 店的时候，在义乌找了很多新奇特的小产品来卖，其中有一个产品就是键盘清洁胶，进货价格很便宜。因为是小东西，也没什么品牌，大家都在做，量很大，所以卖得很便宜。有一天，北京的一家叫浪淘金沙的公司看到了这个小类目下的产品，他们说投入了将近 100 万元来研发和升级同类产品，最后推出了一个品质和实用性超过同行很多的产品：软么么清洁胶。

他们先和一个店铺合作，打造爆款。其实如果工厂和成熟的店铺合作，品牌方愿意投广告费，店铺本身的运营能力也不太差，而且产品本身具有一定的优势，那么成功打造爆款的概率还是很大的，所以很快就成功了，这个单品月销量做到了几万件。

但是，我们在做单品制胜的前期打造爆款的目的，并不是为了爆款，而是为了广而告之。注意，这里说的广而告之，并不是让消费者知道我们的产品，而是在商家圈提高影响力。我们之前在线下做产品，广告和销售是分得很清楚的；而在线上做淘宝店铺，在销售的同时也是在做广告。当品牌和产品有了一个爆款后，就会在整个行业传开，接下来品牌方就可以通过客服以爆款为"成功案例"，把产品铺货到更多的行业店铺里。

当你有能力把产品铺货到足够多的店铺中后，其实基本销售的问题就不是问题了，只要整个淘宝网甚至线上销售的趋势在增长，你的品牌销售就会增长。后来听说"软么么清洁胶"这个十几元钱的小产品，实现年利润达 900 万元人民币。如果你想要做到高于行业平均增长幅度的增长，那么品牌方要做的事情就是基于现有的手机互联网和朋友圈，想办法制造事件做品牌认知的传播。

还有一点要注意，就是在单品分销过程中，品牌方要进行单品全网控价，在考虑市场竞争定价的同时，给分销商预留相对多的利润空间。其实如果只从厂家的利润角度看，厂家只关注出货价格就好，别人卖多少钱和自己无关；但是如果不进行控价，产品的生命周期就会很短，后进来的卖家打价格战，会把单品价格很快地打到出厂价，大家都没利润。如果大家都没有利润了，那么就没人愿意投入精力和广告去做这个单品了，这个单品的寿命很快也就结束了。

总结：单品分销的思考步骤大概有如下六步。

- 降维攻击。

- 升级产品。

- 打造爆款。

- 渠道铺货。

- 转发传播。

- 全网限价。

在这六步里，从打造爆款到全网限价都不难做，可以流程化操作；核心和难点其实是降维攻击找产品和升级产品这一块。比如虽然我有整套操作方法，但是我无法在产品这块做到极致，即使像苹果这样的公司，也很难做出改变行业的亿元销售额单品。

思考与落地

罗列出你的产品可以提升用户体验的清单。

店铺首页设计逻辑

做淘宝店铺首页的设计，其实做的是"用户行为心理分析"。也就是说，我们要弄清楚几件事情：用户是谁、用户是从哪里过来的、用户的心里想的是什么……

掌柜要做的事情是：如何花最少的时间满足用户需求，提升用户体验，同时满足商家的欲望。

先看一下我的店铺，3C 类目，生意参谋官方流量分析当中的路径分析数据（见下图）。

数据最大的魅力之一，就是能通过数字准确地反馈典型的用户行为，这比所谓的"换位思考"靠谱多了。在上面的数据截图中，我们能看到详情页承接了 84.04% 的流量，店铺首页只有 4.34% 的顾客进来看过，而在进入店铺首页的顾客里，其中有 41.44% 还是从详情页进入首页的；在进入店铺首页的流量中，有 35.42% 的顾客离开了，有 30.97% 的顾客通过首页进入了其他详情页，还有一部分顾客进入了分类页，另有一小部分顾客进入了搜索页。

通过这些数据我们得出一些结论，对于这个店铺：

- 店铺首页，没有想象中那么重要，它只占了整体流量的 4.34%，所以没必要耗费很多时间来做首页。

- 首页的主要用户是通过详情页过来的，所以设计首页主要是为详情页服务的。

- 首页用户的走向，除了离开的，有 56% 的用户点击了其他商品和分类。

- 目前微淘流量占比为 0.04%，基本在绝大多数类目中属于鸡肋入口。

当然，如果只看这一个店铺的数据，可能会受到类目和产品的影响，因为有偶然性的可能。下图所示的是一个饰品店铺的数据，大家可以看到，其实大的比例差不了多少，其中小的数据差异就代表了店铺页面设计带来的流量流转能力的不同。比如，饰品店铺的首页访客比例明显比 3C 类目多，从产品上看，3C 数码配件用户在买东西的时候，带有非常强的目的性，所以往往"来也匆匆，去也匆匆"，没有去首页看。

说到这里，我们对照数据，来看看本文开头提出的几个问题。

（1）客户是谁？用户是从哪里来的？

店铺首页的访问者，可能多数不是直接访问者，也就是说，并不是品牌或者店铺的粉丝。如果是直接访问者，那么我建议店铺首页的第一屏核心是一句话推销自己的店铺，让用户瞬间记忆深刻：这是怎么与众不同的一个店铺。比如，在我早期做 C 店的时候，我不惜"牺牲"自己，在店铺首页告诉顾客，这是非诚勿扰男嘉宾的淘宝店；如果进入首页的不是直接访问者，那么给他们画个访问路径，大部分是这样的：搜索关键词—点击商品—进入分类页或首页—进入首页。而这里要给顾客看到的是：你的店铺到底是卖什么的。

（2）进入首页的用户，心里想的是什么？

从宝贝页面进来的客户，基于行为数据后面的出口是其他详情页和分类页，我猜测他们可能有两种想法：第一，这个产品我不太满意，看看其店铺还有没有其他款式；第二，这个产品我想买了，看看还有没有什么其他值得买的产品。

所以，不管顾客有哪种想法，能够让他们快速找到其他同类产品或者相关产品的分类，在店铺首页装修中永远是最大的核心重点。

目前在首页中还有一个模块，就是优惠券，它在装修分析当中往往点击率特别高。有一部分消费者，点击首页的目的就是为了找优惠券。那么，我们假设一个场景：如果你看上了一个宝贝，很喜欢，到店铺首页找优惠券，如果发现店铺没设置优惠券，你会不会继续买呢？

可能很多消费者还会继续购买。从数据中看，你会看到优惠券的使用效率特别高，但是从用户的行为反推，你会发现首页设置或者不设置优惠券，对转化的帮助不大，只是白白损失了利润。

所以，如果首页设置优惠券，从提升转化率的角度来看，可能意义并不是很大；但是如果爆款的价格是 179 元，你设置满 200 元减 30 元的优惠券，那么这个优惠券就会强迫消费者继续浏览你的店铺，从而提高了客件数。

（3）让用户花最少的时间。

先看个案例：小明想在 2017 年"双 11"买价值 399 元的卫衣。

已知，付定金 20 元，然后在 0~2 点推出"定金 3 倍膨胀"活动，2 点以后定金可以抵用 50 元。但有付尾款前 500 名免定金活动，同时该店铺有满399 元减 20 元和满 299 元减 10 元的优惠券（其规则是定金+尾款-定金膨胀优惠金额大于或等于优惠券使用门槛），还有一种是满 379 元减 20 元和满 279元减 10 元的折扣券（其规则是尾款-定金膨胀优惠金额大于或等于折扣券面额）。优惠券和折扣券，只能选一种。

问：小明最后买到这件卫衣，最少需要多少钱！

这就是典型的失败案例，让用户的购物变得更复杂了。

淘宝网从 PC 端迁移到无线端，带来的变化之一就是让顾客可以随时随地购物。给卖家带来的挑战是，在这样的购物场景里顾客并不是逛街，并不享受买的乐趣，而是想用最少的时间完成购物的行为。

之前我在做团购网的时候，自学了网站制作和百度 SEO 知识，知道一个好的网站要求是：从首页到任何一个页面的点击次数不超过 3 次，因为每次点击都会跳失很大比例的用户。请大家自检自己的店铺首页是否符合标准，就是从店铺首页开始找到任何一个产品，点击次数不超过 3 次。

（4）在做好顾客体验的同时，提升客件数。

做店铺一定要考虑的是"欲望管理"，如果你的目的明确，就是为了赚钱，那么反而很难赚到钱。因为这样的心态不可避免地会让顾客嗅到你的"铜臭味"。但是如果你从"心"出发，控制住自己的"欲望"，调整自己的心态，把做店铺的目的变成"帮助用户解决问题"，那么这样就很容易走上正轨，反而容易赚到钱。

同样，做店铺首页的策划，其实目的是为了通过提高客件数，来提高销售额。但是从这点入手，还不如从让用户花更少的时间买到最适合的产品这方面入手，这样会更有效。

如果从宝贝页面进入首页的客户，是为了看有没有其他款更适合自己，那么我建议在首页做购物推荐：什么样的人适合买什么样的产品。如果你在店铺首页做了这样的购物推荐：建议普通家庭买这款就足够了，没必要花更多的钱去买高级版"，那么我相信带给顾客的体验将无与伦比。

如果从宝贝页面进入首页的客户，是为了看还有没有其他什么东西值得一起买，那么我建议从节省顾客时间的角度考虑，不要把首页做得花里胡哨的，放各种促销信息，就简简单单地做店铺分类导航，清清楚楚，让用户一目了然。所以，我建议绝大多数的店铺首页，都可以考虑以"极简"作为主要风格。

综上所述，对店铺首页设计逻辑有如下几点建议。

- 店铺首页第一屏主要是为了防止跳失，试着用一张图片介绍店铺的特点，尽量不要太"正经"。

- 店铺首页并不是用于视觉欣赏的，更多的是功能性的，所以从节省用户时间的角度，设计成"极简"风格。

- 分类尽量出现在店铺首页的第一屏里，分类设计要符合标准：点击 3 次可以找到任何产品。

- 首页设置优惠券的目的，是为了让用户买更多的产品，所以设置为高于客单价 10%左右的价格就行。

- 控制住自己的欲望，从客户体验的角度思考首页设计。

27

连贯性运营

可能很多草根掌柜都会幻想一个场景，就是有一天做成了大公司，运营团队、视觉团队、推广团队等一应俱全，自己就能抽身出来，享受幸福人生了。

可现实情况是，只有几个人的小公司效率是最高的。当你有机会构建一个部分岗位整齐的淘宝店的时候，你希望团队效率是 1+1=2，但是实际上只要是协作，就会有损耗，能做到 1+1=1.5 就已经很不错了。

举例说明：大公司一般会有单独的设计团队、视觉团队、运营团队、推广团队，这些团队在工作的时候，往往是各自为战的。比如运营团队会根据行业的数据构建标题，设计团队和视觉团队会根据自己对产品的理解做卖点挖掘与描述，推广团队会根据直通车的数据反馈开直通车。

这样的工作方式带来的后果可能是：某产品标题的关键词展现给了 A 人群，在主图上做了 B 人群的痛点挖掘，推广团队把产品推向了 C 人群。这样的操作用一个词来形容，就是"互相拉扯"，可想而知，最后的结果不可能做到 1+1+1=3。

反思一下，出现这个结果的主要原因是什么？当小团队或者一个人操作一个单品时，没有沟通成本，所以效率很高；而当岗位分得特别明确时，反而丧失了这方面的优势。我认为主要问题是意见没统一，也就是没做到"连贯性运营"。

要想串联起公司的多个团队，让大公司的损耗成本降到最低，做到相对的连贯性运营，就需要大家对产品有一致的理解。

简单地说，为了有效提升团队效率，可以考虑在团队各自发挥作用前，先基于产品开产品会议，由最了解该产品的人在内部"推销"自己的产品，然后拿行业同类产品进行数据分析，让大家充分讨论，最后用产品串联。在产品会议上要确认"卖给谁""怎么卖""最大的卖点是什么"这三件事情，统一大家的内心，拒绝"互相拉扯"。

举例说明：阿里巴巴做事情有两个风格，一是每个人都有机会牵头做一个项目，这让大公司分裂出很多个战斗力强的平行小公司，独立存活，还能互相分享经验，最大限度地弱化大公司病，从而保证运营的连贯性。

所以建议大家不妨在公司划分组织架构时，不要按照岗位划分，而是按照产品线来划分。比如苏宁做天猫旗舰店的运营，就是每个团队负责不同的产品线，而不是由一个团队运营一个店的全部商品。

二是阿里巴巴有一个文化，就是"事前充分讨论，事后坚决执行"。给我们的启发是，在开产品会议的时候，关于该产品的人群、卖点等可以充分讨论，进行头脑风暴，欢迎大家有不同的意见和想法。但是产品会议开完之后，推广部门可以把大家的想法用直通车进行数据测试，然后选出数据反馈的优胜方案，最后所有相关岗位都要坚决执行，齐心协力围绕着这个方向努力。

在这里插一句话，经常有人问我这样的问题：贾真老师，现在有两个电商公司让我去，一个是成熟的大公司，我去了做推广专员；一个是夫妻两人做起来的店铺，不到 10 个人，从个人成长方面，你建议我去哪个公司？

在这里，参考上面所讲的连贯性运营的思路，从个人的角度来看，一个大公司虽然看起来职业规划挺好的，但是如果没有做到让员工能够连贯性运营，那么你的成长空间是有限的。

就好像你想学一门制作陶瓷的手艺，但是师傅只让你学其中的一个工序。对于绝大多数的小公司，虽然短时间来看不正规，但是你只要有一定的能力，去了之后就可以体验到整个公司的每个工序，比如会亲身经历打造爆款的全过程，这对你的成长帮助其实更大。

从公司的角度来看，分岗位能够专人专职，看起来更专业，但是所谓的专业，也只能提高目前看来并不是核心的"术"。比如你操作一个店铺的直通车，不去根据数据反馈配合着调整标题主推词、主图和描述的卖点，那只是所谓的"术"，只能让你保证做得不太差。

而分产品线甚至分产品，类似于阿里巴巴的扁平结构，能够让公司的运营从"技术"回归到"产品"层面，而且连贯性运营还能提高员工独当一面的能力。比如你能做好 A 产品，那么就有很大的可能性能做好 B 产品，更适合团队内部成长和人才发掘。

学习感悟

啊，我是路小白！：韩都衣舍借鉴了阿米巴运营，裂变野蛮式生长。在部队，特战小组一般都是由 5~6 人组成的。当公司成长到一定程度时，可以借鉴特战小组的建设和阿米巴管理做连贯性运营。

思考与落地

你是否了解阿米巴模式，如何让团队裂变野蛮式生长？

提升转化率——三次催付交接表

有一次，我在家看电视无聊，就到淘宝网上闲逛，在有好货里看上一个装饰用的摆件，价格 699 元，然后就加到购物车里，在准备付款的时候，我又琢磨了一下，买回来放哪里比较合适？觉得可能没地方放，就放弃付款了。注意：我们之前讲过，网上购物从 PC 端转到无线端，带来的一个变化就是，类似于这种"可买可不买"的咨询和加购会越来越多。

后来我就忘了这事，但是这个店铺的客服人员连续三天在手机淘宝里给我留言。

第一天的手淘消息："亲，看你拍下我们店铺的宝贝，到现在还没成功付款，有什么需要帮忙的吗？"我看到了，但是因为在外面出差，没回复。

第二天的手淘消息："亲，上午好，你拍下这个产品，是店铺里的热销款，品质、做工都很不错，你如果真想要，今天付款，可以送你一个价值 50 元的小物件。"作为资深卖家，我了解这是催付的套路，看到了消息，也没回复。

第三天的手淘消息："亲，我是这个店的店长小李，最近老板给的销售压力比较大，如果您真喜欢这个物件，我可以试着帮你去申请一个全网最低价 499 元，我们产品的品质绝对 OK，不满意的话你可以退货。"然后，我说："那你去申请吧。"

最后，499 元成交，本来可买不可买的，但现在突然可以占个便宜，觉得不占白不占，就买了。后来，这个店长"小李"还加了我的微信，给我发了 200 元微信红包，作为返现。

买完这个东西，我反过来思考这件事情：到底谁"占便宜"了？从我是顾客的角度来看，我可能真的是以底价买到了这个产品。后来我比较了一下类似的产品，发现确实没有比这个价格低的了。从他是卖家的角度来看，他可能没赚到钱，甚至还有可能小亏一点。但是他赚了一个"高权重的销量"，我的账号是超级会员，我的购物行为经过了 N 多比较，因为他说这是全网最低价。另外，他因为这个行为提升了他的"搜索坑位产出值"。之前很多掌柜都在谈"补单"，想通过补单来提高转化率。其实他们所说的补单就是刷单，拉一个新客户过来成交，这并不算真正意义上的补单，真正的补单应该是把现有的流量利用到极致，而不是拉新。所以他的这个行为对于搜索权重的增加，可能会比所谓的补单好太多了。

在这次购物之后，我就安排公司的客服主管做一件事情，就是每天让客服人员在上班的时候打开一个表格记录：所有咨询过但没付款的 ID；所有拍下产品没有付款，并且催付未果的 ID。接下来，客服主管每天上班的第一件事情，就是去啃这些"硬骨头"。方法就是模仿我做顾客时这个家居摆件店铺对我所做的三次催付：

第一次催付，当天客服人员自己做，就是简单地询问未付款的原因。

第二次催付，客服主管有针对性地做，介绍产品优点，用赠品引导。

第三次催付，赤裸裸地和顾客谈钱，只为成交和搜索加权，不为赚钱。

这个三次催付交接表，能够保证我们给那些犹豫不决的顾客至少三次"特殊关怀"，客服主管靠这个三次催付交接表每天可以额外成交 40~50 单。

这个药方可能是一剂"西药"，在短时间内见效快，可以有效治疗"新品搜索量起不来""最近爆款流量在下滑"等常见的疑难病症。当然，部分掌柜可能觉得是西药就有副作用，这么做可能有问题。插一句话：我建议店长或运营人员做事时的思考角度，不是考虑"有什么困难让这事执行不下去"，而是考虑"想什么办法让这事能执行下去"。那么，三次催付交接表，可能会带来什么副作用呢？

副作用一：如果卖家通过微信给顾客返现 200 元，那么顾客在淘宝网申请全额退款时，怎么办？

答案：如果顾客这样做，并且不讲理的话，则确实没办法，卖家可能就会白白损失 200 元。但是，如果现在我告诉你确实有这个漏洞，让你去做这件事，你可能也没法抹下面子去做这种事。阿里巴巴逍遥子在解释规则时说过，就算规则制定得再完善，假设有 1% 的人想去钻漏洞，也能找出漏洞。换句话说，有 99% 的人不会去做这些事。所以站在全局的角度来考虑问题，如果有一两个顾客找麻烦，那就让他们占这个便宜好了。

副作用二：如果卖家这次给顾客优惠了 200 元，下次这位顾客还来找该卖家让给优惠怎么办？该顾客不仅自己来，还告诉朋友让他的朋友来，怎么办？

答案：就让他来吧，挺好的。在品牌或者店铺的成长之初，最重要的就是销量，先解决销量再考虑其他问题，就好像在没有什么成就之前，就没必要过分强调自尊。

29

电商供应链

在讲供应链之前，先和大家说一下我做淘宝店铺的经历。2008年我靠着珠江路批发市场做货，把 C 店快速做到了五皇冠级。当时我们公司附近正好有一个淘宝大学的南京分部，这边的校长推荐我去考淘宝大学讲师，说只要考上了，就可以免费听所有老师的课程。最后我就去考了，并且考上了。

在这之后，就慢慢地有卖家开始在讲堂上看到我。成为淘宝大学讲师之后，对我来讲，有好有坏。好的一面是，可以和淘宝官方进行更多的接触，站在更高的地方去看全网的淘宝卖家生态。

坏的一面是，因为成了讲师，就不仅要在乎销售怎样，还要考虑是不是店铺做得够格调。因为我认为店铺只做销售，尤其是低单价产品的销售，不管能赚多少钱，做不出品牌就对不起淘宝大学讲师这个"高大上"的头衔。

其实接触了品牌和店铺后，我发现发展到一定阶段，大家都会有这样的通病：

为了完成一个漂亮的销售额数字而去做计划，忽略了对公司发展更重要的利润；

为了让公司看起来更"高大上"，扩展了自己的经营范围，覆盖了业务线上的各个点，甚至有的淘宝店还承包了快递点。

比如我在成为淘宝大学讲师之后，看到有些学员成功地做出了"淘品牌"，我就开始梦想着用天猫店来成就自己的品牌。其实，这个想法本身就有问题，这样的想法可能会导致错误的导向。

注意，做品牌本身没错，但是如果做品牌的初衷是为了"格调"，那么可能就会有很多偏差，比如会放弃和产品更匹配的大众市场。

当时我做店铺，做市场上到处都有的产品销售，做到了单店类目销售第一。这时候我注册了一个商标"萌物"，开始做自己的笔记本键盘膜品牌。其实这也没错，错的是我想自己来做这个产品线上的所有产品，从产品和包装设计，到生产和营销策划。我比较擅长的是销售端，现在分出很多的精力到产品这块，发现自己没太大的兴趣。在生产上也没有经验，所以做起来很难，做出来的产品也比较大众化，没什么竞争力，店铺和品牌一直不温不火也就很好理解了。

现在回头看这件事情，我给卖家的建议是，在做品牌初期不要过分追求降低成本，一步到位；不要自己来做所有的事情，不管自己擅长还是不擅长。

而是要把专业的事交给专业的人去做，自己只做最想做也最擅长的那一块，整合资源。等品牌或者店铺销售做起来之后，再考虑慢慢地去控制核心工序点，你看苹果这么牛的公司，还找了富士康来代工呢。

另外，在整个电商行业，有一个很奇怪的现状：往往自己有工厂的人，看别人的淘宝店销售挺好的，自己就会去开店，心想自己的成本更低，更了解产品，应该会很容易做好的。但现实是，自己有工厂的人，绝大多数都做不过在自己手上拿货的人。为什么呢？

我曾经仔细思考过这个问题，最后得出的结论是：大概很多人的思维都被禁锢在了自己的优势点上。有工厂的人在做淘宝店的时候，其思考方式是自己工厂里有什么，我就卖什么；而没工厂的人在做淘宝店的时候，因为啥都没有，所以其思考方式是用户需求什么，我就卖什么。

从市场的角度来看，"我有什么就卖什么"和"用户要什么我卖什么"，哪个是更先进的零售方式呢？在前几年，因为资源匮乏、产品单一，所以第一种方式更高效；但是现在，商品大量过剩，消费者追求的不再是单一产品，可能有个性化和其他需求，所以第二种方式适合。

要让工厂店能够做得过采购商其实不难，只要打破自己的"工厂思维"就可以，从原来的"自产自销"转到"采销结合"，发现需求，快速采购，把产品放到自己的店铺销售跑数据，数据一般就继续采购，把其当成店铺生态的构成部分。如果数据跑得很好，则可以考虑采购转自产，把控品质，降低成本。

在电商供应链这块，我再和大家分享一下韩都衣舍的供应链策略。赵迎光整理出四个字："爆""旺""平""滞"，就是所有的新品都尽可能少量生产，然后根据上架前几天的表现给产品评级，分成"爆款""旺销""平销""滞销"四个等级，其中爆款和旺销的产品马上追单，平销和滞销的产品立刻在当季进行促销，以保证库存的周转率。

在这一点上，我感同身受。以前我做产品时看到别人都能做成爆款，所以我去进货时预订量就比较大，5000件。当时工厂老板就诱惑我，说如果能一次性下单30000件，可以一件再便宜2元钱。

我当时算了一笔账，然后就咬牙定了30000件，心想把成本降低点。最后的结果是，这批货到现在仓库里还有20000多件，无法处理出去。这么算下来，其实成本没降低，反而高了很多。

所以，电商销售有两个大的重点：一个是提高销售额；另一个就是控制库存。

我们看到有太多的销售不错的店铺赚不到钱，大部分原因就是没控制好库存。大家可以看到，网红女装店往往都是挺赚钱的，他们赚钱并不是因为销售额做得有多高，而是因为网红店往往都会做上新预售，先卖了再去做货，这样实际的利润率就会比备货的店铺高很多。

其实关于控制库存的思路，我前面也讲过一个观点，就是不预测爆款，不盲目备货；还有就是找到适合自己的柔性供应链，能够快速反应，迅速补货。

总结：

- 不要涉足太多的供应链节点，不要"面子工程"，做大事要有资源整合思维。

- 工厂要打破"自产自销"的落后思维，采销结合，从用户的角度来建立店铺生态。

- 不预测销量，设置最少起订量订货，柔性供应链快速反馈。

思考与落地

优化供应链，可以帮助你获得什么？

30

电商定价策略（上）

有不少人问我，产品上架之后，怎么定价比较合理？

在产品定价这一块，第一个要考虑的问题，肯定是成本导向。

关于成本导向，我们提到了电商，做电商惯性思维是直接把货从厂家卖给消费者，省去了中间成本，所以价格很低。

说做电商的成本低，这只是指初期的电商。现在，虽然中间商仍然很少，但是因为几乎所有做电商的企业都要面临巨大的推广费用成本和比线下更高的人员成本，所以我们看到的现状是更多的淘品牌反过来做线下。因为他们发现，就算要付房租，房租钱也远比线上的推广费用少。

就好像大家调侃瓜子二手车的广告，没有中间商赚差价，中间商确实不赚差价了，但是瓜子把钱给赚了。在天猫或者京东平台，确实是把产品直接从厂家卖了消费者，但是原来的差价变成了现在的行业扣点，比如服装行业为5%，差价都让天猫和京东平台赚去了。

有些草根卖家做淘宝店，心想只要加1块钱卖，就不会亏钱，所以就放开膀子打价格战。做了一段时间，看起来轰轰烈烈的，最后可能还亏钱。

定价，要弄懂纯利和毛利之间的关系，电商行业的费用平摊，简单地看，至少要考虑三个渠道。

（1）推广费用的平摊成本。每个月推广费用有多少，直通车+淘宝客+钻展，然后累计销售多少件产品，平摊到每件产品上，成本要加几块钱。

（2）库存风险。经常有女装卖家这么算利润：衣服进价 32 元/件，包装盒 3 元/个，卖 70 元，那么一件衣服的利润是 35 元，最后按照 1:2 的 ROI 去推广。所以我们会看到有的店铺一年销售上千万元，最后却亏钱，原因就是没有计算积压货存和退换货的成本。比如女装的平均售罄率为 70%，那么你就要考虑将剩下的 30%的货值加价在成本里。

（3）员工绩效成本。比如按照销售额给员工提成，每个岗位在一件产品的销售额里要提成多少，店长、运营人员、打包配货人员等的绩效成本都要算进去，甚至还要算包装盒的成本。

成本定价，核算出产品的成本后，在算利润的时候，还要考虑参加活动的折扣价。

淘宝网把活动日常化，每个月都会有大型的活动，如果你的产品定价没有预留出活动降价的空间，那么在活动期间就会很被动。还有，活动就算有调价，也要定一个相对稳定的活动价格，因为频繁变动的价格，会让消费者对你失去信心。

同时，在定价的时候，还要考虑预留出足够的利润给分销商。我们前面在讲分销的时候讲过，做品牌或者大规模销售，必须要考虑渠道扩展，在渠道成长过程中，只有保证足够的利润才能稳定地维护分销商。

讲到这里，可能很多掌柜会想，如果这么定价，那么产品价格会不会定得很高，很难做日常销售？之前这样做可能会有难度，但是现在，淘宝搜索进行了升级，在很多关键词搜索中屏蔽了底价，这就变得很有意思了。

和传统行业完全基于市场规律来定价不同，在电商行业，一口价的设定会出现这样的情况，比如在"手机壳"这个关键词下，低于 20 元的产品在默认搜索中是看不到的。我们曾经做过一个测试，直接改一口价，把一个 9.9

元包邮的手机壳，一口价改成 25 元，在默认搜索中就立刻能看到该产品了。

在淘宝网搜索结果页中，不同的搜索词展现的产品价格不同。对于优质人群，产品的最低价相对较高；对于低消费人群，产品的最低价相对较低；但是在某个价格以下，对于所有人群都不展现该产品。

这就要求我们在定价的时候，尽量在考核成本的前提下，定价尽量大于或等于类目主关键词的最低价。

那么到底怎么去找自己销售类目的最低价呢？在定价的时候，还要考虑什么问题呢？我们下一节分享。

思考与落地

怎么寻找销售类目的最低价？定价的时候需要考虑什么？

31

电商定价策略（下）

上一节，我们讲了电商定价中的成本定价，也讲到了目前搜索变化带来的"防搜索屏蔽定价"。

需要强调的是，搜索屏蔽的低价并不是按照类目来划分的，而是按照关键词来划分的。比如"男鞋"这个词，在手机淘宝搜索展现的前 40 个商品里，最低价格可能是 88 元，但是"男鞋真皮"这个词的最低展现价格可能就是128 元。

所以，确定产品的搜索定价，要做两件事：

- 尽量多找几部手机来搜索同样的词，以避免个性化对价格的影响。

- 找出几个主词的最低价，定价尽量大于或等于这几个主词的最高价。

完成这些操作后，基本上会得到几个价格，然后基于搜索的个性化展现，在定价上会出现如下几种现象：

- 低于所有人的最低价，在所有人的默认搜索结果中不展现，只能走销量排序一条路。

- 价格越高，能够展现给的人群越广。

- 价格越高，展现的排名往往越差，因为转化率相对较差，在搜索赛马中处于劣势。

我们得出结论：在做搜索定价的时候，价格选择正好等于搜索展现的最低价，是最有优势的。因为既能个性化展现给所有的人群，又能在展现结果中赛马处于优势，排名更好。

假如你找出的产品没办法定到某个价格，那么这里有一个变通的方法，就是捆绑销售。比如在吸顶灯类目上做个套装，客厅吸顶灯+卧室吸顶灯，价格就上来了。

当然，还可能出现选择关键词的问题，导致结果不是特别的科学。这里再分享一个相对科学的方法，就是利用生意参谋工具，找出类目里搜索流量最大的 10~20 个单品，但是你发现某几个单品销量并不是很大，但是搜索流量很大。你去看它们的一口价，就会发现一个规律，就是这几个单品的价格"恰好"都是某个价格，而这个价格往往就是做这个类目能够拿到搜索流量最佳的价格。

除防搜索屏蔽价格之外，我们在做电商定价的时候，还要考虑竞争导向。在基于竞争做定价分析时，切忌打价格战，因为打价格战是一个恶性循环。

一旦谁打开价格战这个门，整个行业可能就会出现一个结果——"没有最低价，只有更低价"。一旦启动了价格战，就很难有机会再把价格提上来了。

如果不打价格战，那么在做竞争导向定价的时候，其实可以考虑捆绑销售，在价格不变的情况下，提升其他福利，比如送赠品等。对赠品的设计要注意两点：

- 不要让用户觉得所有人都能得到赠品，比如有些店铺在颜色分类里注明，每天前 20 个下单者送抱枕。

- 让用户有 100% 的机会获得 10 元赠品，永远不如让用户有 10% 的机会获得 100 元赠品更有诱惑力。

除赠品这种实打实的东西之外，还可以在竞争定价之外，提供"软福利"，比如提供增值服务，延长保修期限；送大额优惠券，下次购物使用；前多少个购买者，可以加老板娘微信等，所有对顾客有诱惑力的事情。

在定价策略中还有一种方法，能够让你的产品有"加价能力"——即使你卖得更贵点，顾客也愿意买你的产品。在加价能力中，大家能明显地感受到的一个就是"品牌力"，比如 LV 就比同材质的其他产品要贵很多，但是很多顾客愿意买单。当然，建设品牌力需要一个过程，长期培养。

对于普通的卖家，要提高产品的"加价能力"，有两个思路：

- 做成某个行业的意见领袖，让用户先相信你，再相信你的产品。

- 不止卖一个产品，而是为顾客提供整体解决方案，帮助用户省时间。比如提供一套北欧风格客厅的整体家具方案，顾客会很喜欢，就算贵一点，顾客也不会浪费时间去一家一家店铺找产品。

除此之外，还有一个方法能提高"加价能力"，就是把大家普遍认为便宜的小东西卖得特别贵，让用户为了"炫耀"来购买。比如老干妈号称辣椒酱里的"爱马仕"，再比如"依云矿泉水""戴森吹风机"等。当然，这些产品本身足够优秀，但是其炫耀性消费属性，还是给它们带来了不少的便利。

思考与落地

搜索低价屏蔽给拼多多赢得了机会，你觉得拼多多的未来会怎样？

32

人群切分

今天我们讲一讲人群切分——做减分。

在十年前，物资匮乏，那时候的交易市场中有个东西能让你买就不错了，哪里有什么游戏本和 iPad 之类的产品。所以那时候做销售，更关注生产，基本上你做出来的东西都可以卖。而现在，产品过剩，消费者的选择和想法也就多了，开始有各种个性化需求，这时候做销售更关注的是客户需求，要求产品有差异化。

可能再往后十年，消费者的差异化需求都满足之后，那时候要出现像乔布斯这样的人，创造出新产品，让顾客看到后才知道，原来自己需要的是这样的产品，比如当时的 iPod。

前面在讲供应链时说过，现在绝大多数厂家都还处于第一种状态，就是想把一个产品卖给所有人。而没有工厂的"90后"，已经开始转变——顾客需要什么，我就卖什么。所以产品就开始个性化了。

其实，到现在为止，我做淘宝店铺分析的核心思路，基本上就是在做人群切分，找到人群需求——如果现有产品能满足需求，那么就把正确的产品卖给正确的人；如果现有产品不能满足需求，那么就改变或者创造产品卖给正确的人。

我曾经写过一篇文章《从把高小凤销售给高育良，来看如何做淘宝运营》，里面分析了美女高小凤学习明史，熟读《万历十五年》来接近并且搞定高官高育良这件事，在我看来，这是一个成功的销售。但是，如果你复制了这个经验，用一个懂明史的美女来搞定我，可能做不到，因为我压根不了解明史。

销售和"泡妞"其实是一个道理，所以我们得出结论：销售的核心，不是你的产品有什么优势，而是要找到顾客的需求点，投其所好。

所以，每当我接手一个淘宝店铺做战略规划时，首先关注的并不是该店铺有什么产品，而是先"投其所好"，罗列这个行业里有哪些典型的消费者，每类消费者最大的产品喜好是什么，然后规划产品去一一满足。

举个例子，当时我接手户外家具店铺的时候，发现全网的产品都是万能的，一把伞的标题覆盖所有的使用场景，如家用庭院、摆摊大排档、广告伞、保安岗亭、别墅、沙滩等。

这种做法唯一的好处是提高了展现量。但是我们做淘宝店铺的目的不是为了给别人看，而是让别人买。假设一个人想给自己的别墅买一把遮阳伞，搜索"别墅遮阳伞"，然后看到这个宝贝，点击进来，准备买的时候看到标题有"摆摊"两个字，瞬间就觉得档次太低了。

卖产品就像"泡妞"，每个女孩子你都去讨好，最后可能没一个人会喜欢你；但是只讨好其中一个人，对于其他女孩子都不管不顾，反而成功率更高。

所以在规划这个店铺的产品线时，我的操作是这样的：

（1）先罗列出购买户外遮阳伞的人群，从顾客搜索词的行业热词榜里去找数据支持，然后得到数据。购买遮阳伞的人群从大到小是：1 家用，2 保安，3 咖啡店、酒吧，4 摆摊，5 沙滩酒店。

（2）根据自身的情况，找到一类最有机会做到全国第一的人群，做出产品，只讨好他们。比如，我们在起步阶段放弃了第一类人群，家用，虽然这类人群的需求量最大，但是竞争也最激烈，不适合起步阶段。而第二类人群，保安，几乎没有产品针对这类人群去做，都是顺带在标题里加上"保安"两个字，市场空白。

（3）针对要突破的人群问自己三个问题：用的人是谁？买的人是谁？最

大的需求点是什么？保安遮阳伞，虽然用的人是保安，但是买的人并不是他们，而是物业，所以我们在做产品时要讨好的并不是保安，而是付款买产品的物业。现在明确了产品要讨好物业，那么就要去研究物业在买遮阳伞的时候会考虑什么问题，我们发现物业不仅要买伞，还要有站岗台，还要印字。

在这里给大家的一个建议是，围绕人群做产品的初期导向，不要从赚钱的角度，而是真心地去帮用户解决问题，这样设计出来的产品才有价值。最后，我们改进了保安伞，增加了站岗台、印字。

（4）精准展现。我们在标题里只写和保安、物业、小区、站岗相关的词，不写家用或者摆摊等，这样就可以让宝贝精准展现。对于主图，我们到淘宝网买了一套保安服，让员工穿上还原小区保安场景拍照片，描述只针对物业这一类人群做营销。

很多人都问我："贾真，怎么提高点击率？怎么提高转化率？"其实我想说的是，提高点击率的核心，是清楚地知道你的产品不应该给谁看；而提高转化率的核心，是你下决心只让一类用户为之买单。

对这个产品进行调整之后，在没有任何推广的情况下，流量稳定持续增长，一个月后，基于高点击率和高转化率的搜索赛马结果，单品日均销售额稳定在 3 万元以上，靠这个产品，把整个店铺带起来了。

你通过这个思路，能做出一款保安遮阳伞，那么你就可以同样做出一款摆摊专用伞、咖啡店专用伞等。需要强调的是，我们一直在强调改变产品，在这款保安遮阳伞产品上，只是单纯的产品组合，增加了站岗台和印字。其实这并不是很强的竞争壁垒，对手看懂了，跟进也就很快了。但是，如果在做这个产品的同时，投入更多的精力和资金，针对物业伞这个场景进行技术上的升级、产品形态上的改变，让它更适合，那么这样的产品运营才会有更大的未来。

试想：如果全国 30%的小区物业都用了我们品牌的专利技术的遮阳伞，那么这该是一件多么令人激动的事情啊。

卖点策划（上）

前面我们说了做淘宝店铺销售要先做的事情是投其所好，找到需求人群，然后用相应的产品来满足这类人群的需求。接下来要做的事情就是换位思考，站在用户的角度，看这类人群对这个产品的功能需求是什么。

到这一步的时候，我们想表达两个观点。

第一个观点：在提炼卖点上面，只能主打一个卖点。有数据显示，现在的人一个月获取的信息量，会比六七十年代的人一辈子获取的信息量还要多，原因就是互联网，尤其是移动互联网的推进。其带来的坏处是：之前因为有趣的信息不多，所以人愿意花很多时间在一个东西上；而现在，因为信息太多了，所以很难聚焦。

因此，从这个角度来看，我们认为现在的消费者给每个产品的机会只有1秒，在这1秒中如果你能打动他，他就能停留；否则就再也没有机会了。所以，我们看到现在的产品基本上都是单功能做到极致，如怕上火喝王老吉、拍照用美图手机等。

这也给我们提炼卖点带来了难度，你不能靠概率找出10个卖点，看是否能命中一个，而是要求你是狙击手，聚焦一个点，一击必杀，不会给你开第二枪的机会。

第二个观点：我们看过太多的营销类教程，都让大家换位思考，但是在实际中换位思考真的太难了。举例说明：我碰巧认识几个做大码女装的老板，并且都做到了行业 TOP 店铺，巧合的是这几个店铺的创始人都是女的，而且很胖。

我们会看到之后因为觊觎大码女装的市场，想赚钱进来的卖家，只要不是真正的胖子，都做不好产品。原因就是换位思考的难点：作为一个瘦子，她以为胖子穿衣服最大的需求就是舒适，但是可能真正的胖子宁愿挤一点，也想穿得美美的。

比如，我们在三年前就发现了女性手机壳市场的潜力，也尝试切入女性手机壳的市场，然后按照我们的审美，站在女性的角度去选款，最后销售很一般。后来，问了几个女性朋友的意见，她们看了我们的产品，一致的反应就是觉得手机壳图案的档次太低了。

所以，我们得出结论：如果要切入自己不是典型消费者的人群，要做的第一件事情就是找个典型消费者作为买手来选款，不能假装自己是消费者，美其名曰"换位思考"。还有，就是所谓的找用户调研，也基本没什么用，因为往往调研的时候用户不在购物场景里面。就比如你问一个女孩子，她想要什么样的老公，她可能告诉你要一米八、长得帅，但是过两年你再遇到她的时候，发现她的结婚对象只有一米七，但是很有钱。

如果自己不是典型消费者，在短时间内又找不到典型的买手到自己公司，那么就只能依靠数据帮你找卖点了。在通过数据找一击必杀的卖点的时候，比较好用的方法就是差评归类法。为什么要整理差评？原因是用户的好评，往往就只是说好；而如果用户给你差评，往往会写很多问题，来证明自己给你差评没有冤枉你。

我们可以让客服人员整理出一定量的类似产品的负面评价，然后对相同的吐槽点进行归类。接下来，看用户对这个产品吐槽最多的点是什么，然后你就可以基于数据，找到真正的用户角度的卖点。最后，你就可以改进产品，围绕这个点升级产品，提炼出一个一击必杀的卖点。

比如我们在做洗衣机的时候，本来以为消费者对洗衣机的需求是更智能、洗得更干净，后来整理完负面评价之后，发现 64%的用户对于震动和声音要求很高。于是我们就研发了一款把静音做到极致的洗衣机，命名为静静洗衣机，推到市场上。

在这里，我们还会遇到问题，就是从找到这个产品的卖点，到让用户感受和相信你的卖点之间，还有一定的距离，而能够拉近这个距离的方法，就是运用前辈们总结的 FABE 法则。

简单地说，FABE 法则就是在找出顾客最感兴趣的 Feature（特征）后，分析这一特征所产生的 Advantage（优点），找出这一优点能够带给顾客的 Benefit（利益），最后提出 Evidence（证据），让顾客相信它确实能做到。

现在我们讲一个比较经典的案例，就是美的空调的卖点提炼。之前大家都在说空调的功能变频，这可能是一个卖点，但是并不会让用户"痛"，原因是消费者不理解变频对自己有什么用。所以美的广告提出这样一句话：一晚上只用一度电。我们用 FABE 法则来解剖这个广告，因为空调变频技术（Feature），所以电机不需要频繁启动（Advantage），给消费者的好处（Benefit）是省电，最后怎么用证据（Evidence）让消费者相信省电呢？一晚上只用一度电。

从 FABE 法则来看卖点提炼，基本上越是专业的术语，让普通消费者不明白对自己有什么用的卖点，都不是什么好的卖点。在这里我们要像白居易学习，他每写一首诗，都要读给隔壁老太太听，如果能听懂，就是好诗，听不懂就回去改。因为我们产品的消费者大部分是"小白"，所以我对于公司运营提炼卖点有一个基本要求，就是三个字：说人话。

关于卖点策划的上半部分就介绍到这里，下一节我们会从卖点"互联网化"的角度来进行深入的介绍，如何让卖点本身成为广告，并且思考如何验证卖点对顾客到底有没有吸引力。

卖点策划（下）

上一节我们讲到，找到卖点后要运用 FABE 法则来表达，才能让消费者感受到并且相信。在 FABE 法则上我想再加一点，就是基于目前的移动互联网市场的变化，如果这个卖点具备传播性，那么基本上就成功了一半。

在思考卖点的传播性时，我建议要从"主动引导顾客分享"变成让顾客"忍不住自己分享"。在这一点上，除了卖点本身要有趣味性之外，还有一种常见的有效方法，就是从"一本正经"变为"不正经"，让用户意想不到。

我之前分享过江小白的案例，每个瓶子上都有一个和酒有关的段子（见下图）。当你的朋友拿到江小白的那一瞬间和那个场景，在没有防备的情况下，触及了他的内心，然后他默默地拿出手机，拍照发朋友圈，托物言志。

或许，你第一次看到江小白，就来自于你的朋友圈。而下一次，当你自己拿到江小白的时候，看到它不同的段子，可能也会拍照发朋友圈。接下来，这个品牌就基于它的"段子文化"，在朋友圈里开始病毒性传播。

而真正能产生广告作用的传播，并不是那些精心准备了广告词的广告，而是这种本来就不是广告的无意识的转发分享。所以，对于新的互联网企业，建议：产品要"正经"地做，在包装上要"不正经"地大胆调侃你的顾客。

比如下图，是我在朋友圈里看到的。《王者荣耀》曾经有一个段子，某人和老婆双排，装备买了几双鞋，然后他老婆质问他，你买那么多鞋有什么用？他斜了她一眼，说你也知道买这么多鞋没用啊。

在现实当中，可能很多老公会调侃老婆买那么多鞋，这时候当老婆再一次偷偷买鞋的时候，打开快递柜，发现在包装上先帮她向老公道歉："对不起，我又买鞋了！"就会让她忍俊不禁，然后拍照发朋友圈，来完成这个女鞋品牌在朋友圈的被动传播。

美中不足的是，这个女鞋的淘宝店把所有都做了，却没有把品牌名标注上，只留一个二维码，谁会去扫啊？

在卖点提炼上，还有一个关键点可以帮助做传播，就是尽量找能让用户直观感受到的卖点。比如，九阳电饭煲刚推出的时候，强调科技感，采用什么材料锅体，但是这个点消费者很难直观感受到，所以卖得不好；后来产品经理去看用户买电饭煲的行为，发现家庭主妇会用"颠重量"来判断好坏，所以他们加重了内胆，卖点强调"因为有重量，所以有质量"，因而打开销量。

再比如，曾经流行的日本的水素杯，说能够分解出氢气，然后可以美容、增强免疫力等，卖得很贵，2000 元，很多明星都买了。当然，后来很多文章说这只是个骗局，导致很多人上当，直到现在，还有不少人在买。如果这个杯子只是强调分解出氢气，没有任何直观体验，我觉得也不会有这么多消费者相信，关键是这个杯子做足了视觉上的"直观感受"：在分解氢气的时候，配合蓝色的灯光，冒着气泡。所以，很多买了水素杯的顾客，会拍照片或者视频把分解水的过程发朋友圈，这又加速了这个概念的"精准传播"。

这里特地强调了"精准传播"，原因是如果这个顾客能花 2000 元买一个杯子，那么在她的朋友圈里，能看到这条信息的人往往也是有这个消费能力的，因为物以类聚，人以群分。

讲到这里，可能很多掌柜跃跃欲试，满怀信心地要帮自己的爆款重新发掘一个卖点。先别急，我先给你泼一桶冷水，就是我自己虽然明白了这么多道理，但是在做卖点策划的时候，往往失败也还是多过成功的，这其实很正常。

在这里又得提到"刻意练习"的观点，做运营要有一个猜想—执行—验证的过程，那么怎么验证我们找出来的卖点，顾客是否认可呢？我们往往会通过直通车的测试来做数据验证。

比如我自己的店铺在做路由器这个产品时，找到一个需求，就是企业办公用。然后只针对这个需求，在通过微信完成了基础销量和评价之后，开直通车测试卖点，来提高点击率和转化率。

在直通车测试卖点的过程中，有一个前提要求，就是直通车推广的词，要尽量保证和标题的展示词基本一致，否则就会测试不准。大家看下图，其实视觉呈现和创意标题基本一致，唯一的不同之处是主图的卖点不同，其中一个卖点是"1200M 双频"，另一个是"50 人企业商用"。这时候如果在直通车创意实验室里做对照测试，会发现点击率和转化率不同，就是因为它们的卖点不同。

状态	创意	尺寸/尺寸	投放设备	展现量	点击量	点击率	花费	点击转化率	投入产出比
推广中	企业级千兆无线路由器WiFi商用广告微信 400.00元	800x800	计算机&移动	74,531	1,529	2.05%	¥1,994.15	1.31%	1.83
推广中	腾达企业级千兆双频商用广告微信数据路由器 400.00元	800x800	计算机&移动	240,632	4,157	1.73%	¥3,980.62	0.55%	1.12
推广中	企业级千兆无线路由器WiFi商用广告微信 400.00元	800x800	计算机&移动	439,008	6,948	1.58%	¥8,101.02	2.20%	3.92
推广中	企业级千兆无线路由器WiFi商用广告微信 400.00元	800x800	计算机&移动	8,860	105	1.19%	¥116.51	0.95%	1.88
推广中	企业级千兆无线路由器WiFi商用广告微信 400.00元	800x800	计算机&移动	8,903	142	1.59%	¥161.24	1.41%	2.72

我们看到结果，专业性的卖点"1200M 双频"不如通俗易懂的卖点"50人企业商用"，这其实也用数据验证了 FABE 法则的实用性。

至此，关于卖点策划的下部分就讲完了。最后提供一张脑图，供大家回想卖点策划上、下两部分的整体思路。

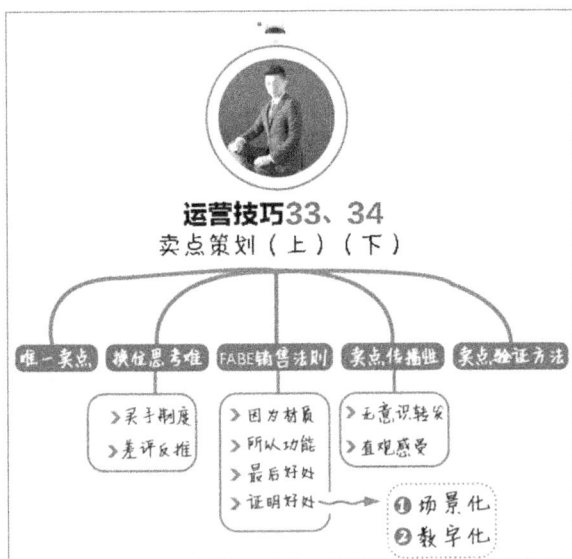

35

那些年，我们做死的爆款（上）

　　做淘宝店铺，最不愿意看到的情况，大概是自己辛辛苦苦做出来的爆款，在一点一点地走下坡路。所以，当你一旦有机会做起来一个爆款时，怎么去维护它，避免它死亡，是运营者必须要考虑的问题。我们征集了部分卖家的爆款"死亡报告"，然后拿出来一个个解析，想出对策，怎么避免爆款的非正常死亡。

　　按照整体分类，爆款死因大概分成三类：对手竞争、自身原因和环境变化（见下图）。

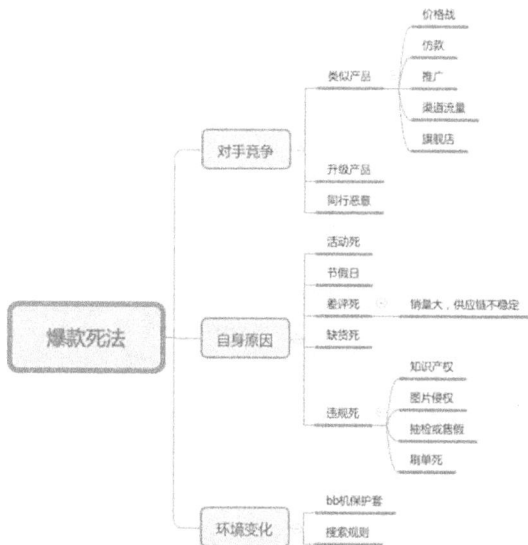

先看第一类的"死亡报告"。对手竞争，是大家反馈最多的爆款死因。因为自己创新的款式卖爆了，被对手看到之后，有了仿款+价格战。必须强调的是，在自身店铺没有建立起很强的品牌拉力的情况下，这其实是无解的，毕竟站在消费者的角度看这个问题，在没有品牌区别，且款式和产品看起来差不多的情况下，更多的消费者没有道理不选择更便宜的产品。

我们在做爆款"死亡报告"征集的时候，其实也发现了，宝贝成为爆款往往是因为你在无意识中做出了一个创新的差异化款式，懵懵懂懂地使宝贝成为爆款。当它不是爆款的时候，没有人关注它，但是一旦你卖好了，别人跟进了类似的款式，价格还比你低，你就没有了相关优势，自然就走下坡路了。

对于这种爆款死法，我们给出三点建议。

（1）投诉举报。我在整理大家提供的爆款死法案例时，发现大部分原因是因为仿款。我给淘宝反作弊负责人发了一条微信，说希望淘宝有个渠道，让原创卖家能够维权和举报仿款。如果原创卖家的利益得不到保证，那么大家都不会投入时间和资金去创造了，而是抄袭和低价，那么平台就不会再有创新了。

小二的答复是，坚决处理，说如果有类似的情况，可以直接举报给他，这样会处理得更快。所以，当大家遇到这样的问题时，首先应去相关入口举报，或者给淘宝客服打电话。

淘宝对售假或者知识产权类的处罚越来越严厉。如果店铺一旦因为仿款或者图案侵权被投诉售假，并且成立的话，那么对店铺的搜索流量的影响一般是降权半年，这对于那些抄袭的卖家来说是灭顶之灾。

（2）品牌绑定。一说起品牌，可能大家脑子里随之而来的是大额的广告投入。其实现在做品牌，甚至可以不需要投入广告费用，因为商品在平台上展示的过程也是品牌推广的过程。这就要求我们做爆了，同时销量好的时候，坚定不移地把产品绑定到品牌上来占领用户的心智。比如一定要在首图和标题中反复提品牌，结合产品主关键词做 slogan，如阿芙就是精油。这样，即使对手模仿和跟进，品牌的拉力也能够给你留一段缓冲时间。我做淘宝马上就 10 年了，其间看过无数多个店铺的沉浮，基本上在销售好的时候只想着赚钱的大店，都没落了；而能够在销售好的时候居安思危，去做品牌建设的店铺，活到了现在。

做品牌绑定，首先要解决的问题是说服自己的内心，如果连自己都对自己的品牌没有信心，那么你怎么能把这种信心传递给顾客呢？

（3）产品升级。记得有一本书里讲到自己的生存之道时，提到了一个观点，我觉得非常好。书中说，我们从来不思考如何去稳住爆款，而是每当有产品卖爆了之后，我们就立刻开始基于这个爆款来做升级款。马化腾也说过，如果不是自己升级去打败自己，那么就要等着对手升级你的产品来打败你。最好的防御，一定是进攻。当你的爆款做起来后，对手跟进的产品刚出来，发现你已经做出了升级款，这时候会让其很绝望。

2017 年我们做了一个双天线的 WiFi 增强器，单链接月销量 7 万多，毫无疑问，类目第一，比第二加到第十的总和还多。后来，竞争对手做出了一个单品，在我们产品的基础上做了升级，三天线，价格和我们的一样。从消费者的角度来看，三天线对双天线，优势明显。当产品有了优势后，通过技巧能做的就很少了，所以流量和销量就慢慢地被抢过去，现在我们就掉到了类目第二。

在这里，给大家一个建议，如果爆款的流量下滑，是因为对手的产品明显比你的有优势，站在用户的角度上看，你又找不到一个理由让顾客买你的产品而不买对手的产品，那么你一定不要通过付费去救一个不可能救活的产品，因为你可以做得了一时，做不了一世。

最好的方法是接受这个现状，然后把你打算维持排名的推广费用拿出来，再加点钱，抓紧时间，立刻去开发一个比对手产品更有优势的升级版，这样才有机会"王者归来"。

在对手竞争中，我们还看到了另外的死法，比如因为对手流量猛增。对手流量猛增往往有两种方式，一是加大了推广拉取付费流量；二是开辟了新渠道的流量入口，比如直播、手机淘宝首页或者有好货等。

很多掌柜引以为傲的是自己从来不做付费推广，但我并不认为这是一件好事，有两个原因：一是做付费推广不一定非要亏钱，不亏钱去做付费推广能建立一定的竞争优势；二是做付费推广还有一个目的，就是提高对手做付费推广的门槛。你不做付费推广，才会给对手创建一个超过你的"快车道"。所以，还是要在宝贝数据跑分好的时候，不管是为了占领销售优势，还是为了在这期间把直通车词养好，都要堵住这条有可能让对手超车的"快车道"。

在类似于直播、手机淘宝首页这种新的流量渠道中，掌柜能做的就是快速反应。发现新的流量渠道，赶紧小流量测试，如果不好就算了；如果还不错，就要快速地找到适合自己店铺产品的新流量渠道。

目前手机淘宝首页这个渠道的流量并不是很大，但是为什么大家却感受这么明显呢？原因是这个渠道不是均分流量的，而是把相应流量倾斜到一个已经进入优质产品库的产品上，所以单个产品一旦拿到流量，这块流量就会相对比较大。但是，这块流量非常不可控，原因是它类似于有好货，要先进入优质产品库，才能有个性化流量，而且很容易掉出来，瞬间这个首页流量就没有了。建议大家不要在这块流量上花太多的精力，因为不可控且流量也不一定有用，其转化率低。

在对手竞争中，有一种非典型的死法，就是死在自己人的刀下。当把产品做爆了之后，品牌旗舰店开始主推这个产品。因为品牌旗舰店在品牌词搜索权重上有加权，而且一般旗舰店的转化率都会比其他店高不少，所以一旦旗舰店想抢某个型号的商品流量，成功率是很高的。

一旦旗舰店做了这事，只能说明品牌方太没远见了。品牌的发展，一定是依赖渠道和分销的，作为品牌方应该关注的并不是自己销售了多少，而是整个品牌全网累计销售了多少。如果品牌旗舰店去抢分销商的商品流量，那么长此以往，就再也没有分销商愿意全身心地去推这个品牌的商品了。

如果我是品牌方，我不仅不会去抢，而且还会去细心地呵护分销商。如果分销商能推起来一个商品，则说明其运营能力还行，那么我就会把这个产品的主推权让给分销商，给他们这个产品阶梯性的销售额返点，鼓励他们去做得更好，赚更多的钱。一旦这样做后，这个品牌就会有很多有能力的分销商帮助其去打天下，这时候品牌全网的销售额才能做得更高。

在对手竞争中，还有一种死法是因为同行恶意竞争。我在做户外家具店的时候，爆款做起来之后，立刻收到了几条长篇的差评，在评价里说我们的态度如何差、产品如何差，还有晒图。但是，我们去查看聊天记录的时候，发现和客服没有聊天记录，晒图的产品也和我们的款式不一样，收货地址不是具体地址，而是某某街道，电话也没人接。所以，我们判断是同行恶意竞争的手法，然后我们就立刻打电话给小二，说明了情况，后来几条评价都给删掉了。

其实，如果你怀疑是同行的恶意评价，那么可以直接给小二打电话说明情况，因为他们可以通过系统查出来买家 IP 地址是否和同行卖家的相同，如果相同，那么就会直接处理。

关于爆款死法，基于对手竞争的案例和解决方案就分享到这里，下一节会继续分享基于自身原因和环境变化的解决方案。

36

那些年，我们做死的爆款（下）

除了因为对手竞争，我们看到很大一部分淘宝卖家的爆款，死因都是因为自己"作死"。而在自身原因的死亡案例中，比较常见的是缺货下架，或者因为热卖出货，没控制住品质造成大量的差评。

综上所述，其核心原因其实就一个，就是草根商家在快速成长过程中，制约发展的往往不是前端的运营，而是后端的供应链控制和内部管理。

讲到这里，可能很多掌柜都会抱怨："我要是知道这个东西能卖得这么好，我肯定早就备货了。"确实，在产品备货上，很多时候要依赖老板对产品未来的预判。

给大家讲个故事，在南京有一个卖南极人保暖内衣的淘宝店老板，老孙，几年前和我分享过他的"成功史"，讲到他的成功源于他的"大胆"。那一年，天气很反常，冬天到了天气也不冷，所以南极人各分销商的销售都不好，分销商就和总部谈，能不能退部分货，但总部不肯。而老孙因为卖了很多年保暖内衣，知道用户需求一直在这，天气冷或不冷的区别只是早买或者晚买，于是老孙做了一个决定，和其他所有同行说如果总部不愿意退货，他这边愿意吃货，但是一件要低于出厂价 10 元。就这样，在"双 11"前老孙想办法借钱，吃下来几千万元货值的保暖内衣。

在"双 11"前几天，全国突然降温，保暖内衣短时间内脱销，只要有货就能卖，但是这时候很多商家手上已经没货了。然而老孙的这个淘宝 C 店在"双 11"当天创造了行业奇迹，单日单店销售 5300 万元，老孙说打印的快递单长约 12.5 公里，赚得盆满钵满。

当然，我讲这个故事并不是鼓励大家去冒险大量囤货。毕竟，我们看到周围囤货销售的失败案例，比成功案例要多很多。对于绝大多数的淘宝卖家，比较适用的供应链管理方法，还是首推韩都衣舍赵迎光的"爆""旺""平""滞"理论，就是所有产品都先以最小起订量囤货，然后在上架一周内，迅速根据产品的实际销售情况，给产品分四个等级："爆款""旺销""平销""滞销"。对于前两个等级，立刻联系工厂加大量补货；对于后两个等级，马上进行相应的促销，当季处理库存，卖完下架。

值得高兴的是，淘宝大大推进了工厂的升级，很多网红女装基本都可以做到先预售，再生产，然后 15 天后发货。

如果大家再遇到爆款缺货的情况，则尽量不要下架。如果少量缺货，可以的话则优先保证发货，在其他淘宝店直接拍，一件代发；如果短期缺货，则可以在颜色分类里注明发货时间，并且给一定的福利，比如 12 月 12 日发货，送赠品；如果长期大量缺货，则建议从阿里巴巴赶紧选择一些可以合作的工厂，别把所有的鸡蛋都放在一个篮子里。

其实，产品突然热销产生的差评，往往是因为工厂产量跟不上，为了赶工期而造成产品品质降低。所以从这个角度上看，建议大家在产品销售苗头刚起来的时候，就开始着手去选择第二家合作工厂，我们甚至看到很多淘宝大店，比如戎美，自己有了工厂之后，也是两条腿跑的，自己生产+代工。

除了供应链的问题，我们还看到一部分爆款，为了上活动而上活动，结果把自己给弄死了。淘宝曾经有过短暂的一段"活动爆款期"，那时候只要能上聚划算，销量起来后搜索流量就会源源不断。这让整个平台的卖家蠢蠢欲动，没人甘心默默地做平销了。接下来，淘宝调整了算法，如果商品的活动售价低于平时售价的某个比例，将不计入搜索权重，这样就很好地渡过了"全网卖家上活动"这个时期。所以，如果大家想要报名参加活动，上淘抢购，一定要注意折扣幅度，因为以过大的折扣参加活动不计入搜索权重，就相当于把你的爆款下架一天。

对于淘宝目前的活动，卖家还要想明白一件事：如果不预热，活动产出就不会太好；如果预热了，则会影响平销，对搜索流量的影响很大。基于这种情况，如果你用爆款报名参加活动，不预热，那么通过活动只能做到提高当年本身自有流量的转化率；如果预热了，那么这个爆款在活动前的几天销售会下降，对之后的搜索流量会产生很大的负面影响。所以我们的建议是：如果爆款的日常流量很大，靠活动打标，不给大的折扣，能完成活动坑位产出，那么可以上活动；否则，宁可拿平销款去进行预热、上活动。

在爆款死法里，还提到了节假日死因。我们在做淘宝爆款的时候，其实是和对手在赛马，此消彼长。我自己的天猫店当年做 WiFi 增强器的时候，在"双 12"过后，对手一直在做大量的付费猛推，跟在后面追，这几乎是所有爆款都会遇到的情况。那时候我们还稍微有优势，但是我们看到前面有个坎儿，就是春节放假一周，所有快递都不发货，我们也要放假；而对手产品入仓菜鸟物流，可以一直发货，如果这样，那么对手很容易就能利用节假日完成弯道超车。

最后，逼迫我们在春节前入仓菜鸟物流。在这里和大家说一下菜鸟物流，你可以自己考虑要不要加入。其优点是：产品打标，全国 100 个城市隔天到，在活动大促时优先；缺点是：5 个仓库同时备货，库存周转率低，而且打标并不提权重，当顾客同时买了入仓产品和其他产品时，要分开发货，快递费比自己发货每件贵 1 块钱左右。最"坑爹"的是，我们后来想退出，但是代价是要爆款下架三天。

还有一些卖家的爆款因为违规被删链接，"猝死"。常见的原因有盗图、刷单、抽检、知识产权专利等。我觉得平台越来越规范是好事，大家在选择产品的时候，就不要考虑去钻这些漏洞。

曾经有个同学愤愤不平地跟我说，淘宝断了她的财路，她卖的是大牌的仿款。她不满的原因是，她认为仍然有很多消费者有这方面的需求，淘宝就不能重视这部分用户的需求吗？我无言以对。

当然，有些卖家并不是故意的，只是无意识地犯了错。之前有一个两金冠的女装掌柜央求我帮帮她，甚至说可以给我 100 万元的报酬。原因是她的店铺有一件衣服上的图案类似于大牌，被判定为售假，然后搜索流量几乎全无，销售一落千丈。

在这里，我们建议草根掌柜，可以抽出点时间学习一下相关的法律法规，避免发生这种悲剧。

也有一部分卖家的爆款因为环境变化导致了死亡。有一次我在义乌做分享的时候，非常明确地告诉义乌的卖家：寒冬已至，不转型就会被平台淘汰。现在淘宝搜索在绝大多数关键词下都会屏蔽低价+个性化，甚至连唯一的低价爆款获取流量的入口销量排序也会个性化。

作为卖家，我们在阿里巴巴这个平台上生存，就必须在其"拥抱变化"的时候，自己也进行快速调整，优胜劣汰，适者生存。

当年我做淘宝赚的第一桶金，是把键盘保护膜做到类目第一，但是大家也看到了我的转型。很多企业的发展都得益于选择了高速增长的方向，比如一个行业增长率是 50%，这就意味着身处这个行业不需要比别人更优秀，也能增长 50%。请判断一下你所在行业的未来发展方向，顺势而为。

仓库发货流程优化

仓库发货流程优化，是做淘宝店运营必不可少的一环。现在我们就静下心来，关注后端，思考发货流程优化的问题。

常见的发货问题有发错货、货发少了、破损、包装不好等。如果发货依赖某个老员工的细心和经验，那么通常会出现发货问题，因为再细心的人也会犯错。所以一个成熟的公司就必须要靠 ERP 软件进行流程管理，以保证发货流程顺利进行。

我在做分享的时候，会有很多掌柜问我：你们用什么 ERP 软件？其实，就和一辆豪车有 80% 的功能日常用不上一个道理，一款 ERP 软件就算再牛，其 80% 的厉害功能你平时可能也不会用到。所以，使用什么 ERP 软件不重要，重要的是你一旦使用了这款 ERP 软件，就要严格地按照其流程去操控。

如果非要给选择 ERP 软件一个建议的话，那么我建议尽量选用用户量大的 ERP 系统。原因是淘宝的系统升级非常频繁，如果你自己定制或者使用小众的 ERP 系统，很可能刚开始用起来还不错，但是后面随着系统升级用户量变少，其效率就会越来越低；而对于用户量大的 ERP 系统，就算你不提交 bug，其他用户也会去催着处理，所以基本没什么问题。

那么在使用 ERP 系统控制发货出库这个流程上，怎么解决发错货这个问题呢？

比如，在我们公司使用 EPP 系统，大概的管理流程是这样的：

审单和改单，把淘宝网中的订单下载下来，根据顾客的备注进行适当的订单调整。

分单，把只买一件货的订单先打印出来，或者将其他仓库和代发货的订单分出来，弄好之后把单子平分给两三个配货人员。

出库扫描，对于配货人员配好货的订单，在出库时进行扫描，扫描人员在这个过程中主要看配货的品种和备注。

分单扫描，把配好的货分给打包人员，进行打包。

这样的流程最大的好处是，每个环节至少过两次。比如审单人员如果没看到顾客或者客服的备注，要送个小礼物，那么扫描出库人员会看到；配货员如果配错了货数量，那么扫描或者打包人员在处理订单时也会看到。

在我们公司只要求打包人员看总数，保证配货总数，配货产品是否准确由出库扫描人员进行控制。

为什么要加扫描这个过程呢？因为扫描可以解决两件事情。

第一，经常有顾客已经付款了，又和客服说不要了，或者要补拍个产品一起发货。这在之前，我们要在上千个已经打包或者配货中的订单里找出这个订单，而现在只要在 ERP 系统里看一下流程，就可以定位这个订单是已经打包好了还是在配货中，这样效率就会高很多。

第二，任何岗位都要奖罚分明。我们仓库的绩效考核是这样规定的：①如果对顾客的备注没去更改订单，那么审单人员大责任，扫描出库人员小责任，我们根据 ERP 系统看是哪个人审单的、哪个人扫描出库的，然后对审单人员罚款 10 元，对扫描人员罚款 5 元；②如果顾客收到的货错了，那么配货人员大责任，扫描人员小责任；③如果顾客收到的东西数量多或者少了，那么打包人员大责任，配货人员小责任；④如果货物出现了破损，或者用户反馈包装问题，那么我们就基于 ERP 系统找出来是哪个人员打包的，进行相应的处罚。

基本上，只要用了 ERP 系统，并且严格按照其流程进行发货，就可以解决常见的发货问题。可能有的掌柜刚用 ERP 系统时会特别不适应，因为会增加不少流程，觉得效率更低。

但是你只要强迫仓库人员用一段时间，适应之后就会发现并没有慢多少，最重要的是出错率大大降低了。在"双 11"当天，我们仓库发出了 10800 单货，10 个人在 7 点之前就下班了。

另外，在仓库管理方面，掌柜也会遇到一个问题，就是很难有年轻的员工在仓库部门干很久。原因是其他部门都在一线和对手拼刺刀，仓库部门感觉就是后勤部，很难给公司创造价值，觉得在仓库中工作没有未来。

所以，我们尝试在仓库管理方面做了些调整，让仓库部门的员工也能找到自己的价值，比如采用阿米巴模式。仓库部门的价值体现在降低成本和消耗上。如果对仓库部门只考核发货流程，那么仓库人员在包装盒里会塞满气泡膜，防止破损，不管有没有必要都放这么多；会用大号的发货纸箱，其实小一号的纸箱完全可以。这些损耗单个看起来不是很大，但是当发货量增加后，长期下来，其实费用并不少，可能每个月的费用会有两个员工的工资那么多。

因此，除正常的审单、配货、扫描、打包提成之外，我们还计算出每个包裹的平均物料成本，如箱子、胶带、气泡膜等的成本，然后乘以每个月的单量，来计算出整体打包物料的消耗成本。

如果下个月在单位发货量的基础上，消耗成本节省了 1 万元，那么就会拿出其中的 5000 元作为奖金发放给仓库部门。

除此之外，降低库存备货成本，提高仓库周转率，也体现出了仓库部门的价值。有一次，我在阿里巴巴听专业的会计老师分享，有一个观点说利润率低其实没关系，如果利润率低就要保证更快的库存周转。其大意是，如果一个产品只赚 1 元钱，但是在仓库里一天都没放，那么该产品的利润其实不比赚 20 元，但是在仓库里放了一个月的产品的利润低。

所以，基于 ERP 系统进行库存积压分析给前端销售一些促销建议，用最少的备货量保证发货不断，这很重要。我的天猫店销售的爆款 WiFi 放大器曾经一天发 2000 多单货，但是仓库的备货量只有 1 万多台，原因就是仓库部门每天都向厂家下单，每天都能收到和发货量相仿的货，日销量增加或者未来几天有活动就多订点货，日销量下降就少定点货。

学习感悟

女装毛衣厂家直销：如果一开始只关注如何运营、如何做爆款、如何把店铺做起来，却忽略了发货等细节微小的问题，那么一旦店铺有了起色，就很容易出现发错货、发少货、多发货等问题。听了贾真老师的课，让我知道了经营店铺不仅要学习运营推广，还要注意发货这些细节，这才是一个店铺成功的必经之路。

雷桃英：我个人觉得仓库的价值还有：①提高购物体验，合适的包装和发货时效很重要；②提高作业效率，在订单量很大的情况下，单日发货能力很重要。这主要是针对大公司来说的，当然小公司也能节约人力成本。

蒋先生：不错，确实应该讲讲后端供应链。做前端的运营人员很容易忽略后端供应链的价值，觉得仓库工作没什么技术含量。老师只是讲到了发货流程和人员的管理，其实还有商品的编码、仓库的设计、货架的选择、库位的设计与动态优化、仓库的分区管理、货品的备货规律、供货商的优胜劣汰等。

38

美工绩效

有一次，我在杭州讲课，有一家睡衣店的年轻女老板找我给她的店铺诊断，希望我给她点运营建议。在现场打开了页面看到主图，我就说她的店铺应该搜索流量不错，因为从我自己测图的经验来看，其主图几乎涵盖了高点击率主图应该具备的所有元素，而且色彩搭配和主图背景看着很舒服。

这位女老板说，她的店铺确实搜索流量一直很好，但是她不懂任何标题优化和搜索优化技术，只是从自己擅长的角度做了一件事，就是在视觉上投入了很大的精力和资金。每个产品的图都找一家很专业的摄影公司来拍摄，每次拍摄自己都现场跟着，务必要拍出自己想要的感觉。

之前，主图点击率只是搜索排序算法的一个因素，但是随着数据智能的推进，点击率已经成为搜索相关性算法的最重要的一个环节。我甚至可以武断地告诉大家，美工制作首图的能力甚至比运营人员的工作还要重要，因为它决定了店铺的整体基调。

所以，每当我接手一个新店铺时，在做好店铺整体的细分类目规划和产品人群划分后，都会亲自拉着美工一起测图，找到符合这个店铺产品的主图视觉结构。每当我跟进一个店铺，和老板强调美工的重要性的时候，老板都会说："我们公司的美工可能不行，要再换一个美工。"但是我都会说："你给我两个月的时间，我来带美工，如果不行，你再换。"老板惊讶："你也懂设计？"我说："我不懂，但是我知道怎么让美工自我成长。"

在这里，又要提到"刻意练习"的理论。其实让美工自我成长不难，只要给美工找到数据进行参考，不停地让他看到自己的问题在哪里，就可以让他不停地自我成长。很多公司里的美工拿的都是固定工资，或者计件工资，如果这样考核，那么美工基本就会以完成任务的"量"为中心，他是否成长不会影响其工资收入。但是，我们认为美工不像打包人员，可以单纯地用量来考核，对于这个岗位，"质"比"量"更重要。

所以，所谓的培养美工的方法，其实就是根据他们工作内容的重要性，调整其绩效考核指标，然后再进行适当的引导就可以了。

前面在讲首页视觉策划时，我们提到了生意参谋数据，就是在页面访问占比中，详情页占比最大，占 80% 左右；其次是分类页和首页，各占 10% 左右。而在无线详情页中，我们能操作的是首图、其他几张主图和颜色分类图。所以，我认为美工的工作重点排序和相应的考核指标如下。

（1）首图点击率。

因为职业特性，美工这个岗位的人员都有点偏，觉得自己是文艺青年，不向强权屈服，就连老板恐怕有的时候都得让他三分。这个岗位的员工要想培养好，首先做的第一件事就是让他服气，所以不能以上下级这种关系来压他，必须要找一个裁判，这个裁判就是首图点击率数据。

以首图点击率进行考核，可以分成两项：一是热销款的单图点击率；二是整体的平均点击率。目前淘宝店铺进行美工考核的难点是，生意参谋里没有无线端点击率的数据，所以要想用数据考核美工，就必须通过付费工具直通车。

我们之前说过，不会直通车测图的美工不是好美工，如果美工不测图，那么他就不知道自己的首图设计思路对还是不对，接下来的工作就是重复劳动，很难进步。

测图可以一周为一个周期。比如一周内新首图的点击率与现有首图的最高点击率进行对比，每高 0.1%奖励 30 元，如果能高 1%，那么就可以拿到 300 元的奖励。以周为周期，主要是考虑对点击率的影响不仅涉及首图，还会因为销量、活动或者对手首图的变化而变化，所以时间稍长，整体数据不会有太大的波动。

当然，如果以这种方式测图，则没办法使所有产品都参与测图，因为不是所有产品都推直通车的。我们希望美工在做热销款的测图时，并不只是为了测图，而是要找到类似产品的首图拍摄、设计和配色方案，然后整体提升店铺中类似产品的点击率。所以对于首图除考虑单个爆款点击率的奖励外，还可以设置一个平均点击率提升的奖励，比如每提升 0.1%，再奖励 30 元。

在生意参谋中也没有整体首图点击率数据，目前我们只能看直通车数据。在直通车工具里有一个竞争分析模块，在那里我们可以看到点击率数据，还可以对比同行平均点击率和优质竞店的点击率（见下图）。在这里，建议美工测图绩效的起评量以同行平均点击率作为起始点，做不到这个水平就没有绩效奖励。

（2）其他四张主图。

首图的主要目的是提升点击率，获取流量。而其他四张主图，目前在无线端基本上起到了详情页的作用，提高了静默下单转化率。所以这四张主图基本的制作逻辑是介绍产品的卖点。

前面我们讲过，要让最了解产品的人去写文案，提炼卖点，美工只负责通过图片把卖点表达出来。如果非要考核美工这项工作的话，那么只能通过转化率来考核，但是因为转化率受评价、销量等的影响更大，所以这种考核不太准确。

目前我们能想到的比较好的方法，就是以限定时间内的工作完成度来考核。比如店长安排了 10 个产品的主图卖点优化任务，美工在优化主图之余来做这项工作，一周内完成度在 90%以下为不达标，绩效奖发放 50%，在 95%以上绩效奖发放 80%，达到 100%绩效奖全发。

（3）颜色分类图片。

在生意参谋的页面分析里，我们看用户访问热力图，发现消费者在详情页中点击最多的竟然是颜色分类，所以说颜色分类图片的制作，也是很重要的详情页视觉部分。

如果是没有价格区间的 SKU，那么颜色分类图片的主要作用是对 5 张主图的扩展。我参加"双 11"的发布会时看到淘宝数据部分显示，消费者买一条牛仔裤的平均纠结时间是一个月，所以颜色分类图片是想办法让用户看清自己要买的东西，先加购和收藏。

如果是有价格区间的 SKU，比如套餐，那么颜色分类图片的主要作用是让用户看明白套餐的内容，吸引用户买更贵的 SKU，以提高客单价。

在这个方面进行考核，也是由运营者或者店长来布置任务，以一周内任务的完成度来考核的。

（4）分类页面。

分类页是一个特别重要的页面，在生意参谋的店内路径的访问数据中，我们看到它的访问量相对比较大。而且，一旦用户点击了分类页，转化率就会提高 3 倍以上。

虽然分类页很重要，但是不需要每天调整，可以每周或者每月根据相应的数据点击情况做定期优化。那这项工作为什么要美工做呢？因为分类页需要特别清晰，所以就要配上相应的图片（见下图）。

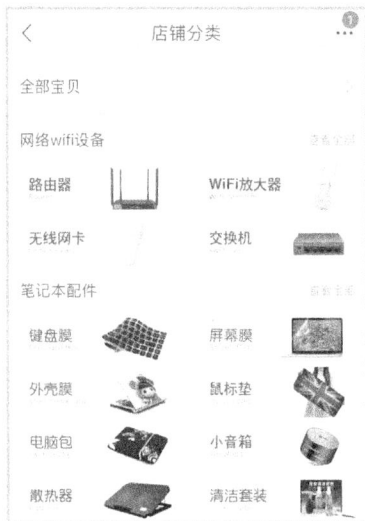

（5）首页优化。

很多电商公司的美工将大部分精力都花在首页设计上，但是绝大多数店铺首页的访问占比都不超过 10%，在我的 3C 店铺，这个数据竟然只有 3% 多一点。究其原因，大概是因为现在用户用手机购物时利用的都是碎片化时间，快速地解决需求，所以很少像以前在 PC 端购物时那样逛了。

但是，一旦用户进入首页，其购买第二件产品的概率往往很大，转化率能有大幅度提升。所以，在美工的工作中有一项考核，应该是通过详情页和首页的设置，访问深度的提高比例。

（6）详情页优化。

之所以将详情页优化放在最后讲，是因为在无线时代，详情页的作用越来越小。

总结：对美工的工作主要考核以下几个绩效指标。

- 爆款首图点击率的提升。
- 直通车所有产品平均点击率的提升。
- 主图优化和颜色分类图片的任务完成度。
- 分类页图片优化，提高访问深度。
- 首页优化，提升首页点击量和关联购买。

思考与落地

老板和设计师的矛盾点在哪里？如何解决这个问题？

竞品分析

有句话说：在淘宝运营中，最好的老师是对手。我们说，美工岗位的"刻意练习"方向来自主图点击率数据，而运营岗位的"刻意练习"方向则来自直接竞品的数据对比。

因为淘宝整个平台的流量是相对恒定的，所以基本上在日常销售时，流量的变化特别是在爆款上会呈现比较明显的"此消彼长"的现状。而淘宝搜索算法的主要目的有两个：①推荐给用户满足需求的商品；②推荐的商品要是好商品。为了达成这两个结果，搜索就会不停地进行"产品数据赛马"。所以要想拿到更多的流量，不在于你自己能做得多好，而在于要比对手更好。因此，店铺运营人员非常有必要去做竞品数据对比和分析。

在对对手数据进行分析时，经常有人会有这样的担忧："如果自己的手淘首页的流量很大，但是转化率很低，会不会影响到搜索流量？"我曾经也问过类似的问题，当时与搜索相关的小二是这么回复的："淘宝搜索是进行素质教育，不是笼统地看总成绩，而是单独来看每一科成绩，如果你只有体育很好，那么淘宝可能会鼓励你成为体育生。"

这就意味着淘宝会对每个渠道的流量进行单独赛马，在这个渠道你所获取的流量只要比对手表现好，那么淘宝就会持续地给你这个渠道的流量。但是搜索又是一个比较"博爱"的渠道，如果客户在手淘首页浏览了你的商品，然后又通过搜索入口看到了你的商品没买，而是买了其他商品，这时候就会影响到你的搜索权重。

也就是说，我们在对对手数据进行分析时，笼统地分析宝贝整体的数据，其实意义不大，而是要分渠道进行对比。在所有的渠道中，搜索和直通车基本是很难分开的，除非用户在搜索结果中只点击了直通车的宝贝，但很少出现这种情况。而直通车+搜索的流量又是大部分宝贝的主要流量，所以在做竞品分析时，实际上主要做的就是直通车+搜索的流量渠道分析。

在这里插一句话：基于这个原理，要想提高直通车这个渠道的质量得分，仅仅货比三家是不够的，还需要货比三家的直通车。

回到搜索渠道上，前面说过要进行搜索流量的竞争对比，就要进行单渠道赛马，按照这个逻辑看全宝贝的销量、转化率，其实意义不大。原因是对于某个手淘首页流量很大的宝贝，其整体转化率其实不能代表它的搜索流量表现。

那么在做竞品分析时，是不是只要找到对应的搜索销量和搜索转化率就可以了？还不够！前面在讲搜索规则时说过，淘宝智能搜索其实是基于用户行为的，而用户在搜索时点击一个宝贝的搜索词肯定不止一个词，在正常情况下大词搜索的人数多，长尾词搜索的人数少。也就是说，数据智能并不是赋予一个宝贝的所有词相同的搜索权重，而是赋予每个词不同的搜索权重。

准确地说，宝贝在所有渠道获得的销量，会给宝贝一个比较低的初始搜索权重，所以如果是通过淘宝客或者淘口令等渠道成交的，那么对标题的所有词也会有加权。但是在具体某个词的权重上，比如标题中的某个词，对其影响更大的是宝贝在这个词上的搜索数据表现。

比如可能会出现这种情况：虽然整个宝贝的搜索销量和转化率不理想，但是可能因为在某个词上表现好，所以在这个词上它会比对手拿到更多的搜索流量。我们曾经做过测试，首先计算出对手某个词的搜索转化率，然后我们刻意提高自己的这个词的点击和销量贡献值，或者通过直通车推这个词，来提高它的销量贡献值，只要这个词的成交数据比对手稍好，它的搜索流量就会立刻比对手好。

也就是说，在做竞品分析时，要想提高搜索流量，只要对比自己和对手的主要引流和成交关键词，然后单个词逐一攻破即可。从理论上讲，只要在单个词上的点击率好于对手，这个词的搜索流量就会慢慢增加，当单个词的搜索销量高于对手时，这个词的搜索流量就会好于对手。

基于这个原理，我们可以这么理解：要想使搜索流量超过行业爆款，不需要一次性全线超越，只需"逐词击破"即可。

那么在"逐词击破"的过程中，到底是单个词的点击率更重要，还是转化率更重要呢？我们做了数据对比，基于生意参谋的商品店铺榜模块，找出对手的对应词，计算对手单个词的转化率（见下图）。我们计算出这个宝贝在"wifi 增强器"词上的转化率是 506/5243=9.6%，在"wifi 放大器"词上的转化率是 245/2501=9.7%。

接下来，计算出自己宝贝的相应词的转化率，比如"wifi 增强器"词的转化率是 317/3155=0.10，"wifi 放大器"词的转化率是 137/1237=0.11。这两个数据比对手都好，但是这两个词的搜索流量比对手差很多，所以我们得出结论：单个词的点击率会比转化率更重要。

在提升单个词的点击率上，可能很多掌柜会自然而然地想到刷词。现在的淘宝服务器以秒为单位进行更新，除非你通过刷某个词将点击率提升上去之后，你的宝贝和对手的宝贝同时展现时，用户会因为你排在前面而选择你的宝贝，否则很难持久见效。

所以，更好的"逐词击破"策略是，基于竞争的词进行相应的主图配合优化，来长期提高点击率。比如最大的搜索词是"wifi 增强器"，那么在主图上也出现"wifi 增强器"这个词，让用户搜索后直接看到商品下意识地点击。还有一个方法，就是新建一个直通车计划，只推一个词，围绕一个词来构建主图，测试人群，提高单个词在直通车入口的成交量，提高这个词的销量贡献值，也会对搜索产生帮助。

最后提供一张脑图，帮助大家回忆上面所讲的竞品分析的核心点。

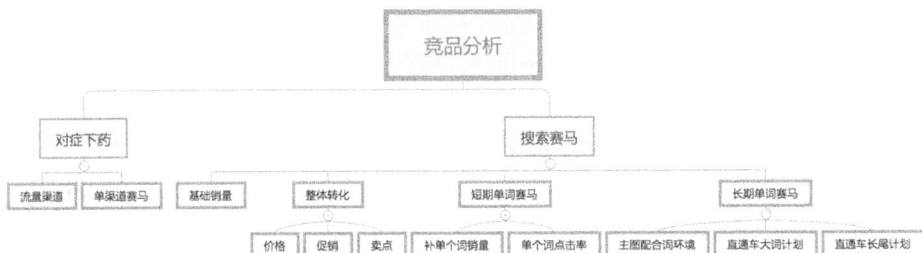

学习感悟

张云：我们在做竞品分析的时候，其实主要做的就是直通车+搜索的流量渠道分析。通过直通车推一个词，提高这个词的销量贡献值，这个词的点击率会比转化率更重要。提高单个词在直通车入口的成交，提高这个词的销量贡献值，也会对搜索产生帮助。我学习了很多知识，谢谢贾真老师！

40

直播排名提升方法

关于直播，我们前面讲过，当时分享的内容更多的是在直播这个风头刚起来时，对直播趋势的预判。这里之所以要重谈直播，是因为我自己的饰品店，以及饰品行业的其他 C 店，都靠直播获得了日均 10 万元左右的销售额。

因此，我觉得有必要把自己对直播这个渠道的心得分享给大家。或许，这就是淘宝这个行业的现状，唯一不变的是永远在变化，所以要做好电商，就要不停地进行自我迭代。

我们知道，搜索 SEO 的本质是搜索作弊，而作弊的前提是算法本身有漏洞，或者说算法维度比较少、比较简单。而随着阿里巴巴搜索技术团队的壮大，尤其是人工智能的引入，目前搜索算法基本没有漏洞了，所以单纯从 SEO 角度来看搜索优化基本没什么可做。

但是，相对来说，直播算是一个新兴事物，其算法相对比较简单、维度少，所以在淘宝直播这一块能做的事情还是比较多的。

我们之前谈的直播，都是思考如何靠网红主播带粉丝，或者怎么引导现有的老客户来看直播的。而目前真正能卖货的直播，往往并不是以上两者，而是基于提高直播排名的算法，让自己店铺的直播能够在淘宝直播首页浮现，通过淘宝直播首页这个渠道带来大量的随机客户。

一般在饰品行业，如果直播能够在淘宝直播首页浮现，那么这个直播渠道每天至少会有 1.5 万以上的 UV，这其实和店铺做搜索一天能获得 1.5 万的搜索 UV 差不多。所以，现在店铺做直播要想提高销量，主要方向是让自己的直播能够在淘宝直播首页浮现。

我们发现，要想拿到直播这个渠道的流量，和店铺的层级、销量、搜索流量等基本没有关系。也就是说，基本不需要累积其他权重。而且因为直播渠道和搜索没有关系，甚至不受同人店铺的打散原则限制。所以，只要弄懂直播排名的算法，就会比做搜索爆款更容易在短时间内把几个新店同时做爆。

那么影响直播排名的主要维度有哪些呢？

（1）直播标签选择和预告。

选择直播标签，就好像上架商品，选择不同的类目一样。如果所选择的类目和产品的相关度不大，那么流量也会不精准，就算上了首页用户也不愿意点击，就算点击进来也不一定会对产品感兴趣。另外，如果所选择的类目太热门，那么上首页的难度可能就会很大。

除此之外，还有一个必要条件，就是只有发了直播预告，且官方审核通过，才有机会在首页浮现（见下图）。

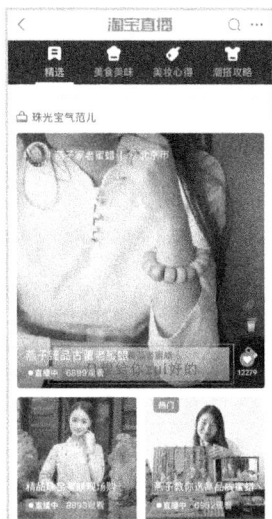

（2）直播观看量。

站在平台的角度来看，观看直播的人数越多，说明你的直播内容越有价值。所以，为了一开播就能获得比别人更多的访客数，不仅要做直播预告，还要尽量把预告做得有差异化和吸引力。

另外，引导用户分享我们的直播到朋友圈，可以有效提高直播观看量。

（3）停留时间。

为了防止卖家的直播平台找人刷观看量，停留时间其实是一个恶意点击过滤算法。如果只是一个噱头，顾客点击进去发现没意思，没达到某个停留时间，比如 3 分钟，那么这些访客的观看量就会被平台过滤掉，不计入算法中。当然，前期在没有客户的情况下，可以考虑让自己公司的员工和身边的朋友设置闹钟，每天早上一开直播的时候都来人为地点开直播，和主播聊会天。

（4）点赞数和互动量。

点赞数和互动量这个算法，其实和停留时间类似，只是更进一步。即使卖家找了一些"僵尸粉"，一直在直播室也是没用的，如果这些访客自始至终都没有点击屏幕行为，或者没有在评论里留言，那么也会被过滤掉。所以我们看到，经常在首页浮现的很多卖家会通过这样的行为来提高点赞数和互动量：当点赞数达到某个量时，比如每 10 万次，可以抽奖，抽奖的方法是主播随机说一句话，用户把它输入到屏幕上，然后随机截图，出现在截图上的用户可以获取奖励。

还有就是，主播在直播的时候，一定要和每一位评论的用户都进行互动，让用户有存在感。也可以让直播助理在直播间当个"拖"，通过评论和其他用户互动，带动整个直播间的互动。

基本上每天早上 9 点左右，大家刚开始直播时，是找到直播排名秘诀的最佳时间。你去看看那些经常在淘宝直播首页浮现的店铺在做什么，基本上就能找到直播排名的秘诀了。

在这里必须要强调的是，获取直播流量的目的，不是为了赚个"名"，而是为了卖货。所以，直播的内容可以偶尔有文化性和趣味性，但大部分时候要考虑怎么把卖货变得有意思。比如有一个直播卖翡翠，掌柜每天可以有几十万元的销售额，他的直播就是每天在翡翠市场闲逛，如果有顾客看上了哪款翡翠，他就现场直播和老板砍价，最后老板说价格太低了不卖，他就半抢半买地帮顾客把东西从老板手里抢过来。我不知道，这样的情节是不是设计好的，但是用户体验会很好，让顾客有占了大便宜的感觉，心存感激。

当然，我们看到做直播也会有弊端，就是这个店铺直播可能做得风生水起，每天有十几万元的销售额，但是单品的搜索流量很难起来。原因有两个，一是从直播频道直接拍下付款的订单，因为没有进行搜索赛马，所以对于搜索加权比较弱；二是很多店铺把直播都做成了拍卖，随机介绍和售卖产品，甚至店铺没有对应的链接，所以会放上一个直播专拍链接，这样对于单品没法累积销量加权。

我向与搜索相关的算法负责人反馈过这个问题，还把我们做直播比较好的店铺给他看。他说目前搜索还没有考虑到直播这个入口，不过，虽然直播销量对于单品没法加权，但是直播增加的店铺销售额，对于店铺权重会提升单品的搜索权重，只是目前提升不大，接下来搜索算法团队要综合考虑这个问题来调整算法。

作为卖家，要想更好地把直播的威力发挥出来，就一定要考虑如何通过直播入口的销量来更好地提升爆款的单品权重，所以尽量不要设置直播专拍链接，就算麻烦，也要拍具体产品。

关于淘宝直播排名的提升方法就讲到这里，基本上做直播要弄明白：用户从哪里来；用户怎么留下来；怎么让用户愿意买。

淘品牌的打造（上）

很多掌柜听到说要做品牌，往往眉头一皱，虽然嘴上没说，但是我大概能猜到他们心里想什么：做品牌，那是不是要花很多钱打广告啊？我可没那么多钱去做这事。

其实，有这种想法很正常，在吴晓波的《大败局》这本书里面描述的中国八九十年代的品牌，基本上都是靠打广告做起来的，而且动不动就要花上亿元去抢 CCTV 的标王。

但是，时代变了，当时大家需要 CCTV，因为在那个时代，一个品牌要想广而告之，就只有 CCTV 电视媒体这一个渠道，这是兵家必争之地；而现在，基于互联网，尤其是移动互联网的普及，传播渠道多种多样，更多的产品广而告之的渠道是大众传播，甚至是淘宝商品销售的过程。它们比电视媒体更精准，比地方电视台覆盖量更大的"广告"过程，毕竟一个爆款做到一天上万人次的访问量，不是那么难的。

所以，这里所说的淘品牌打造，并不是让大家准备几亿元去做广告，而是思考在淘宝商品销售的同时，顺带帮助打造淘品牌。

比如林氏木业，甚至连工厂都没有，你在电视上看到过他们的广告吗？再比如妖精的口袋、那些网红女装品牌及 TOP 店铺，他们也很少像传统企业做品牌那样来大规模地打广告进行推动。

同样靠互联网成就品牌的小米的雷军曾说过一句话：相信，相信的力量。只是为了让你放下一个心里暗示：我只是草根，做不成品牌。你看林氏木业，达到现在的规模，得益于当同行在淘宝初期的人工红利期都只关注不停地捞钱时，他们却坚定不移地打造自己的品牌。

如果你愿意相信，你也能做出一个全国性的品牌。下面我们就一起来思考，基于淘宝平台打造品牌的步骤。

1. 愿景

愿景很重要，它不是一句口号或者空洞的理论，而是能够真正产生价值的企业信条。对于绝大多数淘宝店来说，愿景就是做第一，而且只能做第一。

在 20 世纪八九十年代，因为信息传播速度慢，甚至可能出现一种情况，就是某个全国性的品牌虽然很强大，但是在某个地域某地方品牌依然可以很强势。但是现在随着信息爆炸和淘宝平台技术的进步，好的产品和品牌就会全方位地展示给每一个消费者，所以期待用户只看到你，而看不到对手，这无异于掩耳盗铃。

当然，很多掌柜会觉得自己做不到，比如在家具这个行业林氏木业都这么强了，我怎么可能做到第一？没关系，如果你在最大的品类里做不到第一，那么就放低身段，"降维攻击"；如果你在家用室内家具方面做不到第一，那么能不能做到户外家具第一？如果考虑到自己的综合实力，还是做不到，那么能不能在户外家具里的户外遮阳伞方面做到全国第一？如果还是做不到，那么能不能在户外遮阳伞里的保安遮阳伞方面做到第一？

也就是说，做第一的愿景是必需的，如果觉得难以实现，就找到自己能够实现的点，未来的市场一定是"合久必分"的。随着消费者越来越挑剔，一定会出现很多分众的品牌。比如 iPhone 虽然综合能力强，但是国产手机的愿景是做拍照最好的手机；再比如林氏木业虽然综合实力不错，但是家具里一定会出现北欧家具第一、美式家具第一、后现代家具第一等产品。

只有当你的淘宝店基于创始人的人生历程，确定了一个大家认为可以实现的并且能够振奋人心的愿景时，才会带动全公司保持持续的动力走下去。

2. 品牌名

我明确地把淘品牌打造分为战略和战术两个部分，按照操作点来看，品牌怎么起名，以及品牌叫什么名字属于战术部分；但是从重要性上讲，则应该把它归到战略层面。

俗话说："名字起得好，公司上市早"。在为品牌起名时，可以遵循以下原则。

（1）好记、好玩、好传播。

品牌名最重要的两个功能是记忆和传播。而不管其中哪个功能，都需要"好记"这个特点来支撑。我们经常看到，有些淘宝旗舰店，为了让自己的品牌看起来"高大上"，起了一个一长串的英文名字。但结果是，就算用户非常喜欢你的产品，他们想再次购买，或者介绍给身边的朋友，可是因为不记得你的品牌名，也只能被迫放弃了。

我给英特尔做企业内训，看到一个数据显示，作为CPU芯片的"老大哥"，占据了80%的市场份额的Inter在淘宝的搜索量比第二品牌AMD少很多；而Inter芯片的产品i9和i7的搜索量却比AMD大很多。我们分析原因，大概是因为对于绝大多数普通用户来说，Inter比AMD更难记忆和拼写吧。

所以，当你在给品牌或者店铺起名时，不管任何策略和"好记"这个点有冲突，都选择"好记"一定没错。

要想品牌名好记，起名时就要遵循几条原则。一是短，越短越好记，而且在组合标题的时候，能给其他词留出更多的位置。二是生活化，你看阿里巴巴的所有子公司几乎都以动物命名，如天猫、飞猪、蚂蚁花呗等；还有很多品牌用人名命名，如李宁、王守义、江小白等。再确定品牌名时，宁可俗气，也要好记，如老干妈、金六福、阿里巴巴等。三是让品牌名好记的点，是好玩，如叫了个鸡、狂奔的蜗牛等。

（2）表达卖点。

比如有一个辣椒酱卖得比别人好，原因是别人费尽心思地通过 Slogan 来强调产品的卖点，而这个辣椒酱就赤裸裸地把品牌名叫作"饭扫光"。没有什么比通过品牌名就能传递卖点更高效的品牌表达方式了。

这样的品牌名我们看到了很多，比如"脑白金"的意思是脑子里的白金，那一定对大脑帮助很大；飘柔洗发水，什么都不说你就懂了；帮宝适，顾名思义，就是帮助宝宝更舒适；舒肤佳，意思是让皮肤舒服、更佳等。

也就是说，我们在为品牌起名时，除好记之外，还要结合产品的功能、功效，或者用户的痛点，这样就会达到事半功倍的效果。

学习感悟

凯来登家具有限公司：看来品牌效益是现在唯一的出路！没有定位的店铺真的一团糟，做得也累，产品同质化严重。我一直按照贾老师的思路来做，已经将店铺 50 万月销量做到将近 100 万。我刚申请了一个天猫店，就按照品牌思路来做。

淘品牌的打造（中）

在微信上，我和一卖家交流时说道：最厉害的公司，是产品牛，比如苹果的产品，别的公司技术就做不到，也就是谷歌所说的"技术洞见"。如果你的产品优势很明显，那么根本就不用考虑定位，定位就是因为产品不够强势，才被迫"降维攻击"；如果你的产品没差异，又没法做定位，那么这时候就只好拼服务了，累死累活的。比如一个公司，当产品、定位、服务都没区别时，还想进入这个领域，实在没招的一个招就是拼价格。还有更多的公司，产品、定位、服务、价格都没优势，问我怎么办？那恐怕我只能送四个字：白日做梦

按照这个逻辑，下面讲讲淘品牌打造的定位思考。

1. 定位

定位，用通俗易懂的话来表达，就是：打不过，我还躲不过吗？大家在做销售的时候，通常会分析市场是红海还是蓝海，看竞争是否激烈。但是所谓的竞争，对于强者都是纸老虎，如果你的产品优势明显，那么根本就不需要"躲闪"。所以，我们看到 iPhone X 几乎不做人群定位，不去单单讨好一类用户，它做的事情都是在引领用户，比如不是用户告诉 iPhone，他们需要指纹识别或面部识别，而是苹果来告诉用户，这种方式的解锁会比之前的任何方式都好。

我在自己写过的书里也分享过一张图片（见下图），标题叫：在绝对的实力面前，任何技巧都是扯淡。

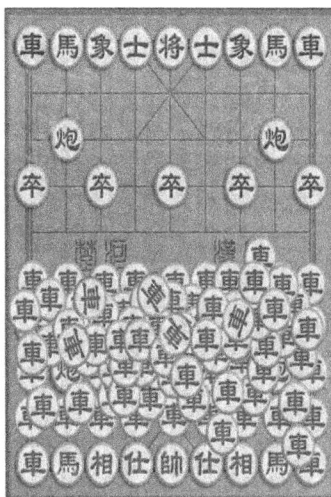

真正牛气的企业，是具备绝对的技术领先优势的。比如苹果的产品就是比别人的好，我刚买了一个苹果的无线耳机，真的是秒杀所有其他的无线耳机，别的无线耳机的问题是充电和收纳，而苹果做了一个收纳耳机的小盒子，充电、收纳二合一，完美地解决了大部分无线耳机的痛点。

当然，绝大多数草根掌柜，甚至很多知名的品牌都无法像苹果一样，具备绝对的技术优势，这时候就需要避开强大的对手，也就是做定位。

定位最常见的做法是切分用户人群，然后找薄弱点突破。比如我帮一个做玩具的店铺做后台数据分析，基于行业热词榜的搜索词，我们看到用户在搜索拼装玩具积木时，搜索词大概是这样分的：婴童 1~3 岁、3~6 周岁、7 岁以上、成人。然后，在这些按年龄分类的人群当中，还分男、女，这样我们就切分出来 4×2=8 类人群需求。接下来，我们找出每类人群的第一名店铺，比如 3~6 周岁男孩子玩具的第一名店铺，做一个表格，做完之后综合看市场和目前每类人群的第一名店铺的综合实力。最后，选择自己最有可能突破的一类人群，去开发产品。

2. 产品

我们在电影或者成功案例中会经常看到创始人灵机一动，想出了一个"点子"，做出了产品，然后推动了企业和品牌的成功。但是，往往真正决定成败的，不是这个突然顿悟的"点子"，而是在有了点子之后，不停地基于用户调整和升级产品的过程。

在《精益创业》这本书中讲到，如果用两件事情来比作做产品的过程，比如发射火箭和开车，我们觉得做产品更像开车，很少有产品会完全像发射火箭一样，完全按照预设的轨道行驶；大多数情况是像开车一样，不停地遇到路障、拐弯，甚至掉头，最后找到正确的路。

在定位这个环节，我们通过数据分析，发现某类人群竞争比较薄弱，依靠自己目前的资源有机会做到全国第一，接下来就要开发产品了，但不要期待一上来就做出一个超完美的产品，而是先尽快推出一个相对简单的版本来测试市场反馈。

我有一个同学是做后现代风格家具店铺的，他发现工业风混搭的市场好像很好，就问我要不要放手一搏。我的建议是，先在店铺里开辟一个工业风混搭专区，如果这个专区的数据表现好，那么再考虑放手一搏，全店转型；如果数据表现一般，则赶紧掉头，避免损失。

谷歌和苹果都认可的一句话是：完全按计划行事，往往最后的结果就是失败。

比如我们刚开始做保安遮阳伞时，也并没有一上来就改造和创新一个产品，而是围绕这类人群组合一个产品，遮阳伞+站岗台+免费印字。但是，当数据已经验证这个市场有发展潜力之后，如果你还是依靠这个简单的产品，那么对手一旦跟进，你的产品优势就不复存在了。所以，当市场得到验证之后，立刻要做两件事情：一是绑定品牌，占领用户的心智，保安遮阳伞就用xx牌；二是升级和改造产品，占领技术优势，而非简单地组合产品，这样才能保证即使有跟随者，其仿款刚出来，你的升级版产品也已经开始卖了。

总结：在淘宝运营产品的思路如下。

- 找到薄弱竞争人群。
- 快速推出"投其所好"的产品版本进行测试。
- 驾驭和调整产品抢占市场，建立销售优势。
- 绑定品牌，占领用户的心智。
- 拿出部分利润，组建研发团队，建议技术领先。

实际上，如果所谓的品牌产品和别人的产品没有任何区别，单纯就是靠品牌知名度的优势，而且还卖得比别人的贵，那么这时候的销售其实是在消耗品牌的价值；只有当品牌建立起技术领先优势时，这时候的销售才能真正地推动品牌成长。

大家看现在的国内平台之争，如淘宝网、京东等，淘宝网早期的优势体现在用户量上，但是现在淘宝网的优势除了用户量，还体现在千人千面技术上的绝对领先，而拥有比淘宝网更牛的技术的平台是亚马逊，所以亚马逊的全球市场份额仍然碾压阿里巴巴。

思考与落地

你的店铺是否有明确的定位？如果没有，思考一下如何找到你的细分人群？

43

淘品牌的打造（下）

我大学被退学后，曾经被推荐去参加一次工作面试，某 500 强公司。说实话，当时因为创业一直没有起色，我对自己产生了怀疑，因此想通过这次面试来测试自己到底行不行。

最后的结果是，经过三轮面试，在很多从上海、北京等地过来的职场达人中，只有我一个人通过了面试，月薪在 1 万元以上，这是在 13 年之前的 2005 年。

这次面试给我的人生带来两个大的改变，第一个改变是增强了执行力。在该面试公司的墙上写着一段话："每个人都有很多想法，只有付诸实践的人才能成就非凡"。当时，我特别汗颜，我经常和别人说自己的想法，但是都没有去做，所以最后即使面试通过了，我也没有去上班，而是开始做自己的第一个项目：网吧游戏交友网。

第二个改变是我会不时地问问自己的内心。一直以来，我都是自负和狂妄的，我在高中时期的座右铭是：在我贾真的字典里，平凡等于死亡。在这次面试之前，推荐我去面试的人一直告诫我，一定不能太自我，不要主观地评价自己，需要的话用客观存在的事实。这次面试让我懂得了，要想让别人相信你，首先你要说服自己的内心。

在这之后，我在独自一人创业的过程中养成了写日记的习惯，写日记的目的就是让自己和内心对话，而这个习惯对我接下来的创业帮助很大。

在销售的过程中，如果你喊出来的口号连自己都不信，那么就很难让别人相信了。所以说营销的本质其实是先销售给自己的内心。在做产品的过程中，如果你的内心只关注用户会不会买单，那么你一定会偏重于营销。

即使你喊出来"用户第一"的口号，它也只是一个口号；但是如果你在做产品的过程中把目标"后置"，不过于在乎用户是否买单，而是像朋友一样去关注能不能帮用户解决问题，那么品牌发展的方向自然就不会跑偏。

乔布斯曾经给大学生的建议是："保持愚蠢"。中国的古话"大智若愚"，以及日本的所谓"匠心精神"，基本也是这个意思，你能不能做到的核心点，其实就是看你能不能说服自己的内心。

比如用户在淘宝网搜索面膜，如果你关注的是用户能不能买单，那么你自然就要在价格、包装、营销上下很多功夫；如果你关注的是能不能帮用户解决问题，那么你就不仅绝对不会成分作假、搞噱头，而且还会关注面膜到底能不能帮助到用户。

所以，做产品首先要问自己几个问题：

- 用户认同自己有这个问题吗？
- 你的产品真的能解决用户的问题吗？
- 用户会不会为解决这个问题而买单？
- 为什么买你的产品，而不买别人的产品？

在产品这个层面，我们还有两点思考：

- 用一个产品满足顾客的单一需求。
- 用品牌的多个产品满足顾客的综合需求。比如用户想要洗脸，用洗面奶就可以了；但是如果用户想要皮肤好，那么仅仅用洗面奶可能就不行了。

一个好的产品，可以让用户认识你；但是品牌的全线产品布局，如果对用户有额外增值的话，那么就可以让用户离不开你。比如你可能因为一件衣服款式好，去下单购买尝试；但是如果这个品牌的大部分衣服款式都符合你的审美观点，那么你就会成为该品牌的铁粉。所以，整个品牌产品的布局应该有一条主线，这条主线就是"目标客户"。

1. 组织

在一个品牌的运营团队里，常见的组织结构是专人专职。在淘宝店中，除基础的客服岗位之外，常见的分工有运营、美工、推广等。分工的主要目的可能是为了熟能生巧，提高效率。比如"1万小时理论"，在某件事情上持续努力超过1万小时，你就能成为这个领域的专家。

但是，这样的分工效率真的就高了吗？

熟能生巧，这个理论在常见的大量重复性劳动岗位上或许有用。但是，推广这个岗位是重复性体力劳动吗？不是。反而专人专岗，会产生很多"沟通成本"和"传递损耗"。比如因为运营首先要对各个岗位人员进行培训，关于即将上线的产品有什么优势，而推广岗位人员如果只接收到一部分信息，那么后面的工作就很难做到优秀。

所以，淘宝店按照产品线来分工，比按照岗位来分工效率和成功率都高。如果让我来推广某个产品，我就会从选品、研发、定价到视觉设计和推广，全线都自己来参与操作，这样效率和效果会更好。直通车专员，我认为是淘宝店里最不需要的岗位，产品运营就必须自己来控制直通车，然后通过直通车的数据反馈来调整主推人群、视觉方案等。

运营人员说不会直通车，怎么办？那就让他自学，不难。

我们甚至看到，腾讯在做产品的时候允许"适度浪费"。

在微信出来之前，腾讯的几个团队同时在开发，谁胜出，就把这个项目给谁。在淘宝店里，我建议大家尝试把推广这个岗位去掉，让推广人员转到运营岗位，能力强的运营主线产品，能力弱的从辅线产品开始，这样的内部竞争的团队环境会比之前更健康。

做企业，小组织的团队会更有战斗力，不要"没有大公司的命，先得了大公司的病"。回想一下自己做店铺的历程，你的淘宝店增长最快速的时候，是不是因为一个人做了大部分事情；而增长放缓的原因，是不是因为团队分工越来越明确？

2. 增长

当企业确定了产品、建好了团队后，在运营的过程中，就要开始关注如何让销售快速增长了。在《精益创业》这本书里提到了销售增长的方向："新顾客是由以往顾客的行动带来的"。

这本书中提到销售增长来源于口碑相传、跟风购买、重复购买，还有就是用从以往的顾客身上赚的钱去付广告费，拉来新用户。基于这本书中提到的理论，再结合做淘宝品牌，我认为品牌的用户增长来自：搜索排序→重复购买→口碑相传→跟风购买（由易到难）。

下面我们只解释搜索排序和跟风购买。

（1）搜索排序。

对于线下企业，单纯的销量不会对增长产生比较大的影响，如果没有口碑和复购，那么起来得快，死得也快。所以线下企业会更关注产品，因为没有产品就没有未来。而对于淘宝品牌，就算不依赖老客户回购，但只要在淘宝搜索里能够靠销量稳定住排名，就会有源源不断的新客户进来。所以至少到目前，通过淘宝搜索这个渠道带来的新客户，比其他任何一个渠道都更加快速和巨大，所以线上品牌都更关注技术。从长远来看，我觉得这并不是一件好事。

（2）跟风购买。

传统品牌的跟风购买，是要建立在非常大的用户量的基础上才能驱动的。简单地说，只有用户看到周围的人都去买了，跟风购买才有效。换句话说，所谓的跟风购买，只是结果，不是技巧。

而线上的跟风购买，基于信息大爆炸，可能来自两个方面，一是我们之前说的做第一的"附加价值"，比如三只松鼠做到了坚果第一，这本身就能驱动用户；二是类似于江小白那种因为有趣才传播，从而引起跟风购买。或者，基于现在的很多"傍大腿"的概念，也衍生出一些技巧，比如辣椒酱里的爱马仕、酱香白酒的第二名等。所以要促进品牌销售的增长，其实有一些传播技巧可以去思考和运用。

最后提供一张脑图，帮助大家回忆上面所讲的淘品牌打造的思路。

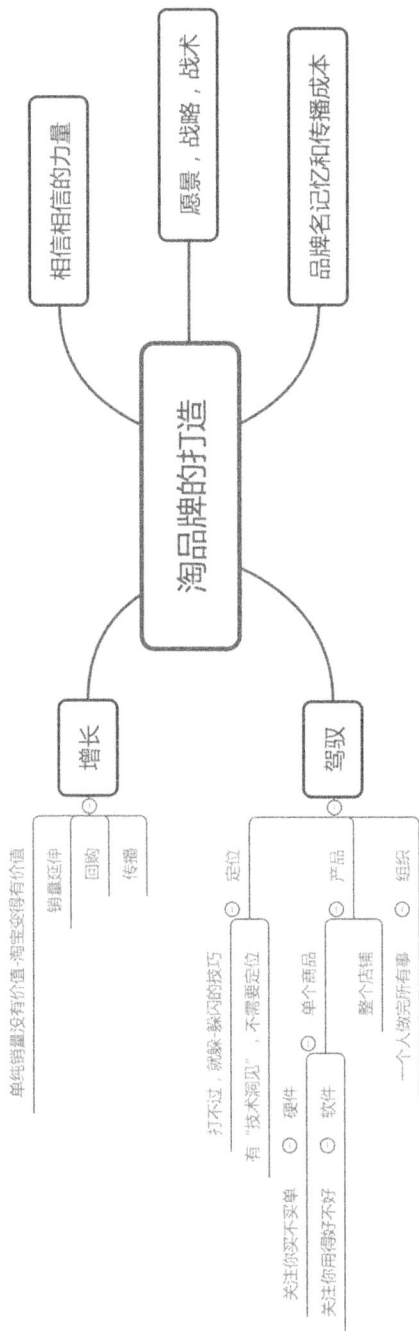

相信相信的力量

愿景，战略，战术

品牌名记忆和传播成本

淘品牌的打造

增长

销量延伸

回购

传播

单纯销量没有价值，淘宝密码有价值

驾驭

定位

打不过，就躲，躲闪闪的技巧

有"技术洞见"，不需要定位

硬件

软件

单个商品

整个店铺

一个人做完所有事

组织

关注你买不买单

关注你的用得好不好

产品

你浪费了多少"包裹价值"（上）

前面讲到，要想做好销售，首先要说服自己的内心：不应该把用户下单当成目的，而应把能否解决用户的问题、用户最终是否满意作为目的。如果这样思考，我们就不仅要关注用户购买过程的体验，还要关注用户收货和使用过程的体验。

这里有一个很重要的环节，就是用户收到快递包裹并且打开包裹的那一刻。比如我的淘宝店，一天发货 2000 单的话，一个月就能覆盖 6 万个付费用户，一年可以覆盖 72 万个付费用户，所以说快递包裹是比所谓的电视广告、候车厅广告等这些传统媒体更有效的一个资源位，如果你没有重视这个入口，那么真的是"暴殄天物"。

那对于快递包裹这个资源位，作为淘宝店的运营人员，其思考方向应该有两个：提升用户的满意度和广告或者营销功能。

首先讲讲提升用户的满意度这个思考方向。

（1）包装视觉。

有一个很有意思的心理学思维，就是对于很多事情用户关注的并不是事实，而是他们愿意相信什么。

同样，如果用户在收到包裹的一瞬间，看到一个破破烂烂的、散发着工业塑料气味的让他很不爽的袋子，那么接下来他打开产品，就会想办法去找到证据，证明你的东西也很差；如果你能让用户在收到包裹的一瞬间，心情愉悦，那么接下来一切就会很美好。

所以，不管怎么砍成本，产品快递纸箱的钱不能省。

（2）称呼服务。

因为我有航空公司金卡，我乘坐飞机，不管坐在经济舱的什么位置，空姐都会找到我，单独和我说："贾真先生你好，给你单独准备了报纸、毛毯，飞行时间 2 小时，有任何问题都可以找我……"；我以前在淘宝网买过一个单价上万元的凝胶枕头，我收到包裹时，看到在包裹的封口上写着："尊敬的贾真先生，我们非常关心您的睡眠，欢迎加入某某睡眠俱乐部……"。

有句话说，中国人对于成功的定义，并不是满足了自己，而是比别人过得好。所以，如果你对待用户一视同仁，那么就算你对他们好，他们也不会有什么感觉，就好像是群发节日短信，虽然是祝福，但是你的朋友不会因此感受很好。而聪明的人就算是群发节日祝福短信，也会尽量编辑得像单独发给某个人一样。

建议你在做家具或高单价商品时，可以考虑购买一个小型的标签打印机，在每个顾客的包裹上都贴上写有用户名字的标签，让用户感受到差异化。

（3）赠品。

阿芙精油，前期一直都以"赠品"为特色，其包裹里会有大量的赠品。假如你作为顾客，在买东西时收到一个或者一堆价值不菲的赠品，你会怎么想？你可能会心想这要多赚钱，才能送这么多东西，所以这里的赠品很可能并不会达到提升用户体验的目的。因此，要刻意避免赠送价格比较高的物品。

而且，阿芙一度让顾客很期待他们的赠品，这其实是有问题的，因为赠品不应该"喧宾夺主"。

　　赠送物品的目的是为了提升用户体验，而体验和赠品价格并不成正比，我们应该让顾客在赠品上感受到情感，而不是价格。所以，我很认可有些淘宝店什么物品都不送，但是主打感情牌，写一张能够流露真情实感的卡片，上面的内容可以是店铺的创业史、掌柜的祝福话语等。

　　总的来说，赠品的核心不是产品，不是价值，而是表达情感。

　　（4）退换货说明

　　如果产品有问题，或者顾客体验有问题，这时候有两个结果可供掌柜选择：得到差评或者支付退换货费用。我相信，绝大部分掌柜是愿意承担这个退换货费用的，以避免得到差评。所以在包裹里的卡片上应该有一个简单的退换货说明，告诉用户可以退换货，而且退换货很方便。

　　有一次我在耐克官方旗舰店购买了产品，在其包裹里只有一张很大的纸，上面写着退换货说明，这让我感受到品牌对自己的产品没有信心。如果在 100 个顾客中有 10 个顾客要退货，你却让另外 90 个很满意的顾客一眼就看到这个退换货说明，这其实会对品牌产生损失。腾讯的马化腾说过，如果微信有一个功能 20%的用户需要，那么微信一定不会添加这个功能，因为这会骚扰到 80%不需要的用户。

　　所以我建议，退换货说明要有，但是次要的，不需要很大张纸，可以写在卡片的一个角落，或者留下联系方式，如果你要退换货，请联系。

　　还有，用户一旦去寻找退换货说明，就说明他们对产品或者服务不满意，所以这时候让用户先看到的应该是歉意：很抱歉，我们给你带来了不便，我们很在乎你，但是如果你需要退换货，请联系或者按照以下流程操作。

　　关于在包裹营销中如何提升用户体验就介绍完了，下一节会介绍如何把包裹作为店铺的资源位来发挥它的营销作用。

你浪费了多少"包裹价值"（下）

现在讲讲如何把包裹作为资源位来实现它的营销价值。

（1）品牌，品牌，品牌。

品牌深入人心并不是一蹴而就的，要潜移默化。所以，再小的店铺也要利用好每一个能够让用户看到品牌的机会，而包裹就是一个凸显自己品牌的好地方。

在包装盒上打印品牌也有一些策略，为了降低品牌的记忆成本，从销售角度考虑，可以结合自己的主打产品来展示品牌。比如在包装盒上印一个天猫或者淘宝网的搜索框，上面的字暗示用户可以到淘宝网搜索，如雅诗兰黛小棕瓶、燕子臻品 老蜜蜡、萌物 键盘膜等。

值得说明的是，目前天猫有一个专门的团队，其计算每个品牌的分值，用来匹配活动资源。在品牌打分中有一个权重就是品牌搜索量，所以这种做法可以一举两得，既能提高品牌的分值，又能提高主打产品的单品搜索权重。

（2）小样或试用装。

以前，我们夏天卖桂花香水，销量还不错，但是居安思危，考虑到冬天是香水淡季，店铺怎么办？这可能是很多销售季节性商品的店铺都会面临的问题。后来，我们想出一个办法，就是对应着这个产品开发出一款桂花貂油膏，来满足冬季的市场，但是怎么衔接呢？

当时，美妆类目的小二给了我一个建议，让我在开发桂花貂油膏时，做一些小样或试用装，然后在销售桂花香水时，赠送桂花貂油膏小样和优惠券，这样既能提升客户体验，又能达到推动新品销售的目的。

其实，很多化妆品品牌一直都在做这件事，比如科颜氏，比起那些看不见、摸不着的营销方法，这种方法能让用户有机会直接体验产品。当然，这种策略也会有一定的局限性，比如在食品、零食、化妆品、洗护产品这些日常消耗类产品上有效，其他类目就要想办法变通。

（3）联合营销。

联合营销是淘宝网一直在尝试的，曾经也有过一个专门的平台，让卖家自发做联合营销，但是效果并不好。这个思考的逻辑是，比如用户买了婴儿衣服，在收到的包裹里面发现了某品牌婴儿奶粉的试用装，试吃后很满意，那么她就可能成为这个品牌奶粉的用户，而卖奶粉和卖衣服的店铺本身没有直接竞争关系，最后大家互相推荐，实现老客户"1+1"。

联合营销效果不好的原因是，中小卖家在选择合作时只看到了"联合"，而没发现比"联合"更重要的是两个店铺用户的强关联。比如一个购买了北欧风格家具的客户，其购买北欧灯具的可能性就很大；一个去购买禅服的客户，其购买佛珠类首饰的概率也会比较大。

在进行联合营销时，尽量求精不求多。联合营销特别适合那些销售高端产品的店铺，因为这类店铺需要的不是大量客户，而是精准客户。

寻找精准的店铺联合，可以在店铺老客户群里问问客户平时还会买什么，然后有针对性地寻找这个行业中和自己等级差不多的店铺主动谈合作。为了测试合作效果，可以在联合营销的页面或者包裹里做些"标记"，比如在对方的包裹里留下入店方式，可以做一些生僻字，如让用户搜索"贾真 蜜蜡"，测试这种方法到底效果怎么样。

（4）加微信。

高回购的商品，加微信的目的，是为了提高回购率；低单价、低回购的商品，加微信的目的，是为了上新完成基础销量；高单价、低回购的商品，加微信的目的，是为了让用户将产品介绍给身边的人。

在让用户加微信这个环节，作为卖家一定不要只丢给用户一个二维码就完事了，而是要给用户加微信的理由，比如微信用户可以抢免单新品（完成新品基础销量），可以享受不定期限时特价（维护爆款销量），可以立刻升级会员卡折扣（提升会员黏度）等。

我不建议淘宝店用一些短期的利益来勾引用户加微信，比如发红包。如果一个客户因为红包加了你的微信，那么当他领完红包、满足了自己的"欲望"后，你的价值就没有了。所以通过红包来加微信可能出现的结果是，你的微信好友数量虽然增加很快，但是最后发现自己都被删了。店铺做微信营销，最重要的不是加好友数量，而是留存和互动率带来的销售价值。

需要注意的是，如果让用户加微信这个卡片写很多内容，反而很难引起用户注意。你要基于店铺的产品和客户特点，找出用户最在意的一个福利点，把卡片做得简洁、有震撼力，猛打这个点，让用户加微信，这样的效果才好。

最后，从数据上看，我们要定时观察包裹加微信率，来调整加微信策略。比如以 A 策略发了 10000 个包裹，加微信 100 人；以 B 策略同样发了 10000 个包裹，加微信 200 人，那么我们就可以得出结论：B 策略对客户更有效果。

（5）晒图和评价。

用户更愿意相信的不是商家的广告，而是其他顾客的评价。所以，让老客户说话一直都是一个很好的营销方法。你看减肥药这种产品，基本套路就是让用户现身说法。所以，当用户收到货之后，引导用户晒图、晒视频很重要。

当然，晒图是一把双刃剑，好的晒图帮助很大，但如果没有引导，低质量的晒图可能会有很大的负面影响。因为大部分用户在晒图的时候可能很随意，不会像自拍那样仔细找角度、找光线，也不会对图片进行美化处理。

如果你的产品是爆款，价格不高，那么就简单、粗暴点，告诉用户满足要求的晒图返现多少；如果你的产品比较高端，告诉用户晒图返 5 元，那些"土豪"很可能不愿意为了 5 元钱"折腰"。就比如我们在做客单价比较高的蜜蜡销售时，引导用户晒图，主打感情牌，在包裹里提示用户我们正在进行"蜜蜡原创设计大赛"，让用户秀自己设计的蜜蜡饰品，所以我们很快就收到了 100 多个用户的优质晒图。

晒图和评价引导不能偶尔做一两次，对于热销款要长期持续地做，因为这里的图片比商品描述更重要。

（6）发朋友圈。

前面在讲内容营销的时候提到一个案例：某女士因为经常买鞋被她老公说，这次她又买了一双鞋，打开快递柜，突然看到在鞋盒的侧面写着："对不起，我又买鞋了"。莫名觉得喜感，接下来她拍照发朋友圈，并且点名给她老公看。

从营销角度讲，包裹做得好的最高境界，就是用户愿意发朋友圈去秀自己的包裹。大多数人发朋友圈的目的不外乎两个：有趣和炫耀。基于第一点，大家可以试试在包裹上印一些和自己产品相关的鸡汤短文或者搞笑段子；而基于第二点，大家可以参考刷爆朋友圈的支付宝年度账单。比如可以在女性手机壳的包装上写段话："买××品牌手机壳的妹子，颜值都在 90 分以上，不信你发照片到朋友圈打个分"。

最后提供一张脑图，帮助大家回忆上面所讲的包裹营销的内容。

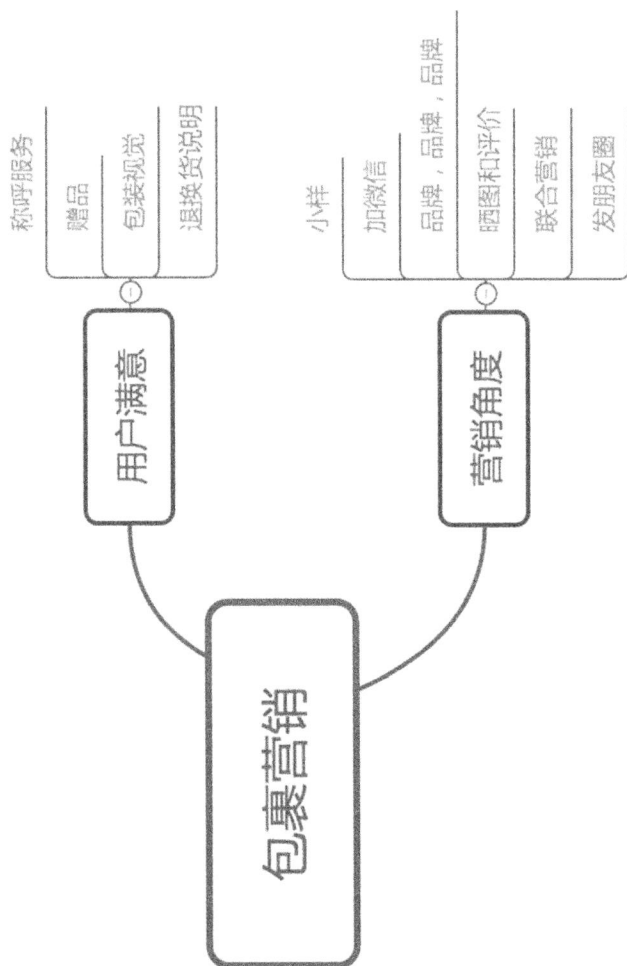

46

店铺标签、商品标签和人群标签

我在做淘宝的时候，为了寻找运营灵感和丰富自己的知识，也会经常参考其他掌柜的运营经验。在一段时间里，我看到很多文章都在谈店铺人群标签，大概的理论是，店铺的访问人群和购买人群越精准，店铺的搜索流量越好。可以用这个理论来解释效果越来越差的刷单，因为刷单的时候没有注意控制人群标签，比如对于女装，用男人的号来买；对于高单价产品，用平时买低单价产品的号来买。

这理论乍一听挺有道理的，但实际上操作很难。我曾经看过阿里巴巴高管写的一本大数据方面的书，里面讲到了用男人的号买女装很有可能，也讲到了消费偏好，比如某个用户买衣服只花 50 元，但是买耳机花 2000 元，所以低消费人群买高单价产品也有可能。

关于店铺标签，我曾经问过搜索小二，这需要卖家怎么做？小二反问我：什么是店铺标签？我们并不知道有这个东西。

我也问过小二："如果一个店铺卖的手机壳全部 9.9 元包邮，现在想上架一款 99 元的品牌手机壳，会有影响吗？"小二的回答是：几乎没有影响。

很多掌柜都会错误解读淘宝的搜索算法，主要是因为他们站在自己店铺的立场来看淘宝搜索。淘宝搜索的核心是让用户找到满足自己需求的好产品，从这个维度上讲，搜索的千人千面主要打的是商品标签和人群标签。也就是说，在一个手机壳 9.9 元包邮的店铺里，想上架一款 99 元的手机壳，该产品只要能满足某类人群的需求，它就可以被展示。

商品有标签，它会对应着用户的消费倾向去做"溢价"，比如你的店铺有一款 99 元的手机壳，浏览和购买者都是高消费人群，那么搜索就会像我们自己开直通车操作人群溢价一样，在这类人群的展示排名上加权，比如加 20%。

但是，为什么会有很多掌柜谈店铺标签呢？因为店铺标签确实对高回购的店铺有很大的帮助。店铺标签其实就是定位，如果顾客在买 999 元 T 恤的时候，看到全店都在卖 99 元的 T 恤，这可能会影响转化；如果用户的消费能力是 999 元，但是看到全店都是 99 元的产品，那么即使她这次下单了，下次也不会再来了，影响回购。

总结：从定位的角度去思考店铺标签，从搜索的角度来看商品标签和人群标签。如果店铺中的产品是高回购产品，那么尽量只服务一类人群，这样会提高回购率；如果是低回购产品，比如路由器，那么就要高、中、低三个价位都有，让人群覆盖面更大。

所以，掌柜没必要因为所谓的店铺标签理论，限制住自己上架产品的规划。

可能有部分掌柜不解：我刷单或者做淘宝客活动，确实对增加宝贝搜索流量的帮助不大，为什么？

答案：一是这些账号因为长期行为异常，很可能已经进入黑名单账号库了。如果这种账号的交易比例过大，那么对于搜索不仅不加权，而且还会影响全店的诚信分；二是因为在成交的时候，没有像正常顾客那么多的搜索、浏览、比较过程，搜索人工智能没办法基于数据进行深度学习，打不上商品人群偏向标签。所以这样的销量就算有效，也只加很少的销量得分，没办法给产品做正确的"人群溢价"。

如果要了解淘宝搜索商品的标签，从搜索端我们看不到，那么不妨参考直通车的人群溢价，猜测淘宝平台对商品和人群打标签的方向。

- 资深买家（高级别）。
- 高频消费人群。
- 高消费金额人群，笔单价。
- 喜欢折扣的人群。
- 浏览或者收藏、加购人群。
- 年龄、性别。

从搜索原理上讲，如果我们清楚地知道一个商品哪类人群最有可能成交，那么前期宝贝的销量都针对这类人群来成交，就可以给我们带来最精准的新客户人群溢价权重。举例说明：单价 1 万元以上的蜜蜡饰品，把它展示给 1 万个大学生，可能不如展示给 1000 个高消费的白领。也就是说，商品标签打得准确有利于某类精准人群的流量的提升，而这个流量提升了则有利于提高转化率。所以我们会看到，往往大部分店铺的搜索流量转化率比直通车高，就是因为搜索会自动基于机器学习进行"人群溢价"，而直通车要人工操作。

但是，如果卖家真的去操作这个商品标签，定向人群引流，其实可能效果并不好，原因是你认为高转化率的人群，可能事实并非这样。就比如我们认为商品有高消费金额人群会更好，但是在直通车开了"人群溢价"之后，发现数据表现还不如另外一类人群好。所以店铺标签主要取决于产品本身，后天只能顺势而为，没办法干扰或者改变它。

学习感悟

祝咏（小祝）：讲得很棒。店铺标签只是定位，只有产品才有标签。

淘宝店招聘

给运营面试者的一封信

2012 年，我山东老家的弟弟毕业了，想去打工，问我：哥，能不能给我点建议？我知道，他当时问我，或许是想知道现在做什么行业更有前途，或者想知道什么岗位工资待遇更好点。

我和他聊了很多，但是反复说一句话："在你刚去工作的时候，拿多少钱和做什么岗位并不重要，因为在你自身价值不大的情况下，你就算想要，也不可能拿到很多钱。"

我虽然不爱管人，也不擅长管人，但是手底下也有员工几百人。我发现人是有劣根性的，当他潜意识里认为自己是来打工的时候，就一定会想办法偷懒，会觉得在上班时间少做一点事情，就相当于白赚了老板给的工资，甚至在公司内部会互相攀比，觉得做很少的事情，还能把工资拿到，就是聪明的表现。

其实，老板付给你每小时的工资是有限的，可能就几十块钱，但你却因为这几十块钱，奢侈地浪费了自己的宝贵时间。

我和弟弟说，在面试的时候，你可以和老板谈工资待遇，但是一旦你决定去上班了，就一定要 100%地投入做好事情，千万不要用薪资待遇来决定你工作的态度。没有一个人是完全给别人打工的，就算你将来不创业，你的"消磨时光"其实惩罚的并不是老板，而是你自己未来的一切可能。

弟弟又问我："如果在公司每件事情都拼命做，同事会不会觉得我傻？"不知道是教育问题还是社会氛围的关系，我们内心里都有一种不能吃亏的情结，即使有的时候吃亏了无关紧要，也会在潜意识里提示吃亏了会让别人觉得自己是傻子，所以大部分人都在追求一种对等。

小胜靠智，大胜凭德。短时间的不吃亏和小聪明，往往牺牲的是未来，是最傻的。如果你能用尽所有的智慧，把事情想明白，让自己甘心"笨一点"去做事情，那么你往往会是最后的胜者。

这时候弟弟又有疑问："我这样默默地付出，万一老板看不到怎么办？"我说："首先，在职业生涯初期其实是在为自己的未来打工，所以无所谓老板能不能看到，只要能自我成长，就比提高工资更有价值；其次，有这样心态的员工，老板很容易就能辨别出来，原因是打工模式的做事方式是老板安排什么事情就把什么事情做完，而自我成长模式的做事方式是会考虑老板说得对不对，有没有更好的方式，把事情做得更好。

最后，我的弟弟说："好的，哥，我知道了"。我当时很怕他是在敷衍我，没有真正地从内心说服自己，像创业一样去打工。但是至少到现在，他过得还不错。

给招聘运营人员的老板的一封信

我们先说个现象，就是很多想做淘宝店或者正在做淘宝店但是做得不太好的老板，想要找一个很牛的运营人员，给整个店铺带来颠覆性的改变。我觉得这几乎是不可能实现的任务。原因是，做淘宝店的门槛太低了，前期只要能找到批发市场拿到货，几乎任何人都可以捣鼓出来一个淘宝店。除非你有独特的优势，否则作为运营人员，比如当年的我，如果我能自己弄一个淘宝店赚钱，干吗还要替你打工，然后把赚的钱给你，自己拿死工资呢？

我们看到传统行业有很多知名的职业经理人，是因为有些传统行业的准入门槛很高。而淘宝店这个行业的门槛，决定了在短时间内很难有真正有能力的职业经理人存在，再加上现在电商行业的人员相对紧缺，所以有过创业经验或者在大公司工作经验的人往往价格虚高、泡沫太多。我认为最好是找资质不错的年轻人，或者亲戚朋友家的孩子，自己培养，这样会比较稳定和长久。

另外，作为淘宝店的老板，千万不要反复地给自己心理暗示："我不懂淘宝，所以一切听运营人员的"。到目前为止，淘宝店不外乎围绕着产品、用户和定位、营销、服务这些点转，和线上的没什么不同。我认为老板可以不懂具体操作，但是方向还是要自己来把控的。如果让一个擅长技术的运营人员来把控店铺方向，那么他一定会偏重营销甚至刷单；而如果老板自己来把控方向，那么会更关注产品和用户。

所以，需要运营人员来做的事情就两件：一是具体操作，比如开直通车、搜索优化；二是用户和行业数据抓取分析。

我面试过各种各样的人，刚开始的时候，我特别看重员工的悟性和学习能力。其实在某些技术岗位，这样的员工确实适合，成长很快，但是如果其运营综合能力特别强，最后往往避免不了单飞的结果。说到这里，我并不是埋怨这样的员工，站在他们的角度看人生规划，这确实可能是更好的选择。

在我自己的公司里，员工离职率很低，现在主要负责公司管理的三个高管，从我创立公司开始就一直在这里，有 7 年多时间了，基本上公司的所有事情他们都可以处理。他们都特别认可公司，做事情特别用心，从三年前开始我就把公司原来我一个人独有，变成了三个人参与分红。在员工招聘这块，责任心、人品永远比能力更重要。

关于招聘，最后我想和老板们说一句话，在公司里会一直有这样的博弈：员工觉得，如果老板对我好，我才会拼命做事；老板觉得，如果员工拼命做事，我才会给他加工资。在这场博弈中，如果谁也不愿意做先付出这一方，那么隔阂由此产生。

因为我们是老板，我们要更大度，所以不妨下次在问员工为什么不能这样做之前，先问问自己有没有先为员工付出了什么，让我们先打破隔阂，做先付出的一方。如果我们已经付出了很多，这个员工还是无动于衷，那么你就没有什么好后悔的，开除他再去找一个懂得感恩的员工。就像我们都只看到海底捞员工的服务多好、多真诚，却没有看到背后，海底捞的老板为员工付出了更多的真诚和体贴，要想员工把顾客当上帝，首先老板要把员工当上帝。

学习感悟

大鹏展翅：收获两点：①要想员工把客户当上帝，首先老板先把员工当上帝。②老板和员工谁先付出的博弈，老板应该先付出，谁让你是老板呢？

48

淘宝运营团队管理（上）

曾鸣曾经说过，大公司和小公司之间的区别不是看员工人数，而是看效率。这个"效率"分两部分：个人效率和组织效率。只要能够把个人效率提高到极致，那么公司自然就会做大。

我们在做淘宝运营小团队管理的时候，也应该重点思考怎么提高这两个效率。关于提高个人效率，与其和员工讲未来，不如直接谈钱。我自己公司的个人效率大幅度提高，得益于我有次生病住院，隔壁床位的一个美籍华人企业家送我的一句话："管理的核心，其实就是管理人的欲望"。

所以，我在制定每个岗位的绩效指标时，首先思考需要这个岗位帮公司实现什么价值，然后就制定什么样的绩效指标。比如，打包就是用更少的人完成更多的件数，所以一定要计件提成；售后岗位并不是让客服人员去解决更多的售后问题，而是尽量避免产生售后问题，所以对售后岗位的考核指标就是减少售后问题。

关于提高组织效率，当公司员工少的时候，问题不大，但是随着公司的员工越来越多，因为信息传递和工作交接的损失，你会发现很难做到1+1+1=3，甚至连 2 都做不到。所以作为运营主管或者掌柜，要在公司成长的时候尽快制定规则，帮助尽可能提高团队的组织效率，降低运营成本，继续保持高效成长。

在提高组织效率这一块，分为文化和制度两个方面。关于文化，我们认为更多的是情感和价值观。我们一直说现在最好的销售方式，是个人 IP 的打造。同样，最好的管理方式，是在公司里打造一个有情感的个人 IP 的管理者。

因为团队是由人组成的，"人心"并不是纸面上的数据能够衡量的，所以在管理中就一定需要一个有情感的个人 IP 来发挥作用。

所以，从这个角度来看，在做团队管理的时候，要让团队成员感受到你是在帮他，而不是在利用他。比如在制定绩效指标时，你要找到对方的某个擅长点，然后和他站在一个立场上，那么接下来就很好管理了。

也就是说，做团队管理，当团队的业绩遇到瓶颈时，不如换个角度，忘记业绩，先关注团队中每个成员的自我成长，找到其努力的方向和价值，那么最后很可能就会突破现有的团队业绩瓶颈。

这其实和我之前讲的"销售的核心是先把产品销售给自己"是一个道理，管理的核心，就是先说服自己的内心，从关注业绩到关注成员能力的提升，让团队成员感受到你的真诚和真实情感。

关于提高组织效率，另一点就是价值观。价值观也是阿里巴巴一直最看重的，即使能力再强，但是价值观不同，也要一票否决。这里举一个实际点的例子来理解价值观。比如一个新员工来上班，看到初创团队中的所有前辈，每天下班之后都不会立刻走，都会把手上的事情做完，那么这个新员工也不会下班后立刻就走。

企业文化，往往就是初创团队的团队文化。如果这个团队能把某个项目做起来，那么通常说明团队文化没有问题。比如阿里巴巴的武侠花名、谷歌的拥挤和杂乱文化，要为每个新入职员工介绍企业文化，使其领悟企业文化的精髓，那么即使员工再多，也能保持步调的一致性。

带团队，就好像带兵打仗，而带兵打仗最重要的是军心不能乱，各怀鬼胎就很难有战斗力，这里的"军心"在团队管理中就是价值观。

我在知乎上看到有篇管理文章说到一个典故："韩信带兵，多多益善"。我们知道在管理团队的时候，如果团队成员非常多，那么就很难做到面面俱到，关注到每个人的情感和感受。而这时候如果要让 100 个人、1000 个人甚至 10000 个人瞬间领会到你的指令，像一个人一样，团队就必须要有统一的价值观和思想。

在阿里巴巴马云就是这个团队里的"韩信"，曾经有记者问马云：别人说你特能说、会说，你怎么看？马云说：我和其他企业家的区别是，别人在外面吹牛，吹完就完了，而我吹完了，我的团队很快就能领会到，然后帮我把我吹过的牛一个个实现了。

当然，除了情感和价值观，管理团队还要有具体的绩效考核和制度，下一节将结合《万达工作法》这本书里的"项销表"，来思考如果做一个可操作、可呈现、可监督、可启发的淘宝店管理表格，提升淘宝运营团队的执行效率。

思考与落地

你在团队管理中，遇到最大的问题是什么？

49

淘宝运营团队管理（下）

有段时间，我发现自己的工作效率很低。每天到公司后，打开电脑，漫无目的地看后台的数据，思维也天马行空，最后的结果是待在办公室一天，几乎没做什么有效的事情。虽然人在公司，但是实际在浪费时间。

同样，我观察公司中的其他成员，比如店长，发现只要我走到他旁边，他就马上打开生意参谋，翻看后台的数据，可能觉得这样做会让我认为他在努力工作。我突然意识到问题比较大，必须要想办法先帮自己提高工作效率，然后再帮团队成员提高效率。

于是，我就去问周围的朋友，有什么好办法。一个朋友和我说，她提高工作效率的方法是，每天桌子上都放一堆a4纸，上班后先不工作，而是把当天要做的事情列出来，然后一件一件来完成。同时，我也看管理方面的书籍，看到《万达工作法》这本书里讲到一个点，说万达总能按时甚至提前完工的原因，是因为有一个军事化管理的"项销表"，每件事情都设置了完成时间和监督人，来提高衔接效率。

最后，我综合以上经验，然后拉过来团队做头脑风暴，穷举团队日常要做的所有事情，再思考某件事情是需要每天做，还是每周做一次，抑或一个月做一次就可以了，按频率进行归类，并设置每件事情的完成截止时间和监督人，这样就能保证每件事情都有人去做，事无巨细。

在表格的制作过程中，为了保证实用性，我们要求表格里的每件事情都需要遵循可操作、可呈现、可启发、可监督原理。简单地说，就是要求表格里的每件事情都不只是概念，而是要能够具体操作执行，而且能够把执行的结果用一个表格可视化呈现出来。然后，相关岗位的成员能够受到这个表格中数据的启发，做出下一步运营动作。最后，为了防止做事情虎头蛇尾，要有一个人去长期监督各个岗位的工作完成时间和结果（见下图）。

工作频率	工作内容	责任人	责任部门	完成时间	备注	绩效考核	完成进度
日	客服便付	客服	客服	交班前	三次交接表建立	三次交接表1	
日	24小时发货订单返枝	主管	客服	早上10点前	未发货表	返还发货表2	
日	直播预告和计划	主播	客服	下午3点前	预告图、内容文案	直播预告截图	
月	财务月报表	会计	财务	每月10号		财务报表	
周	类目调整表	店长	运营	周三	周上新产品表格	行业竞商表3+上新计划表	
周	键盘数据模型号表	美编	运营	周四	细分产品布局	键盘型号表4	
日	优惠券发放	运营	运营	早上点前		发放记录	
周	售后反馈表	客服主管	客服	周二	提改见：产品、流程、服务	售后反馈表5	
周	客户维护	客服	客服	周三	针对VIP客户维护，给出具体优化方向	客户维护表6	
日	库存整理	仓库主管	仓储	晚上2点	防止断货、预订货	订货申请表7	
周	手淘首页链接和分类	美工	运营	周二	基于生意参谋的链接分析和分类分析，进行手淘首页优化	店铺自优化合计	
日	店铺数据对比表	店长	运营	早上10:30前	和三个竞争店铺对比：交易、转化、搜索	竞店分析表8	
日	微信朋友圈	运营	运营	中午11:30前	内容策划，周二活动、周四活动等等	朋友圈设计表	
日	热销产品2次优化	美工+运营	运营	下午3点前	根据评价、客服意见、搜索关键词，每天调整一个产品，5主图描述	产品调整记录	
周	微信会员	运营	运营	周三	周一活动、周四活动、周五补贴	内购会议	
日	每日预估表	客服	客服	晚上点后	销售和商品意见：5S处理方式 建议	评价维护表	
日	差评维护	客服	客服	早上11点前	传需商评分表内容	差评维护表10	
日	周退换货	客服主管	客服	周一	预销售额1800~800，累计300元	周退换表11	
周	评价清理与回复	店长	运营	中午11:30前	评价对差客户免费送起，改店评价（流程）	评价退款表12	
日	官网文章更新、微博、微信	运营专员	运营	每天12点前	百度的品牌搜索建立，发店铺产品	发文记录	
日	产品缺货上下架系统	店长	仓库	中午11:30	疾库整理，白族购买负责上下架	上下架记录表	
日	物流异常处理	客服	客服	中午12点前	主动处理物流异常订单	后台维护	
日	直通车创意测图	美工	运营	中午11:30前	销售5按点击率创意测图每天点击率数据表	主图数据档案13	
日	评价维护	客服	客服	中午12点前	做差评维护	评价维护表	
日	直通车调整	运营专员	运营	11点30前	推广计划+标题测+一键删词表+拉城现量排序+每两次河小价维护，人群测试		
月	有好货联系	店长	运营	中午12点前	当天的联系数据，困难内容	达人联系表14	
月	月会员活动	运营	运营	12号	策划月度活动、8-12号特惠、13号活动	月会员会议	
周	竞品学习分析表	运营	运营	中午12点后	三个竞争单品的策略，策略分析	竞品学习表15	
周	岛播促销策略调整	运营	运营	周三	基于对手，整体促销策略和搭配套餐的完善和微调		
月	钻展创意测图	运营	运营	下午3点前	钻展点击率表	钻展点击率表17	
周	周上新图	店长	运营	周一	设置定时上下架，结合会员内购来做	周上新会议	

比如客服的三次催付交接，这项工作需要客服人员每天都去做，用表格记录下每个客服人员手上当天咨询未付款 id、拍下未付款 id，然后在下班挂起之后先做第一次催付，如果催付未果，则保存表格发送给客服主管，算作完成任务。

在表格的制作过程中，"可操作"的意思是，尽量降低员工的工作难度，不要留一些让员工自由发挥的任务，否则很难执行下去。比如任务是提炼产品卖点，这其实很难进行具体的操作。所以你们看这个表格中的每个任务，执行难度都很低，比如发朋友圈、缺货上下架，就算是直通车调整、标题优化，我们也明确指出操作的步骤，相关人员只要一步一步去完成就可以了。

当然，必须承认的是，对于真正有能力的人，流程化作业只能降低其创造力。但是由于绝大多数团队成员都是普通人，所以这个表格中列出的内容其实是对运营的最低要求，就是希望员工每天上班之后，先完成基础的工作，然后剩下的时间再基于个人能力，发挥其聪明才智进行创造。

　　"可呈现"的目的是为了"可监督"。我是一个想法特别多的人，脑子里经常会突然蹦出来一个想法，自己觉得不错，于是就发微信给店长留言，让他去做。事后自己都忘了，等过几天想起来的时候，去问店长，他说这事还没开始做呢。这样带来的结果是，即使有些好的想法和方向，也得不到坚决有效的执行，慢慢地，公司员工也习惯了我的这种天马行空，心想：贾真说的，我只要听着就可以，不一定要做。

　　所以，这个表格的制作，我们借鉴了万达工作法，对分配出去的每项工作都定一个完成截止时间，即使是每天都要做的事情，也要明确每天几点前完成，由店长来监督每件事情的完成情况，并且计入绩效考核中。比如在这个表格里为每个员工分配的工作，每个月全部按时完成奖励多少，不能按时完成次数达到 3 次，怎么惩罚，如果是因为个人请假，相应工作没人去做，那么这个惩罚就会算在部门主管头上，以此来提升团队的执行效率。

　　"可呈现"其实是把岗位工作可视化。比如评价维护要求每天完成 30 个好评返现，那么我们就要求做评价维护的人员做一个表格，在完成好评维护时，记录下都维护了哪些 id 的评价，以便抽查；做 24 小时未发货订单巡视的人员，要列出所有 24 小时未发货订单的 id 和未发货原因，以及处理方式，使其工作内容一目了然。

　　我看到很多电商公司都有做表格的任务，每天上班花很长时间收集数据做表格，做完之后发到群里或者存档，然后就没有下文了。我们公司人员在完成制表任务时，我一直在反复强调，尤其是与运营相关的表格，如果做完之后，对你的运营行为没有任何启发，这个表格不能告诉你接下来怎么办，那么你就告诉我，我要么想办法调整数据抓取方向，要么就直接取消这个任务，原因是做这种不能启发运营的表格只是在浪费时间，不如不做。这就是"可启发"的意思。所以我们所制作的主图点击率表格、标题优化表格、竞品分析表格，都能给运营带来主图调整、标题调整和竞品策略的相应启发，这才是数据分析的价值。

当然，我的 3C 淘宝店的这个"工作细节表"并不一定适合你，原因是行业不同、产品不同，工作内容和工作重心也会不同。在这里，我把我们公司的这个表格的粗略版本分享给你，是希望能够抛砖引玉，让你根据实际情况制作出更实用的、适合自己店铺的工作表。

另外，你在做这个工作表的时候，不用期待一上来就做出一个完美版本，其实也不存在完美版本。因为淘宝一直在变化，团队也一直在变化，先做一个粗略版本出来，然后在日常工作中若发现一件事情没人去做，就把这个任务添加到表格中，分配给相应的岗位人员来做，慢慢地丰富和调整表格，这样能够让公司的执行效率越来越高。

学习感悟

活出个样来：最近我的工作效率很低，正在为此事烦恼。贾真老师的课讲得很好、很及时，我马上就去制作自己今天的工作表格，谢谢老师！

50

价格战（上）

打价格战，可能是淘宝商战中最常见的竞争手段。当对手的价格咄咄逼人的时候，多数人大概有两个选择：跟进或者不跟进。

做了淘宝这么多年，这两个选择我都尝试过，得到了不同的结果。下面先和大家说说我当时的真实经历。

2008 年，我孤身一人跑到批发市场做淘宝店，初期，我是主动发起价格战的一方。当时，一个毛头小子跑到南京珠江路数码批发市场，谁也不认识你，没有任何优势，所以我的思路是所有上架商品按照拿货成本价卖。在那个时候，便宜是淘宝的代名词，所以基于这种策略我的淘宝店发展得很快，几乎一年达到两个皇冠信誉的增长。在初期这段时间确实没有利润，但是随着发货量越来越大，批发市场的摊主都认识我之后，进货价格越来越便宜，就慢慢开始有利润了。

其实，小米也是用这样的思路做销售的。我听说有个平台找小米谈合作，问帮助销售蓝牙音箱怎么分红，小米说："可以给你一半的利润。"这个平台很开心，问："那卖一台有多少利润？"小米回答："一台赚一块钱，分你五毛钱"。

和普通价格战不同，小米把价格战打得更绝的地方是，他并不是按照大家的进货价来定价的，而是先考虑规模生产。比如一次性量产 1 万台，这时候的成本最低能降到多少，然后按照这个量产成本来定价。也就是说，小米的产品价格，很容易比很多小规模工厂的产品的出厂成本还低，所以现在小米进入哪个行业，给这个行业带来的几乎都是生态上的失衡。

综上所述，如果大家要主动打价格战，前提是你必须要依赖价格战带来的销量来降低生产成本，只有当你的成本比同行更低时，你才能长久持续地在价格战中获利。

现在回到我自己的淘宝创业历程中，当我把店铺信誉快速做起来之后，意识到南京珠江路数码批发市场的产品没有优势，如果还靠打价格战这个点，那么当工厂型的对手进场之后自己就完全没有任何优势了，于是考虑转型。当时在数码批发市场经常听别人半调侃地说："卖一台笔记本电脑的利润，都不如卖一套贴膜电脑包的利润大"。

于是，我就开始研究笔记本电脑贴膜的市场，发现这个领域的产品没有产地优势，市场竞争也不大，我立刻转型，切分到这个领域布局产品，很快做到全国笔记本电脑贴膜产品的单品和店铺销量第一名，这是我在淘宝赚的第一桶金。

当我把笔记本电脑贴膜这个产品线做大之后，就开始陆续有其他卖家进场。之前我是靠比别人便宜做起来的，"苍天饶过谁"，后面进场的卖家也用同样的方法，通过价格战来打我。

我们当时卖 14.9 元，对手上来就 12.9 元包邮，我们也没考虑什么，直接跟进 12.9 元包邮，但是当我们跟进后，对手又降到了 9.9 元包邮。当时我心里就很不爽，心想："我又不是只有一个产品卖得好，如果你非要打价格战，我奉陪到底，先拿这个爆款把你干趴下"。

这次我们直接降得比对手还低，8.9 元包邮。持续打一年价格战的结果是，这个产品一度卖到 4.9 元全国包邮，最后大家都没钱赚，等着对方先死。

我们打价格战的目的，是想打倒对手，然后独霸市场，但现实情况是，就算你把这个对手打倒了，也会有其他对手站出来，再用同样的方法来和你对抗。所以一旦一个企业选择了价格战，实际上就是与全行业为敌。

整个市场因为前两名公司的价格战，这种产品几乎都卖 4.9 元全国包邮，做不到这个价格的都纷纷转行。因为在进行价格战时要活下来，就必须想办法降低成本，所以我们也把压力给了工厂，工厂为了能低价给我们货，只有想办法减少工序，用差的材料，导致产品的品质也节节下降，更不要说去创新和研发升级新品了。

很多消费者心里可能都在想：我们喜欢卖家打价格战，因为这样我们就能占便宜了。但是，打价格战的结果是消费者很难再买到好东西了，便宜真的很难有好货。

这是我经历的第一个价格战。跟进价格的后果是让这个行业基本废掉。当然，我并不是全盘否定价格战，如果你非要主动挑起价格战或者跟进价格，我认为在两种情况下是可行的。

类似于小米的策略，通过大批量生产来降低生产成本，如果你的成本明显地比全行业低，能够支撑你长期打价格战。

你的某个热销产品已经不再具备强竞争力，你的升级款产品马上要推出，这时候你可以选择战略性抛弃这个单品来提高市场份额，用于帮助你快速推出升级款产品。

下面再说说我经历的第二个价格战。我们的天猫店和腾达品牌合作，独家推出一款 WiFi 增强器，依赖产品定位优势和我们的运营能力，这个 65 元的单品最终做倒 7.5 万月销量，单品月销售额近 500 万元，震惊了整个行业。接下来，各个路由器品牌都开始跟进，出现了某品牌对手，其标题主图等都在模仿我们的，直通车猛推，大量上活动，价格比我们便宜 5 元。

当时品牌方和公司店长都在问我要不要跟进对手，降价 5 元。我给他们的答复是：坚决不降价。原因是，如果降价 5 元之后就能结束价格战，那我们会降价，毕竟有利润支持，哪怕降 10 元也可以；但是对手以这个姿态进来，一旦我们跟进价格，对手很可能就会持续降价，结果就会导致虽然我们有可能保住第一名的位置，但是整个行业都会垮掉。

最后，不管对手做什么样的动作，我们坚持 65 元的价格不动，同时让厂家抓紧时间开发出升级版本，通过产品进行竞争。这样做带来的结果是，虽然我们让出了第一名的位置，但是整个产品线全网的价格维持在 60 元左右，卖家们的利润状况都不错，产品的升级迭代也做得很好。

所以，在这里我呼吁淘宝各产品线的类目老大们，作为老大不仅是荣誉，同时还肩负着责任和使命。不要轻易地挑起价格战或者跟进价格，短时间看价格战可能会立竿见影，但是损害的是整个类目的利益，也是自己的利益，有本事，大家拼谁能把产品做得更出色。

学习感悟

土权：**"价格战"内容看得激动人心！**

价格战（下）

上一节介绍了我的店铺在两次价格战中的选择，让大家思考自己遇到价格战时该如何选择。但是需要注意的是，在价格战的选择上，并不只有一个思路，我大概分三种情况来思考：相同产品、标准品和非标品。

（1）相同产品。

如果你经营的是同品牌、同型号的标准品，那么打价格战肯定是一种简单、粗暴的有效方法。站在用户的角度来看，如果东西都一样，那么价格是首先要考虑的因素，然后就是服务和售后，比如到货时间等。

在这个点上做得比较好的是京东。京东的发展策略很简单，就是选择数码产品这种标准化很明显的品类，直接打价格战，用亏钱的方式来抓客户。比如京东的一台路由器，拿货价格是 100 元，售价可能会是 90 元，它自己亏10 元来卖。越是这种很标准化的东西，消费者对价格越敏感，所以这种策略帮助京东快速扩大了市场份额。

我们店铺卖的路由器还有部分货在京东进。虽然我们是品牌方最大的分销商之一，拿货价格最低，但是就这样，京东的价格可能比我们的一手货源价还低。

但是这种策略也有劣势，对数码产品和其他标准品更敏感的是男性，所以京东最头疼的应该是女性用户占比在平台里最低。我们说男性消费相对比较理性，如果京东产品没有了价格优势，那么平台的价值就会快速降低。

所以，每个打价格战的公司都要先给自己想好出路，比如一旦通过价格战确定优势后，下一步怎么走、靠什么实现盈利都要事先规划好。京东想出的方法是，在标准品行业做服务升级，率先自建物流仓储，让全国的买家基本上都可以一天收到货。京东通过这一点来弱化自己对价格战的依赖，这也确实取得了一定的效果。

（2）标准品。

如果经营的是不同品牌、具有类似功能的标准品，就比如我们天猫店的很多商品，价格敏感度相对不是那么大，这样的商品竞争更多的是拼产品差异化和品牌拉力这两个点。

在产品差异化中，和线下的商品受地理位置的影响不同，线上的任何一个商品都会接受来自全国所有商品的对照，而平台技术的升级革新方向，也是为了让消费者不花冤枉钱，有更多的比较。所以，在做这类商品的销售时，基本核心不是告诉用户你有什么优势，而是你比别人有什么优势。换句话说，就是：为什么用户买你的商品，而不买别人的。这个差异点，就是最有力的产品上的优势。如果你的商品没法在短时间内建立优势，那么就要想其他的点子。比如顺丰包邮，对于这类商品来说就是一种非常简单、粗暴的提升数据的方法。顺丰包邮的潜台词是："买我吧，我比别人到货更快"。

当然，任何惯性思维都可能出错。比如你做了顺丰包邮，并且写在主图上，按照惯性思维这一定对数据提升有帮助。但即使这样，也不能只靠感觉，还是要在做完这个动作之后，收集前后的数据变化，来验证这个行为是否有帮助，以及帮助有多大。

在日常运营这一点上，我们还会明确地感受到品牌拉力的影响。同样的产品只要品牌知名度高，价格的敏感度就会大大降低，这就是品牌溢价能力。现在打造品牌的机会有很多，每个淘宝卖家都可以有品牌梦。

（3）非标品。

常见的非标品是服饰和箱包等类目产品。非标品就算材质一样、外观一样，但是价格的差异化可以很大，因为做工、版型等可能产生差异化。所以这类商品很难受到价格战的影响，因为其标准化程度比较低。

非标品的定价，并不是以材质、材料、人工成本作为参考的，而应该用用户心理价位测试定价。比如非标品类目，是不是一定价格越低，用户就越喜欢点击和购买呢？可能并不是。很多卖家认为，做活动降低产品价格之后，就一定会带来点击率的提升。我们每次上活动的时候，都会统计几个主要数据的变化，比如直通车的搜索点击率、整体搜索转化率等。一般我们会看到，大幅度降价后，搜索点击率没有明显提高，转化率会有不同程度的提升，而且转化率会随着降价的幅度大小有波动，并不是价格越低转化率越高，而是在某个价格转化率最高。

站在消费者的角度来分析，比如一个消费者到淘宝网想买一件 T 恤，是不是一看到 9.9 元包邮，就特别想点击购买呢？可能并不是，每个人在买这类商品时都会有一个心理价位，比如 300~700 元，低于心理价位的最低价，消费者可能认为品质不行；高于心理价位的，则超出了其消费能力。而作为卖家，就是要通过数据反馈找出消费者的心理价位是多少。比如每次价格波动时，我们都记录下搜索点击和转化数据，然后找到最佳定价点，事半功倍。我们发现，在消费者的心理价位中间偏下的价格，往往是点击率和转化率最高的价格。

最后做个整理。当我们面临常见的行业价格战时，首先要做的是预测结果，就是一旦跟进对手的价格，会带来什么结果。然后基于自己的产品性质，标准品和非标品来确定应对方法。最好的应对价格战的方法是升级产品，让产品更有优势。如果没办法升级产品，则只能要么切分人群，避开强大的竞争对手做小众人群；要么提升服务，做服务的差异化。在应对方法中，我们也看到了品牌拉力可以在一定程度上降低价格战的影响，所以卖家要有品牌梦。最后，在具体定价上，还要通过价格波动来收集数据，找到用户的心理价位。

最后提供一张脑图，帮助大家回忆上面所讲的价格战的内容。

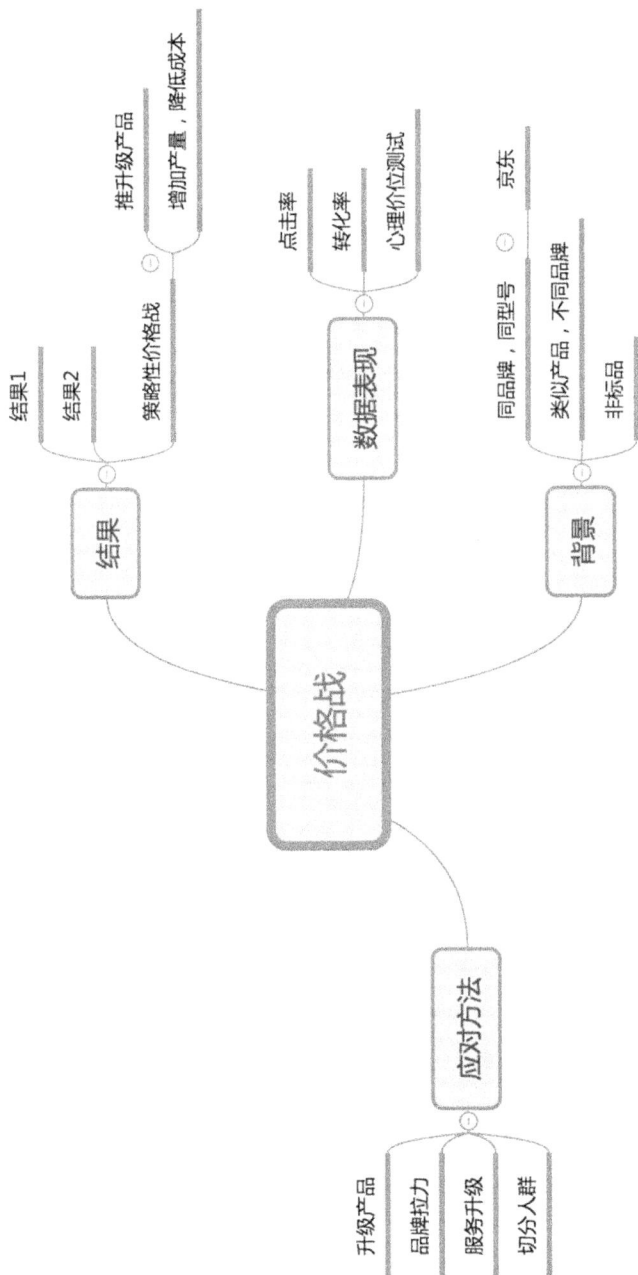

52

直通车辅助搜索

在做淘宝运营的过程中，常见的不讲策略用蛮力提升搜索流量的方法大概有两种：一是用淘宝客冲销量，冲到销量排序前几名拿搜索流量；二是用直通车付费来拉升搜索流量。

第一种方法，在销量基数比较大的行业，往往是"一将功成万骨枯"，大家只看到成功的少数几个宝贝，没有看到很多冲了几千销量但是没有起来的宝贝，再加上现在淘宝搜索屏蔽低价和买家账号黑名单的机制，除非你能冲销量到前三名，否则效果越来越差。

第二种方法，比起第一种方法要好很多，你只要做了，不管多少总会有点效果的。这是从直通车诞生那天起，一直长期有效的方法。但是在操作直通车时，如何付更少的费用来提升搜索流量呢？这是卖家需要弄明白的问题，也是我们今天要分享的知识点。

我曾经问过搜索小二和直通车小二同样的问题：搜索和直通车有什么关系？他们的回答一样，就是没有关系。搜索由阿里巴巴的搜索部门制定算法，直通车由专门的直通车部门制定算法，虽然在搜索结果中同时展现数据，但是两个渠道两种算法，互相影响不大。

就好像你在淘宝客这个渠道拿了很多流量，但是转化率很差，不会影响到淘宝搜索一样。从单个维度来看，如果直通车的转化率很低，则不影响搜索的展现数据。说到这里，很多掌柜可能会疑惑：为什么我们在推爆款时，直通车往往比其他渠道更好用呢？

答案是，如果用户在搜索端只点击直通车的宝贝完成购买，没有去点击其他任何宝贝，那么结果是直通车的成交和淘宝客的成交几乎权重相同。但是，如果用户在搜索时点击了搜索结果中的其他宝贝，最后却点击了直通车的宝贝成交，那么直通车就不仅是直通车了，而且变成了搜索结果中的一个宝贝，而这时候的成交就和顾客通过搜索入口成交的权重相同，远高于通过淘宝客或者直接链接的成交。

我们猜也能猜到，真实用户的行为是不可能只搜索一个词，点击一个宝贝就完成购买。所以，从这个角度来看，绝大多数直通车的成交会算进搜索的成交权重里，并且也会有货比三家等行为权重。

综上所述，虽然直通车和搜索是由两个部门独立制定算法的，但是它们在一个搜索结果中展现数据，会因为顾客的交叉点击行为完成融合，所以目前直通车仍然是提升搜索权重最好的渠道。

关于用直通车提升搜索权重，我帮大家整理了几个关键点，请大家思考。

（1）直通车的展现，并不一定 100%加权，也可能降权。比如你的商品通过直通车展现，获得了额外的展现量，但是用户虽然点击了你的宝贝，但是却没有购买，这时候你的宝贝就成为被"货比三家"的那个商品，其权重自然会降低。

基于这一点，卖家在添加直通车的主推词时，要注意产品在这个词上是否有竞争力，没有竞争力的词，先避开不添加。

（2）绝大多数店铺，其直通车流量的整体转化率会低于搜索。原因是，现在搜索已经实现了人工智能，它会基于用户的点击行为等快速反馈，不停地调整商品和人群的匹配，自动给商品找到最高转化的人群；而直通车的人工智能和千人千面还不是特别强，所以我们会看到，直通车转化远低于搜索转化的店铺一般是没有做人群溢价的。

基于这一点，建议卖家开直通车必须测试人群，先单个维度把所有人群都添加进去，比如男、女、笔单价 10~50 元等，然后不停地基于数据反馈，淘汰数据差的人群，保留溢价数据好的人群，最起码要把直通车的转化做到和搜索相差不大。

（3）直通车的前期，在搜索的基础数据不太好的情况下，直通车的数据也很难得到提升。所以前期更关注的是销量和评价。这时候不必过分在意点击率和转化率数据，因为在数据量等级太小的情况下，它们都会被搜索或者直通车通过数据筛选去掉。比如前期有 10 个访客，成交 5 单，虽然转化率数据是 50%，但是这个数据没什么意义。

基于这一点，我给的建议是在宝贝初期，不用太在意数据表现，忘记淘宝这个平台，想尽办法完成初始销量和评价。

（4）直通车的冲刺期，这是很多宝贝成败的关键，这时如果去抓大词，则有机会做起来，但是代价太大。我们的做法是先做属性词，或者高精准词。这时候就要用到"贾真标题优化小工具"，把转化率远高于平均转化率的词根找出来，然后围绕这个词根在直通车里添加组合词。找词的方法，不建议通过直通车推荐词，而是要通过生意参谋的"搜索词查询"工具。因为我们发现直通车的数据量没有搜索的多，而且并不是通过人工智能来计算关键词和宝贝的相关性的，而是通过搜索的"文本相关性"算法，即搜索标题关键词的写法不影响排名和流量。但是直通车的关键词的写法会影响质量得分和流量。

大家不妨自己测试一下。比如在直通车里添加的关键词是系统推荐的"路由器 家用 无线"，而在搜索的下拉框中推荐词是"路由器 无线家用"，这时候消费者的搜索词都会是后者，那么你用前者质量得分就会相对低一些。如果删掉这个词，然后按照用户搜索排序重新添加词，那么质量得分会立刻提高，出价也会立刻降低。但是这样做，很多人会担心所谓"养词"的分数会清零。我们测试过其实没有影响，如果大家不放心，则可以再创建一个计划就添加这个词，改变排序看质量得分和出价。

（5）直通车的后期，该选的、该测的关键词基本都确定了，销量和评价也有了，这时候更需要关注的数据就是点击率，于是我们就进入了不停地测图工作中，没有最高点击率，只有更高点击率。即使某张图现在的点击率数据不错，但是随着对手的模仿和跟进，点击率也会下滑，所以测图永无止境。

在这里，我多说一句，直通车是阿里巴巴的独立部门，所以能够影响直通车数据的并不是别人的宝贝搜索数据，而是别人的直通车数据。比如一个顾客点击的恰巧都是直通车宝贝，但都没买，最后点击了你的直通车宝贝买了，那么这对于你的直通车数据的提升可能是最大的。

思考与落地

不在直通车里投一分钱，会影响搜索权重吗？

生意参谋的使用说明书（上）

对于淘宝卖家来说，生意参谋就像武林高手的内力，如果没有这个东西，什么样的武功也很难发挥作用。但现在的问题是，生意参谋思考更多的可能是给卖家看什么数据，而不是卖家需要看什么数据。而且更重要的是，绝大多数普通卖家需要看的数据并不是越多越好，而是用最少的数据正确地指导自己运营。

就好像苹果的产品，厉害的不仅是硬件，还有软件，一个还不怎么会说话的小孩都能拿着 iPhone 和 iPad 操作使用。我想象的生意参谋最好的版本，并不是呈现了多少数据去猎奇，而是具有极简界面和数据，让一个普通的淘宝卖家购买后能立刻上手使用。

所以，我给大家写的生意参谋的使用说明书并没有介绍每一个功能，只是告诉大家不用关注什么数据，只看哪几个数据就足够了，用最少的时间让数据指导运营；而不是为数据所累，每天收集整理大量的数据，但是实际上没什么用。

如果要将生意参谋的功能分类，则大概分成三个主要模块：看自己、看对手和看大盘。首先介绍在看大盘这个模块里，我们需要看什么数据，以及怎么去看。关于看自己和看对手模块，将在下一节中介绍。

在生意参谋里，大部分的大盘数据在"市场"模块里都能找到。在这里，先说说专业版和标准版的不同之处。专业版增加的功能是品牌全网分析和用户画像，而这些功能绝大多数中小卖家都用不着，因为他们不是品牌拥有者。唯一可能有用的一个功能是搜索人群画像，它能把每个关键词下的搜索者性别、消费能力、地域等数据罗列出来，方便卖家做产品定位分析。

在生意参谋里，我们平时用得最多的三个功能是商品店铺榜、行业热词榜和搜索词查询。在商品店铺榜的热销商品榜中，能找到每个细分类目下的单品销售订单数爆款。其实我个人认为，这个数据用处不大，因为在这个榜单里基本是低价产品的天下。也就是说，如果你打算用淘宝客冲销量，那么就必须与这些产品竞争。

在商品店铺榜的流量商品榜中，展现的是细分类目下单品流量最多的宝贝，这个数据的参考价值比上一个数据要大很多。很多人都在讲流量为王，所以要想拿更多的流量，基本思路是看那些已经拿到最多流量的宝贝有什么共性。当然，在这个模块里，只看流量多少可能会有问题。原因是，有的宝贝流量大是因为参加了聚划算、淘抢购。所以，更客观、合理的方法是双击流量商品榜中的搜索人气，看在这个细分类目里哪些单品的搜索流量最大，然后去找它们的共性进行分析。

在商品店铺榜的热销店铺榜中，展现的是实时店铺排名，在这里我们能看到大类目的店铺排名，也能看到每个细分类目的店铺排名。比如在家具类目的茶几产品中，可以看到整体销售做得最好的前三名店铺。

在大盘数据中，很多卖家购买生意参谋就是因为要看行业热词榜，我估计它是生意参谋里使用频次最多的一个功能。在这里，我们可以看到在所购买的类目下任何一个行业的大部分消费者的搜索行为：搜索了这个关键词的有多少人（搜索人气）、搜索完是点击了商城还是 C 店（商城点击占比）、搜索完这个关键词后用户有没有点击商品（点击率）、点击商品后有没有购买（支付转化率）。

其中，搜索人气数据并不代表有多少人搜索了，它是一个被"处理过"

的指数数据，比如1万指数，可能有10万人搜索了。商城点击占比数据决定了你在这个行业是不是一定要做天猫，比如女装行业天猫点击占比为40%，说明更多的女性买东西选C店。假如"鼠标垫"这个词的搜索指数是1万，它表示的并不是这个词的所有搜索量，而是表示点击到这个类目的数据量是1万。比如搜索鼠标垫的总量有1.5万，但是有3000匹配到3C类目下的暖手鼠标垫。

还有一个关键词查询功能，它统计了匹配到所有类目下的关键词数据。注意：你的产品只能放在一个类目下，所以就算这个词的搜索量再大，但是如果所放置的类目不是首选匹配类目，那么你也拿不到这些流量。另外，行业热词榜只统计每个类目的前500个搜索词。比如小类目根本就不需要看500个词，而像连衣裙这种大类目，第500个词的搜索人气也过万，所以有个结论：小类目看行业热词榜数据，大类目看搜索词查询数据，找出和自己产品的属性、材质相关的，在行业热词榜里没有但是实际搜索量很大的词

学习感悟

白日蓝梦：无论是老师的讲课思路，还是分析思路，都很棒！我学到很多知识，然后努力实操，加油！

迪加：贾老师的思维和经验无形中对我帮助很大，使我的思路变得非常清晰，工作也变得轻松，非常感谢牛气学堂的老师们！

生意参谋的使用说明书（下）

上一节讲了怎么用生意参谋看大盘数据，这一节讲怎么用生意参谋来分析自己的数据和对手的数据。

（1）看自己。

"看自己"常用的功能是"商品"模块里的商品效果，在这里有很多数据可供选择，但是一次只能选择 5 个指标。因为我自己更关注搜索，所以我会选择商品访客数、下单件数、收藏人数、搜索引导访客数和搜索支付转化率这 5 项来分析。

商品访客数，指的是这个商品在单位时间内获取的总访客数，包括搜索、直通车、手机淘宝首页等所有渠道。通过这个数据，我们能了解到这个宝贝的综合表现情况。但是因为不同的流量入口转化不同，所以总访客数多，不代表产品销售表现一定就好。

下单件数，和商品访客数的数据类似，也是商品的综合表现，包括各个流量入口渠道的总体下单件数。注意：你可能会发现自己的下单件数数据很好，但是与搜索引导访客数并不成比例。这时候你就要查看 "搜索引导支付买家数"这个数据，看看是不是这个数据占比偏小，因为对搜索加权最直接的销量是这个数据。

收藏人数，这是一个重要的测款数据，就好像在线下服装店里服务员和你说："不买不要紧，试一下吧"。收藏是用户购买的前期动作。简单地说，用户可能因为价格贵在下单动作上犹豫不决，但是不会因为价格贵在收藏动作上犹豫不决。商品销售好得益于很多因素，比如价格、款式、营销手段等，但是商品收藏数据好就可以直观地说明产品款式或者定位没问题。因此，我们可以计算一个数据，在每 100 个访客中有多少人收藏了产品，这个数据只要和同类产品对比表现优秀，这个产品就具备了能够推起来的基本条件。

搜索引导访客数，它是判断商品搜索权重的最重要数据。商品访客数多，不一定搜索权重高，但是这个数据表现好，搜索整体权重就一定高。所以我们在推产品的时候，判断某些行为是否有效，主要是看运营手段能否提高搜索引导访客数，比如看直通车投放、淘宝客活动、参加聚划算等是否能提高搜索引导访客数。

搜索支付转化率，这是一个单渠道数据，只统计搜索入口流量的转化率。比如不管你参加聚划算拉来多少流量，转化多低，但是搜索入口流量的转化率可能不变化；或者说，老客回购转化率超高，但是没通过搜索入口进来，那么搜索支付转化率也不会提高，搜索权重的提高也不会很大。因为淘宝搜索在判断商品搜索权重的时候，主要考核的转化率不是商品整体的转化率，而是单搜索入口的支付转化率，这个数据代表了搜索流量未来的走向，搜索访客数多，但搜索转化走低，访客数就可能要下降。

综上所述，我们在分析店铺产品的时候，要先找到在类似产品的访客数中，收藏人数和搜索支付转化率明显优秀的产品来推；在推广单品的过程中，关注下单件数和搜索引导访客数的变化，来确认运营手段或者推广渠道是否有效，不停地基于数据调整玩法，最后找到真正有效的单品推广方法。

（2）看对手。

看对手的数据，在生意参谋里有一个专门的竞争情报功能，它主要有 4 个模块。第一个是单类目的热销商品排名，也就是所谓的类目爆款。初级运营人员特别喜欢看这个数据，但我觉得意义不大，因为这个榜单是按照销售件数排序的，这种排序方式低价特别有优势，所以我们看到基本上都是低价产品在前。如果过于关注这个数据，那么低价竞争思维就会深入运营人员的骨髓里。

第二个是单类目的商品流量排名。单看流量排名意义也不大，因为流量大可能因为参加了聚划算。我在看这个数据时，会看里面的搜索人气维度，得到的是单类目的商品搜索流量排名；看拿到大搜索流量的宝贝有什么共同特征；看搜索流量分配的趋势。

第三个是热销商品榜，这是真正意义的店铺类目实时排名。不过要注意的是，如果你的店铺横跨几个类目，这时候统计排名的销售额不是店铺中所有商品的销售总额，而是店铺中所有这个类目下商品的销售额。换句话说，单品爆款大多是因为单品有优势，而没有单品爆款但是整体销售额很高的店铺，更多的是因为整店商品定位或者布局做得很好，这更值得你去分析研究。

第四个是流量店铺榜，它和流量商品榜的意思差不多，只不过是从店铺维度来看的。

综上所述，在做一个新店铺时，主要利用以上四个维度来进行定位分析，分析的思路很简单，可以用 6 个字来概括：列战线，找对手。

列战线，就是看看自己店铺所经营的产品线有哪些，每个产品线都是一条战线。在列战线里有一个要求，就是战线要列得足够细。比如做电视柜，就要把电视柜这个类目再细分为几个主要属性，如实木电视柜、大理石电视柜、简易电视柜等，因为你拿一个大理石电视柜和简易电视柜做竞争对比，没意义。

找对手，就是把每条战线的前三名单品找出来。比如大理石电视柜做得好的前三名是谁、有哪些店铺、单品月销量是多少，以及实木电视柜前三名的单品月销量是多少等。在该分析中，我们的基本思路就是"找软柿子捏"。互联网行业的基本思路是"降维攻击，只做第一"，如果做不了电视柜的第一，那么可以试试先做到大理石电视柜的第一。

当你把店铺所经营的每个产品线都列出来、每个产品线的对手都找出来后，接下来找突破点就简单多了，要找目前第一名销量优势不大的战线去突破。就好像打拳击赛，如果你一上来就选泰森打，结果只能是找虐，你可以先找几个身材矮小的练级，等自己真正强大的时候，再试着挑战更强大的对手。

学习感悟

大鹏展翅：降维攻击，只做第一。我很赞同这样的观点，做淘宝你面对的竞争对手不是一家店铺、一条街的店铺，而是全国的商家和在你竞争，没有争第一的勇气和决心很难做下去。中小卖家在很难做到大类目第一的情况下，可以参考降维攻击，找软柿子捏。

淘宝店的财务探讨

我可能是个很"奇葩"的老板，很享受赚钱的过程，但是却对"数钱"这事没啥兴趣。我对自己的淘宝店的财务几乎一直不管不问，完全放权给在创业初期招聘的一个员工来管。我日常唯一关注的公司财务状况，就是大概看一眼会计每月做的利润表。但是因为专业会计做出来的东西，里面有很多专业术语，我也看不大懂，问了几次也没问明白，现在也就稀里糊涂地只看看利润数字就算了。

当然，我知道财务对于一个公司的重要性，不仅仅是算出赚了多少钱，而是要通过准确的财务报表知道自己的每个经营决策是否合理。我们经常看到淘宝草根掌柜算账：产品成本 80 元，卖 100 元，利润 20%，得出结论是付费推广只要控制在 20% 以内基本就可以了。然后一拍大腿就充钱到直通车里开始冲销量。到最后，销量可能做得还不错，但是一看银行卡，里面根本没剩钱，甚至很可能还亏钱。

所以，我自己找了无数多个掌柜，也问了无数多个专业会计，最后整理出一个适合淘宝店做账的思路，抛砖引玉。

我身边一个月销售额可以做到 1500 多万元的 3C 类目同行，他和我分享了自己公司做账的思路，特别的简单、粗暴，就是计算每个店的正负资产，然后正负相加，得出的数值就是自己的"纯资产"。每个月计算一次，"纯资产"增加的部分就是每个月的利润。

他和我说，基本上如果每个月的销量稳定，纯资产的增加数值大差不差，那么说明店铺经营和财务没什么大问题；如果波动大，那么他就会去查具体的支出，看哪个地方的支出有问题。

他计算正负资产的思路就是，所有的现金或者花钱买回来的东西，比如存货，都算在正资产里；所有的欠别人的钱和未付的贷款，包括分红的利润，都算成负资产，最后正负相加，看每个月最后剩下的数值是多少。

我根据他的思路，再加上会计给的建议，把名称都改成稍微专业点的叫法，比如把负资产称为"负债"，做出了一个适合淘宝店的"资产负债表"（见下图），分享给大家，仅供参考。

在这里面需要解释的一项是"折旧"。淘宝店常见的折旧是按年付费的，比如一年的房租是 12 万元，那么每过一个月，这个资产就减少 1 万元。

在分析这个表格的时候，除要关注正负相加的"纯资产"数值之外，作为一个淘宝店掌柜，还要关注现金余额和存货在资产里的占比。这种统计方法在标准品行业其实问题不大，因为存货基本就等于现金，不怎么会贬值；但是如果在服装和其他快消品行业，存货断码或者过期，这些账面上的资产就会快速贬值，所以不仅要关注"纯资产"，还要控制存货占比。

当然，淘宝店财务只做这一个表格还不够，因为当你发现没怎么赚到钱时，通过这个表是找不出原因的，也很难做出有针对性的调整。所以还需要做一个表格，就是淘宝店的利润表（见下图）。

在这个表格里，会根据支付宝的月度账单来抓取数据填空，填完之后，收入-成本=毛利润，收入-成本-费用=纯利润，然后将这两个表进行对照，如果在资产负债表里得出来的"纯资产"的月增加值等于利润分析表里的"纯利润"，那么说明账目做对了。

我甚至猜想，如果所有的淘宝店掌柜都能准确地做出店铺的利润分析表，那么整个淘宝的"价格战"风气可能会被遏制住。因为没做过这个表格的掌柜，可能根本就想象不出来，在淘宝平台开店，竟然有那么多的"苛捐杂税"，暂不说天猫的扣点和淘宝客的佣金，就一个花呗和村淘手续费每个月都有几万块钱。

再回到前面讲的那个草根掌柜的例子：产品进货价格为 80 元，卖 100 元，你还敢简单地计算成利润为 20%吗？你还敢将进货产品加点钱就卖了吗？

在现实中，我们经常会羡慕同行 TOP 淘宝店的高销售额，其实现在基于这个数据想想，如果一个服装类目的天猫掌柜，没有足够高的利润率支持，被扣除那么多的费用，再加上库存贬值的风险，还要每个月付出十几万元，甚至几十万元的人工成本，不去找个专业的会计把账做明白，简直无异于高空走钢丝，很危险。

学习感悟

大鹏展翅：首先非常感谢贾真老师的淘宝店资产负债表和淘宝店利润表思维导图。这两张图让我这个草根掌柜对淘宝店铺收支有了一个完整的认识，对以后店铺选品、定价及制定运营策略都有很好的指导作用。特别是在淘宝店利润表里面，收入只有 3 项，而费用和成本却有 10 项，瞬间体会到做淘宝不容易！

苏华棠：做电商，确实要把账算清楚。我们公司财务总监也跟我提过这事，让我核算一下顾客每笔下单金额及运费，以及需要开增值税发票多少等。做淘宝店确实要有自己的利润核算，心里要有本账，否则做下去几乎没意义！

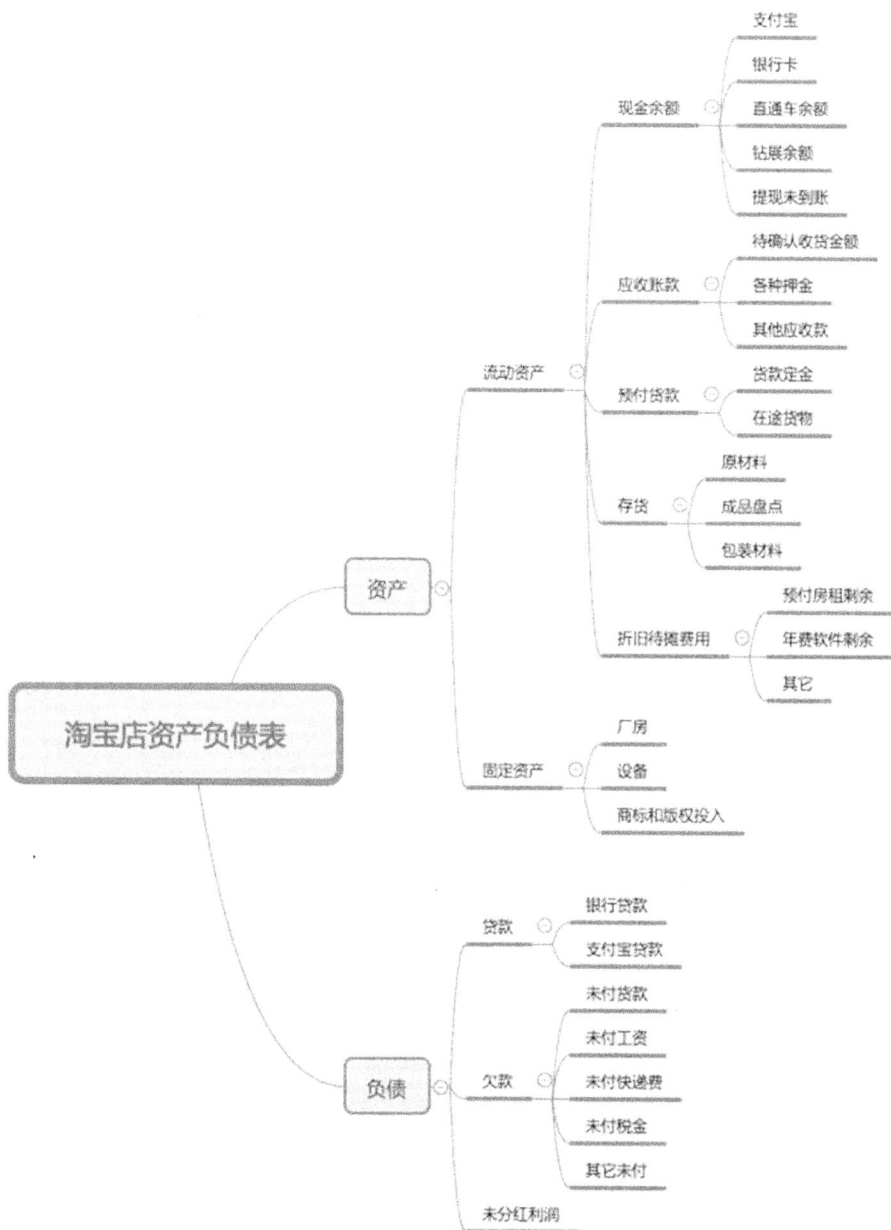

淘宝店资产负债表

资产

流动资产

现金余额
- 支付宝
- 银行卡
- 直通车余额
- 钻展余额
- 提现未到账

应收账款
- 待确认收货金额
- 各种押金
- 其他应收款

预付货款
- 货款定金
- 在途货物

存货
- 原材料
- 成品盘点
- 包装材料

折旧待摊费用
- 预付房租剩余
- 年费软件剩余
- 其它

固定资产
- 厂房
- 设备
- 商标和版权投入

负债

贷款
- 银行贷款
- 支付宝贷款

欠款
- 未付货款
- 未付工资
- 未付快递费
- 未付税金
- 其它未付

未分红利润

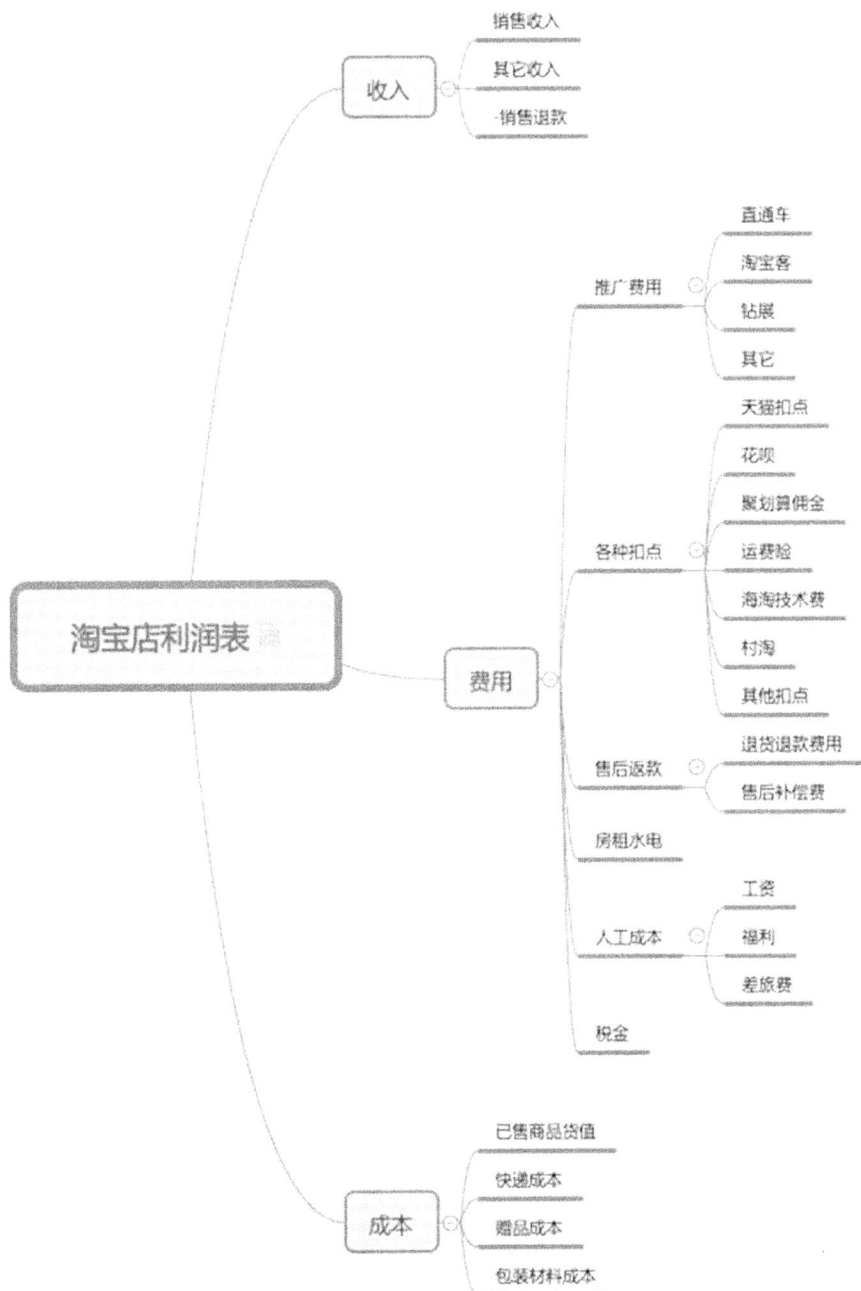

淘宝店利润表

- 收入
  - 销售收入
  - 其它收入
  - 销售退款

- 费用
  - 推广费用
    - 直通车
    - 淘宝客
    - 钻展
    - 其它
  - 各种扣点
    - 天猫扣点
    - 花呗
    - 聚划算佣金
    - 运费险
    - 海淘技术费
    - 村淘
    - 其他扣点
  - 售后返款
    - 退货退款费用
    - 售后补偿费
  - 房租水电
  - 人工成本
    - 工资
    - 福利
    - 差旅费
  - 税金

- 成本
  - 已售商品货值
  - 快递成本
  - 赠品成本
  - 包装材料成本

淘宝运营成功密码

前段时间，我在今日头条上看到一篇"心灵鸡汤"：一个美国小孩，上门推销产品，敲了 10 户人家的门，只有两户人家买了，最后赚了 10 美元。所以小孩这么计算，每一户门都没有白敲，相当于每敲开一户门，就能赚 1 美元。于是，小孩就坚持不懈、开心地去敲更多的门了。

我在"鸡汤"下面评论道：这不是勤奋，而是笨。如果是我，我不会盲目地去拼概率，而是首先花时间想好自己的产品和什么小区更匹配，然后想好不同的话术，根据开门的人的性别、年龄等，怎么去说，接下来再去敲门。

也就是说，敲谁的门，比不加思考"勤奋"地敲更多的门更重要。

淘宝一直在拥抱变化，也一直在残酷惩罚不改变的人。我们看到很多淘宝运营者也不是不够努力，但是店铺始终没有起色，主要原因就是他把时间浪费在"敲门"这件事上了，每天重复着昨天的工作。更可悲的是，这样的卖家每天都在钻研"怎么去敲更多的门"，而不愿意花时间想明白"敲谁的门"，用战术上的勤奋，来掩盖战略上的懒惰。

这真的不是大道理，身边的案例比比皆是。那些真正把店铺做到顶级的卖家，很少是因为运营技术上的领先，大部分店铺运营的成功，可能是无意识地选对了行业和产品。当然，如果我们能把这种无意识变成有意识，那么或许就可以找到淘宝运营的成功密码。

最近半年时间，我不断复盘自己做淘宝 12 年来的亲身历程，再加上我成为淘宝大学讲师 7 年来看过的案例，整理出一个脑图，共包含六部曲：榴梿定位、开车理论、佛系运营、赛马思维、刻意练习、荷叶原理。

当我把这六部曲应用在自己做的 3 个店铺上时，它们都成功地进入类目TOP，所以我才敢大胆地把这一讲叫作"淘宝运营成功密码"。很可能，你在做店铺运营时只要把这六部曲想明白并执行，就能大大地提高运营的成功率。

1．数据分析的"榴梿定位"

"榴梿定位"的概念是根据"榴莲"这种水果的特点命名的，大部分人对榴梿的态度是两个极端，要么特讨厌，要么特喜欢，很少持中间态度的。"榴梿定位"要求我们在做产品时，基于数据找到产品需求人群，然后在开发产品时，只考虑这类人群的喜好，找到这类用户的单个需求点，做到极致。

现在很多人都在谈定位，可在我看来，定位是弱者才需要的"武器"。如果产品足够强大，建立了技术优势壁垒，别人根本做不到，那么你就根本不需要定位，比如 iPhone、可口可乐等。不过，绝大多数产品是不具备这种绝对优势的，所以需要定位来躲避竞争。比如美图手机主打拍照，在 iPhone 的威力下用差异化来赢得女性人群。

当然，对于绝大多数淘宝卖家来说，在选择突破点之前要先问自己一个问题：在主营范围内，我有可能打得过谁？

哪怕是刷单，你一上来就去刷一个强竞争的产品领域，目前这个产品的老大不管是在产品、运营、价格还是服务上都比你强，就算让你刷上去，你也不可能维持住的。淘宝搜索，或许在短时间内可能因为作弊行为被改变，但是庞大的市场是诚实的、海量的消费者是诚实的，基于现在的淘宝搜索机器智能，用不了多久，作弊的商品很快就会"原形毕露"。

那些所谓刷单成功的卖家，他们只给你看宝贝上升到顶端的曲线，再往后一拖，他们没给你看的是更快下滑的曲线。

所以，当我介入一个新的行业时，我做的第一件事情是"类目平铺"，把这个店铺能做的所有类目都罗列出来，然后找出每个子类目前三名的商品，标记好月销量。

这一步的目的，其实是为了"躲避强敌"，就像打拳击赛一样，就算让你作弊，取得了和泰森打的资格，结果毫无悬念，也就不用将时间浪费在过程上了。作为一个新店，在起步阶段必须学会"欺软怕硬"，选一个自己能够打得过的，或者努力一下就有机会打赢的对手，然后在这个类目下选择单品方向，而这时候一旦冲到类目第一，就可能会有持续的价值回报。

讲到这里，可能有部分掌柜会担心，"小而美"承载不了自己的梦想，很难做出大销售额。举例：香飘飘只做奶茶，加多宝只做凉茶，但是两个企业年销售额都是几十亿元。在我看来，很多淘宝店没做好的原因就是因为太贪心，什么都想做，反而什么都没做好。与其在某个大的市场里苦苦挣扎，还不如找个小的品类称王称霸。

在选类目这里还有偏门，我们会特别关注全新的产品需求，比如现在的抖音同款玩具，这样的产品在"擂台赛"前期连个对手都没有，更容易取胜。另外，我们一般会选择高增长的行业。比如很多明星拍电影都破纪录，并不是因为电影更好看了，而是因为电影行业在高速增长，选择高增长行业就意味着接下来的运营顺水行舟。

作为中小卖家，即使在一个子类目里也没有竞争优势，别怕，我们还有一个撒手锏，叫作"降维攻击"——降到你有机会成为全国第一的那个维度里。在线下，如果你做不到全国第一，那么依赖地域性仍然可以生存，比如你可以做东北第一品牌。但是在线上，我们几乎看不到地域带来的防御性，所以只有全国第一的说法，如果做不到全国第一，那就降低维度，做单个品类或者人群的第一。

举例说明，如果做不到沙发类目的第一名，那么可以继续细分人群，整理每周沙发类目用户搜索词，发现有客厅沙发、卧室沙发、阳台沙发、儿童房沙发，甚至有家庭影院沙发和美甲店沙发等，继续往下降维度，如试试能不能做到美甲店沙发的全国第一。

比如罗列白酒的市场人群，发现中年以上的男性人群里的对手，茅台和五粮液像"泰森"一样站在前面，打不过，所以江小白避其锋芒，转向年轻人的白酒市场，接下来进行的一系列操作就顺水推舟了。

在切分好人群之后，最忌讳的一件事情，就是你推出了一款多卖点的产品。在目前产品严重过剩的市场中，消费者需要的并不是全面的平庸的多功能产品，而是单个点做到极致的单功能产品。比如手机有很多功能，vivo 主打拍照这一个点，火了。

比如开宝马、坐奔驰、怕上火喝王老吉、送礼送脑白金，消费者对于绝大多数品牌的认知，往往只有一个点。在 iPad 很火的时候，笔记本电脑公司做出了平板笔记本电脑二合一，打算多类人群都能抓到，1+1=2，但最后连 1 的市场都没有拿下来，原因是消费者拿起笔记本电脑就想起办公，拿起平板电脑就是要娱乐，宁可买两个产品，也不要二合一。

综上所述，我们说现在做淘宝单品，基本思路是"4 个 1 原则"：1 个单品，只满足 1 类人群需求，1 个卖点做到极致，全网 1 亿元销售额。

其实切分人群、找方向并不难，基本可以流程化操作，但是当你找到人群、卖点以后，怎么让消费者能认同这个卖点，就靠个人对产品的理解和悟性了。这时候我们可以尝试运用 FABE 法则，把卖点做得具备直观性和传播性。

需要强调的是，所有的"榴梿定位"理论都是建立在数据化运营基础上的，通过数据让消费者和厂家直接用产品"互动"，而不是找几个人开会进行头脑风暴。所以数据的本质其实是让工厂和上亿的用户产生"快速互动"，这正是目前新商业的魅力所在。

2．产品开发的"开车理论"

我很赞同一句话，就是做产品很难像发射火箭，在做之前，每一步都策划好。在实战中我们也会经常发现，你觉得会做爆的产品，最后没做爆；而当时没在意的一个小产品，最后却做爆了。在谷歌文化里有句话：所有的计划都会导向失败。因为在实战过程中变数太多，事前不可能将所有因素都考虑进来，所以做产品的过程，更像是开车，在驾驶的过程中，不停地基于路况转动方向盘进行调整，最后准确地到达目的地。

我们在完成 "榴梿定位"后，找到了产品的开发方向。比如要做一款美甲店专用沙发或者儿童房沙发，在做之前，尽量不要预测爆款或者赌博式大量生产，而是以最低的成本，快速推出几个简陋的"内测款"测试市场反馈，然后根据数据的反馈进行"爆""旺""平""滞"的库存配置——数据不好的，卖完就下架；数据一般的，少量备货，继续优化；数据优秀的，大量追单，完善产品细节，作为"正式款"去冲爆款。

当然，要想进行准确的"爆""旺""平""滞"的判定，首先要有一条"爆款数据基线"作为标准。对于中小卖家，讲究资源聚焦，当你没有多余的钱去做付费推广时，就要在初期尽快判断出哪个产品能够成为爆款，然后集中所有资源去打造这个产品。

所以，在我自己的店铺运营过程中，我们会记录下每个爆款成长中的主要数据，比如点击率、搜索转化情况等。然后，看那些最终成为爆款的同类目宝贝，在初期核心数据能够做到什么数值。最后，在下一次推新品时，对比同类产品的同时期数据，当发现新品数据和老爆款初期数据类似时，那就基本确认找准了下一个爆款。

经常有人问我："为什么我去年卖得很好的爆款，今年推不爆了？"答案是：正是因为你去年做爆了，带来了大量的跟随者，所以今年同款产品在市场上没有竞争优势，推不爆很正常。没有一个产品可以守住不让别人攻上来，最好的防守，一定是进攻。所以，当爆款一旦成型后，你马上就要基于这个爆款来研发升级版本，如果你不自己升级产品打败自己，那么最后的结果肯定是被对手的升级产品打败。

这就需要淘宝店要有一定的产品开发和调整能力，如果现在没有这种能力，怎么办？在 2015 年以前，我的店铺销售额一直突破不了每月 200 万元的瓶颈，归根结底，就是因为我们自己没有产品研发和生产能力。我们一直在讲"产品为王"，在那段时间，我深刻地体会到：任何的运营技巧都跨越不了产品优势带来的鸿沟。而现在，我的店铺进入了大类目前五名，因为我想开了，放弃了自己做产品，转而依赖自己的数据挖掘能力，和有产品能力的工厂合作。

我预测，一年之后淘宝生态会开始进行新的演变，不再是不管是工厂还是运营者，都一股脑地去开店做品牌，而是慢慢完成进化里的"蜕化"。就好像上岸的鱼会蜕化掉自己不再需要的鱼鳍，以更好地适应环境。接下来，优秀的运营者和散落在市场里的好产品，会慢慢地再融合，各司其职，强强联合，只有这样才能在淘宝生态里"适者生存"。

所以，现在和未来两年，我会花很多时间去全网寻找那些有能力做好产品，并且有兴趣做产品的团队，用我的营销技术来完成和其产品的共同进化。

还有，在产品开发过程中，随着公司的规模越来越大，当草根卖家发现虽然销售额不错，但是到手的现金有限时，必然会开始关注仓储、财务和成本控制（具体内容见运营技巧 37：仓库发货流程优化，运营技巧 55：淘宝店的财务探讨）。

3. 热爱产品的"佛系运营"

"佛系运营"的核心是心态，一旦运营者能够说服自己的内心，不再为了"钱"来做运营，反而成功的概率会更大。比如 Facebook 的创始人、苹果公司的创始人，他们享受的是自己做产品的乐趣，而不是为了赚钱，最后反而把产品做得很优秀，赚了很多钱。

我们经常听到别人说，做运营要"换位思考"，要站在用户的角度来思考。但是换位思考说起来容易，做起来却很难。比如几年前我们店铺准备转向女性手机壳销售，我和店长两个大老爷们选了很多女生款，但是销售一直没有起色，最后问身边的女性朋友意见，发现我们压根就不懂女人，以为只要选粉色壳子就够了。

所以，真正适合店铺的运营者，不是要求他有多么强的"换位思考"能力，而是需要他本身就是产品的典型顾客。经常有老板抱怨说自己的运营人员不行，或者从别人那里高薪挖过来运营人员，最后发现在自己的公司不好用，究其原因，大概就是因为：他在逼着一条鱼，学爬树。

在我看来，招聘运营人员最重要的点，就是人和店铺产品的基因要匹配。满足这一点之后，所谓的淘宝打造爆款技术，在后期培养并不难。曾有个做大码女装的老板和我说，她们在招聘员工的时候有一个硬性规定：体重低于160斤的不要。听起来挺无厘头，但是大家想想，如果你的公司不管是设计师、客服人员还是美工都对顾客的"痛楚"感同身受，那么顾客在整个购物过程中的体验一定会无与伦比，接下来她们怎么可能舍得离开你。

"佛系运营"首先要说服自己的内心，做运营不是为了卖东西，而是为了帮助客户解决问题。比如，当消费者通过搜索"伴娘服"进入你的店铺后，我认为她有两个需求，其中硬性需求是"小礼服"；软性需求是问"当伴娘，穿什么礼服比较得体？"所以这时候"佛系运营"人员会询问顾客，新娘当天穿什么婚纱、婚礼是什么风格等，给顾客最适合的搭配建议。

再比如，当瑜伽的初学者来买瑜伽垫时，为了帮她解决问题，"佛系运营"人员发现一个瑜伽垫是解决不了所有问题的，还要用到瑜伽砖、瑜伽球，那么接下来店铺就会围绕顾客的需求布局产品，以产品的一个点来带动一条需求线。

好的店铺布局，应该是基于顾客需求形成一种生态，顾客说她想要一棵小草，我们就试着把店铺培养成一方沃土，让能满足顾客需求的花草树木在这里都能生长。

作为一个淘宝运营的"老手"，当我接手一个新的淘宝店铺时，如果让我抓取行业数据分析店铺，那么给我半天时间可能就足够了。但是，最耗费时间的是，往往我要作为产品小白从零开始钻研产品，先让自己成为这个领域的专家，因为在营销过程中永远是内行"忽悠"外行。除此之外，作为产品运营者还需要和消费者建立"共同语言"，这样才能和顾客产生共鸣。如果做儿童玩具，我就必须花时间去看动画片，知道每个角色的故事；现在我做蜜蜡，我甚至还会去看《心经》和《佛经》，并且用其中的经典语录来写文案。

"佛系运营"人员除要忘记赚钱，专注于用户问题解决方案之外，还要有"不求做大，先做成'有人排队的小餐馆'"的心态。当店铺越小的时候，你越容易听到顾客的声音。我们会用一个店铺微信号，挨个儿把店铺累计购买次数或者购买金额前 100 的客户加微信好友，然后让运营人员把这些顾客变成好朋友，基于她们的需求来打磨产品。

最后用乔布斯的话来总结：当一个公司的营销人打败产品人时，这个公司就会走下坡路；而当产品人打败营销人时，这个公司未来一定会走上坡路。

4. 渠道运营的"赛马思维"

当你把店铺已经做成"有人排队的小餐馆"后，老顾客络绎不绝，就基本说明你已经通过了产品打磨关。虽然理论上说，这样的产品早晚会赢得市场，但是如果选对正确的渠道，有好的运营辅助，那么就会大大缩短从单品到品牌的时间。

换句话说，好运营和差运营的区别，就是看找到好产品之后的销售增长速度。

在运营产品增长过程中，第一步就是要找到适合产品的渠道，而不是盲目地随大流。在选择店铺渠道之前，先要进行渠道销售额占比分析，看目前哪个渠道的销售额最高，然后按照渠道销售比例进行人力和精力的配置。

对于回购率高的行业，就要把主要精力放在老客户回购上；而对于回购率低的行业，就要把主要精力放在搜索端和新客户上。比如珠宝行业的店铺，其主要销售额贡献都在淘宝直播，但是我的数码配件店铺就没有开通直播；再比如女装行业，钻展是一个很有效的推广渠道，但是它对路由器产品就非常不合适。大家不用因为看到淘宝在主推内容营销、推微淘，就不假思索地做自己店铺的内容，我看过几百家店铺后台数据，微淘流量占比没有超过 0.1%的，所以你花时间做这个很可能是无用功。

在运营每个渠道的时候，都要先想明白每个渠道流量入口的人群行为，复盘用户在这个渠道浏览与购物的行为和心理，然后再考虑这个渠道是否适合自己的产品、要不要做，如果适合了怎么去做会更高效。比如我在本书前面就讲到了淘宝直播的玩法和适用产品（见运营技巧 10：直播和内容营销），还有钻展的玩法和适用产品（见运营技巧 5：钻展推广策略），大家可以参考一下。

在获取淘宝渠道流量时，有一个核心的思维："数据本身没有价值，数据的价值都建立在对比的基础上"。比如某个宝贝的转化率是 7%，你以此来判断能不能拿到搜索流量，几乎没有任何意义。首先，这个转化率本身是几个流量渠道的平均值，如果要看搜索，需要只看搜索渠道流量的转化率；就算你看到的是搜索渠道流量的转化率，那么搜索在计算权重的时候，计算的也并不是宝贝整体转化率，而是每个词的转化率；就算你知道宝贝的这个词的转化率，也没什么价值，原因是只要对手在这个词上的转化率比你的高，你的这个数据就不好。

在推动一个好产品成为爆款的过程中，很像是"赛马"，能否跑得过别人。这里有三个核心点：起步速度、加速度和持久力。

当同时起跑时，拼的是谁起步比较快，这里的"起步"对应于淘宝运营就是解决初始销量的能力（请参见运营技巧 6：淘宝店微信策略，这里讲过方法）；如果对手先起步，销量比你高，你想要后来者居上，就要拼"加速度"。

假如你的展现量不如对手，你想要拿到更多的流量，就需要比对手有更高的展现点击率，而这个点击率就是你能否追上对手的"加速度"（关于如何提高主图点击率，请见运营技巧 2：主图优化）。

最后一个是"持久力"，往往大部分类目的竞争都不是短跑，而是长跑，如何你的产品好、体验好，能够不断地带来好评或者回购，那么你的持续性就会比对手好。

在打造爆款的过程中，需要强调两点。

- 搜索的权重并不在整个宝贝上，而是在标题中的每个词上。所以在推动宝贝成为爆款的过程中，要先从做一个词的排名开始，提高这个词的点击率和单词销量。

- 在淘宝流量红利期，流量为王，随着流量增长越来越慢，卖家在流量获取上最重要的思考是精准。

5. 团队成长的"刻意练习"

"刻意练习"理论，其实反驳的是"一万小时定律"，后者说，要成为某个领域的专家，需要 10000 小时。"刻意练习"举的反例是，出租车司机开了一辈子出租车，也没成为赛车手，原因是出租车司机不会记录每次跑这段路的时间，也没有跑得比上次更快点的欲望，所以就很难提高；而赛车手每次跑圈，都想办法再提高 1 秒，并且有教练不断地指正错误，所以才能成为"专家"。

同样的道理，如果团队成员每天都在重复昨天做的事情，也不思考怎么比昨天效率更高点，那么他就是一个淘宝店的"出租车司机"。日本一直在提倡"匠人精神"，我虽然不反对，但是觉得匠人精神的适用范围大多是重复性的机械劳动，而不是脑力劳动，脑力工作者更需要的还是通过"正反馈"来不断地进行"刻意练习"，完成自我成长。

在淘宝运营过程中，我们会运用刻意练习的反馈闭环：猜想—执行—验证。如果验证错误，再重新猜想—执行—验证。需要注意的是，在应用刻意练习法则时，一定要先帮团队成员找到正确的"正反馈"方向。假设店铺的视觉主图是否 OK，决定权在老板手上或者取决于运营者的个人意见，那么美工的"刻意练习"的方向就是讨好老板，适应老板的审美要求，如果老板的审美观点没问题，那可能问题还不大；万一老板是个"土包子"，那么接下来店铺运营就失去了提高搜索流量的"加速度"，很难做好。

所以，我们首先要帮团队成员找到正确的"正反馈"方向，并且在这一点上设置绩效考核。比如美工的"正反馈"方向是让主图的点击率更高，接下来他就要先猜想，到底什么样的主图点击率可能高，然后执行自己的想法，最后通过数据来做对照测试，验证自己的猜想是否正确，如果正确，那么以后就往这个方向思考；如果不正确，再重新猜想—执行—验证，直到提高了点击率为止。

关于具体怎么策划图片、怎么测图比较准，请参见运营技巧 2：主图优化。

基于以上理论，如果让美工长期从点击率的角度进行刻意练习，那么原来的倔强的艺术型美工，就会慢慢地变成数据型的实战美工。同样的道理，如果我们想帮助其他岗位员工成长，那么只需要做两件事情。

- 先找到每个岗位正确的"正反馈"方向。

- 基于这个方向设计绩效考核方案。这样团队成员就会在完成自己的绩效指标过程中，不知不觉地实现了自我成长。

关于具体的各个岗位的绩效设计方案的建议，请参见运营技巧 38：美工绩效。

关于员工成长这个环节，请参见运营技巧 27：连贯性运营。我建议电商团队的架构构建学习阿里巴巴、腾讯、小米模式——大公司下的小产品团队模式。更适合淘宝店团队的，应该是一个产品线由一个小组负责，不设置直通车专员，而是由小组完成该产品的所有运营细节。

比如标题、详情页、基础销量、直通车、评价等都由一个小组负责，这样做的好处是不仅可以降低沟通成本，提高成功率，而且可以帮助这个小组完成正确的"正反馈"。原因是：如果一个员工只负责一项工作，那么就算某个产品被推成了爆款，他也不会有太大的成就感；但是如果他参与了产品打爆的全过程，一旦成功成就感就会"爆棚"，而且因为在打造爆款的过程中全程参与，他也可以很好地基于结果，对其中的每个操作点进行复盘，完成"刻意练习"。

在团队管理中有两个比较重要的点，一是团队成员的自我成长，我们说可以通过"刻意练习"自我迭代；二是要提高"人效"，就是让每个人的效率都最大化。很多传统企业为了做电商，一上来就先把岗位都布全，其实完全没必要，刚开始有一个美工、有一个运营人员就足够了，人少反而效率很高。

在团队成员越来越多的后期，为了避免执行力下降，大家可以尝试在每次会议后或者日常工作中做一个"项销表"来推进，把每件事由谁来做、在什么时间内完成、由谁来监督做成流程规范，以此来提高团队效率。

6. 销量爆炸的"荷叶原理"

"荷叶原理"的概念是，假设一片荷叶通过复制，覆盖满整个池塘的时间是 28 天，那么请问：荷叶覆盖半个池塘的时间要用多久？

答案是 27 天。原因是：荷叶是"复利增长"的，1 片复制一次变成 2 片，但是到 40 片之后，复制一次就变成了 80 片。

我们在朋友圈里经常会看到"荷叶原理"，比如有一个好玩的段子，开始只有一个人发到朋友圈，但是经过几次传播之后，一夜之间几乎全国的人都能看到。试想：如果你的产品起了一个好记的名字，并且想出了一个特别巧妙的卖点，经过复利式传播，瞬间被全国的人知道，你的销量想不爆炸都难。

这并不是遥不可及的未来，我们身边就有已经成功的案例，如江小白、即将疯狂的抖音同款宝贝。

通过"荷叶原理"打造爆款，我觉得面向商户的产品会比面向个人的产品更容易做，原因是：商户的人群更集中，信息传播更快。我有一个同学是做新娘头饰的，我说这个行业不太好，回购率太低了。但这个同学说回购率很高。我当时很意外，后来她告诉我，购买新娘头饰的大部分顾客是商户，比如影楼和给新娘化妆的公司等，所以回购率很高。

假设有一天你的某款头饰被 10 个影楼使用，并且出现在她们的样照中，那么接下来就很容易被其他影楼看到，可能也会去采购，一旦有 50 个影楼使用了，这款头饰就会像"荷叶繁殖"一样，瞬间火遍全国影楼。

至此，关于淘宝运营的成功密码就讲完了。在这一讲中，我们提到了很多运营理念：榴梿定位、开车理论、降维攻击、4 个 1 法则、FABE 法则、佛系运营、点线面布局、刻意练习、正反馈、赛马思维、荷叶效应、复利增长等，好好运用，定会使你受益无穷。

学习感悟

楷：受益匪浅，知易行难，接下来就需要扎实地做，做出来才是最重要的。

魏占省：很感动，能有这么好的思维、这么好的学习平台、这么好的老师。虽然自己做淘宝很多年，但一直跌跌撞撞，没什么成就，就像老师所说的，每个人的成功都无法复制，都需要很多因素，我瞬间好像懂了自己为什么做不好，我缺的就是独立思考的能力。

吴韬：最后一讲将所有的知识点串联起来，就像降龙十八掌的最后一掌。需要反复看和反复思考，并结合自己的实践，受益良多，感谢贾真老师！